Elmar Krautkrämer

Krieg ohne Ende?

Elmar Krautkrämer

Krieg ohne Ende?

Israel und die Palästinenser –
Geschichte eines Konflikts

PRIMUS
VERLAG

Einbandgestaltung: Jutta Schneider, Frankfurt

Die Deutsche Bibliothek verzeichnet diese Publikation
in der Deutschen Nationalbibliografie;
detaillierte bibliografische Daten sind im Internet über
http://dnb.ddb.de abrufbar.

© 2003 by Primus Verlag, Darmstadt
Redaktion: Dr. Rainer Lorenz, Kassel
Karten: Kartographie Hermes, Hardegsen-Hevensen
Gedruckt auf säurefreiem und alterungsbeständigem Papier
Printed in Germany

www.primusverlag.de

ISBN 3-89678-237-1

Inhalt

Vorwort

Was hat den Autor bewogen, der umfangreichen Literatur zum Nahostkonflikt ein neues Buch hinzuzufügen?

Im Sommer 2002 hielt ich im Freiburger Seniorenstudium eine Vorlesung über Ursachen, Verlauf und Stand des Konflikts zwischen Israelis und Palästinensern, mit dem ich mich schon früher intensiv befasst habe. In den Diskussionen zeigte sich, dass für die Hörer, wiewohl sie die letzten Jahrzehnte des Geschehens selbst miterlebt hatten, vieles nicht mehr greifbar war, dass sie teilweise einseitig urteilten und konkrete Informationen fehlten. So kam aus dem Auditorium der Wunsch, die vorgetragenen Fakten und Zusammenhänge in einem Buch zusammenzutragen und zu vertiefen.

Der Primus Verlag zeigte Interesse an dem Vorhaben und das Manuskript war schließlich im Frühsommer 2003 fertig gestellt, zu einem Zeitpunkt, da der eigentliche Nahostkonflikt, der israelisch-palästinensische Streit, in den Monaten der Irakkrise und des folgenden Kriegs in den Hintergrund geraten, wieder in den Vordergrund des weltpolitischen Geschehens rückte. Mit der Ernennung des palästinensischen Ministerpräsidenten Mahmud Abbas war eine neue Situation entstanden, da Präsident George W. Bush und Israels Regierungschef Ariel Sharon zu Verhandlungen mit dem angesehenen Palästinenser bereit sind. Diese sollen auf der Grundlage des von Washington eingebrachten, von den USA, Russland, der UNO und der Europäischen Union erstellten und getragenen neuen Friedensplans zur Errichtung eines Palästinenserstaates innerhalb von zwei Jahren erfolgen (siehe dazu Dokument 18 auf S. 176). Sharon wie Abbas haben ihre Bereitschaft zu Verhandlungen darüber signalisiert. Möge die auf Frieden in Nahost hoffende Welt nicht wieder enttäuscht werden.

Diesem Buch geht es darum, die Entwicklung des Nahostkonflikts von seinen Wurzeln bis in die Gegenwart zusammenhängend darzustellen und, wo möglich, auch die Verantwortung der Entscheidungsträger und ihre Motivation aufzuzeigen. Es ist für ein breites Publikum gedacht, will insbesondere dem am politischen Geschehen unserer Zeit interessierten Bürger Hintergründe und Orientierung bieten. Studierenden mag es als Grundlage für eine vertiefende Erarbeitung der Thematik dienen, die in jüngster Zeit in universitären Lehrveranstaltungen größere Aufmerksamkeit genießt. Deswegen wurde der Zeittafel und dem Literaturverzeichnis besondere Aufmerksamkeit beigemessen. Entscheidende Vorgänge werden im Anhang durch wichtige Dokumente nachvollziehbar. Wo ein Dokument im Original zu umfangreich war, ist es in Auszügen abgedruckt. In der Darstellung wird an inhaltlich relevanter Stelle jeweils auf das entsprechende Dokument verwiesen. Ferner sollen einige Karten die Ausführungen anschaulich machen.

Der Verfasser dankt dem Primus Verlag für sein Interesse am Zustandekommen des Buchs. Besonderer Dank gilt dem Verlagsleiter Herrn Wolfgang Hornstein, der den

Autor immer dann, wenn er resignieren wollte, überzeugend neu motivierte. Ebenso dankt er der versierten Lektorin des Verlags, Frau Regine Gamm, für ihre vielen Hilfen. Möge das Buch seine Leser bereichern!

Kirchzarten, im Juni 2003   Elmar Krautkrämer

I. Der Zerfall des Osmanischen Reichs

Das Reich der Hohen Pforte bis zum Vorabend des Ersten Weltkriegs

Das Osmanische Reich hatte im 17. Jahrhundert seine größte Ausdehnung erreicht: im Norden von Ungarn bis zum unteren Don, im Osten bis zum Kaspischen Meer und Persischen Golf, im Süden über Syrien-Palästina und Ägypten sowie entlang der Ostküste des Roten Meers bis vor Aden. Die nordafrikanischen Gebiete bis Marokko waren Vasallenstaaten der Hohen Pforte, wie der Sitz der Regierung des Sultans in Konstantinopel genannt wurde. Im 18. und 19. Jahrhundert verlor die Pforte ihre europäischen Besitzungen Schritt für Schritt, und bis zum Vorabend des Ersten Weltkriegs war ihr auf dem Balkan nur noch ein Zipfel von Adrianopel bis Konstantinopel geblieben. Damals hatte sie auch den letzten nordafrikanischen Besitz verloren.

Die Gebiete westlich von Tunis hatten sich schon im 18. Jahrhundert der türkischen Herrschaft entwunden. Algerien wurde dann 1830–1848 von Frankreich erobert. Ägypten, seit Pascha Mehmed Ali (1805–1849)[1] nur noch nominell der Pforte untertan, geriet bald mehr und mehr unter britischen und französischen Einfluss. 1875 erwarben die Briten die Kapitalanteile Ismail Paschas an der Suezkanal-Gesellschaft, und nach den auf den Staatsbankrott von 1876 folgenden Jahren der britisch-französischen „dual control" wurde Ägypten 1882 von britischen Truppen besetzt. Die östliche Absicherung des Suezkanals und der Landweg von Suez zum Persischen Golf gewannen nun für die Briten an Bedeutung. Frankreich unterstellte sich 1881 Tunis und 1912 Marokko als Protektorate. Libyen kam 1911/12 unter italienische Herrschaft. Am Vorabend des Ersten Weltkriegs wurde somit der westliche Teil der arabischen Welt von Frankreich beherrscht.

England kontrollierte Ägypten und die südlichen und östlichen Küsten der arabischen Halbinsel. In Nordafrika hatte Italien mit Syrien seinen Fuß zwischen die britischen und französischen Besitzungen gesetzt. Unter der Herrschaft der Pforte standen Kleinasien, das Zweistromland, Syrien/Palästina sowie die Emirate des ca. 500 Kilometer breiten Streifens entlang der Ostküste des Roten Meers (siehe Karte 1 auf Seite 14). Das steppen- und wüstenreiche und zugleich bevölkerungsarme Innere der arabischen Halbinsel war politisch wie wirtschaftlich noch unbedeutend und stand nur nominell unter türkischer Herrschaft. Der mit der Bildung eines eigenen Reichs befasste Beduinenfürst Ibn Saud kümmerte sich wenig darum.

In Kleinasien hatte sich Deutschland mit dem Bau der Bagdadbahn wirtschaftlichen Einfluss gesichert. Es leistete der Türkei Kapitalhilfe, brachte die türkische Armee durch Ausbildung und Ausrüstung unter seine Kontrolle und konnte 1914 das Land an seiner Seite in den Krieg ziehen. Die Zerschlagung des Osmanischen Reichs war ein wesentliches Kriegsziel der Ententemächte England und Frankreich, die hiermit den

Vorderen Orient unter ihre Kontrolle bringen wollten. Damit sollte Deutschland aus diesem Gebiet zurückgedrängt, die britische Landbrücke nach Indien offen gehalten und die französischen und britischen Erdölinteressen im kaukasischen und persischen Raum gesichert werden.

Arabische Nationalbewegung und Teilungspolitik der Ententemächte

In den letzten Jahrzehnten des 19. Jahrhunderts war in den Städten Ägyptens und Syriens eine von europäischer Kultur beeinflusste Intelligenz herangewachsen, in der ein arabischer Nationalismus zu keimen begann, der sich in Ägypten gegen die britische und in den arabischen Ländern gegen die türkische Herrschaft richtete. Die „jungtürkische Revolution" von 1908 – in erster Linie eine innertürkische Angelegenheit – gab mit der Verkündung der Gleichheit der Rassen und Religionen nationalen Autonomiebestrebungen Auftrieb. Und dies in den arabischen Gebieten um so mehr, als die Pforte hier eine verstärkte Osmanisierung durchzuführen begann. Die Araber stellten zwei Drittel der gesamten Bevölkerung des türkischen Reichs, waren jedoch nur mit einem Drittel der Abgeordneten im Parlament vertreten.

Mosul und Bagdad wurden Zentren oppositioneller Bewegungen, deren Ziel die Befreiung Arabiens von türkischer und anderer ausländischer Herrschaft war. Es handelte sich um eine Bewegung der oberen Mittelschicht, gestützt von Feudalherren, ohne Kontakt mit der breiten Masse. Die syrische Bewegung 'al Fatat' bestand vorwiegend aus Angehörigen der intellektuellen Schicht, während in 'al Ahd' irakische Offiziere wortführend waren. 1913 kam es in Paris zu einer Konferenz arabischer Nationalistenführer, vorwiegend aus Syrien und dem Irak. Sie gaben sich noch gemäßigt, forderten keine totale Lösung vom Osmanischen Reich, dafür aber eine Garantie der Selbstverwaltung und Ausschaltung der europäischen Mächte. Sogar ein Ausgleich mit den Juden in Palästina schien nicht ausgeschlossen. Die Pforte zeigte sich geneigt nachzugeben, doch der Ausbruch des Ersten Weltkriegs leitete die Entwicklung in andere Bahnen.

Die Westseite der arabischen Halbinsel erhielt nun für Großbritannien strategische Bedeutung zur Absicherung der Linie Suez–Aden. Hier trachtete Emir Hussein, der Herrscher des Hedschas (siehe Karte 1 auf Seite 14) und als Sherif der heiligen Stätten von Mekka und Medina einflussreichster Araberfürst, nach Lösung von der Pforte und Ausdehnung seiner Herrschaft auf ganz Arabien. Er bot den Briten die Allianz an, um mit ihrer Hilfe die Unabhängigkeit zu erlangen. Doch musste er auf die Forderungen von 'al Fatat' und 'al Ahd' Rücksicht nehmen, die als Voraussetzung für einen gemeinsamen arabischen Aufstand von den Briten die Anerkennung eines unabhängigen Königreichs forderten, das die heutigen Staatsgebiete Syrien, Libanon, Jordanien, die gesamte arabische Halbinsel (ohne Aden) mit den Scheichtümern am arabisch-persischen Golf und Saudi-Arabien und auch Palästina, das Teil Syriens war, umfassen sollte. Husseins Sohn Feisal verhandelte in diesem Sinne mit dem britischen Hochkommissar Sir Henry McMahon in Kairo. Dieser brauchte Zeit, denn er musste das Foreign Office einschalten. Das aber wollte und konnte nicht über die Köpfe der Franzosen hinweg handeln, die an diesem Gebiet auch großes Interesse hatten. Um bei Kriegsende mit konkreten Plänen aufwarten zu können, schlug die französische der britischen Regierung Geheimverhandlungen über die Aufteilung des Territoriums in britische und französische Interessengebiete vor.

London ging darauf ein und beauftragte den Diplomaten Mark Sykes mit den Verhandlungen, die auf französischer Seite von François George Picot, Sekretär der französischen Botschaft in London, geführt wurden. Es fiel Sykes nicht leicht, Frankreich von Palästina abzubringen, doch kam man schließlich zum Kompromiss, dass Frankreich Syrien/Libanon, England das Zweistromland sowie Palästina mit Jordanien erhalten sollte. Unter dem Eindruck des deutsch-türkischen Vorstoßes zum Suezkanal wurde McMahon vom Foreign Office zur Eile gedrängt, zumal Hussein die britische Kriegsführung aktiv zu unterstützen versprach. McMahon sandte am 24. Oktober 1915 an Hussein ein entsprechendes Schreiben[2], allerdings mit dem Vorbehalt, dass die Gebiete von Mersina und Alexandretta und die westlich der Bezirke Damaskus, Homs, Hama und Aleppo liegenden Teile Syriens nicht als arabisch gelten und deshalb „außerhalb der geforderten Grenzen" liegen sollten. Großbritannien gründete später seinen Anspruch auf Palästina auf diesen Vorbehalt. Die Formulierung zeigt jedoch, dass nur an den syrischen Küstenstreifen gedacht war, nicht aber an ganz Palästina. Der Plan, Palästina zu gewinnen, wurde im Foreign Office erst 1917 gefasst. Für das innerhalb der Grenzen liegende Gebiet gab McMahon im Namen seiner Regierung die Versicherung ab, „die Unabhängigkeit der Araber in allen Gebieten innerhalb der vom Sherifen von Mekka geforderten Grenzen anzuerkennen und zu unterstützen". Großbritannien garantierte weiterhin den Schutz der Heiligen Stätten „gegen jeden Angriff von außen" und versicherte den Arabern „Unterstützung bei der Errichtung passender Regierungsformen in den verschiedenen Gebieten". Jedoch sollten die Araber nur den Rat und die Hilfe Großbritanniens annehmen. Von Bedeutung war, dass die Araber die britischen Interessen im Gebiet Bagdad und Basra anzuerkennen hatten, „da die Interessen Großbritanniens in diesem Gebiete besondere Vereinbarungen erfordern". Hiermit zielte Großbritannien auf Sicherung seines politischen und wirtschaftlichen Einflusses in Mesopotamien. McMahon schloss mit der Überzeugung, dass diese Erklärung „zu einem festen und dauerhaften Bündnis führt", dessen Folge die Befreiung der arabischen Völker von türkischen Joch sein werde.

Hussein wies in seinem Antwortbrief vom 1. Januar 1916[3] darauf hin, dass sein „Höchstmaß an Konzessionen" von dem Ziel getragen sei, alles zu vermeiden, was der Allianz zwischen Großbritannien und Frankreich schaden könne. Dann kündigte er an, nach Einstellung der Feindseligkeiten „sobald wie möglich Beirut und die Küstenländer abzufordern", worauf er gegenwärtig nur mit Rücksicht auf Frankreich nicht bestehe. Hussein konnte somit davon ausgehen, dass bei einem Sieg der Entente die

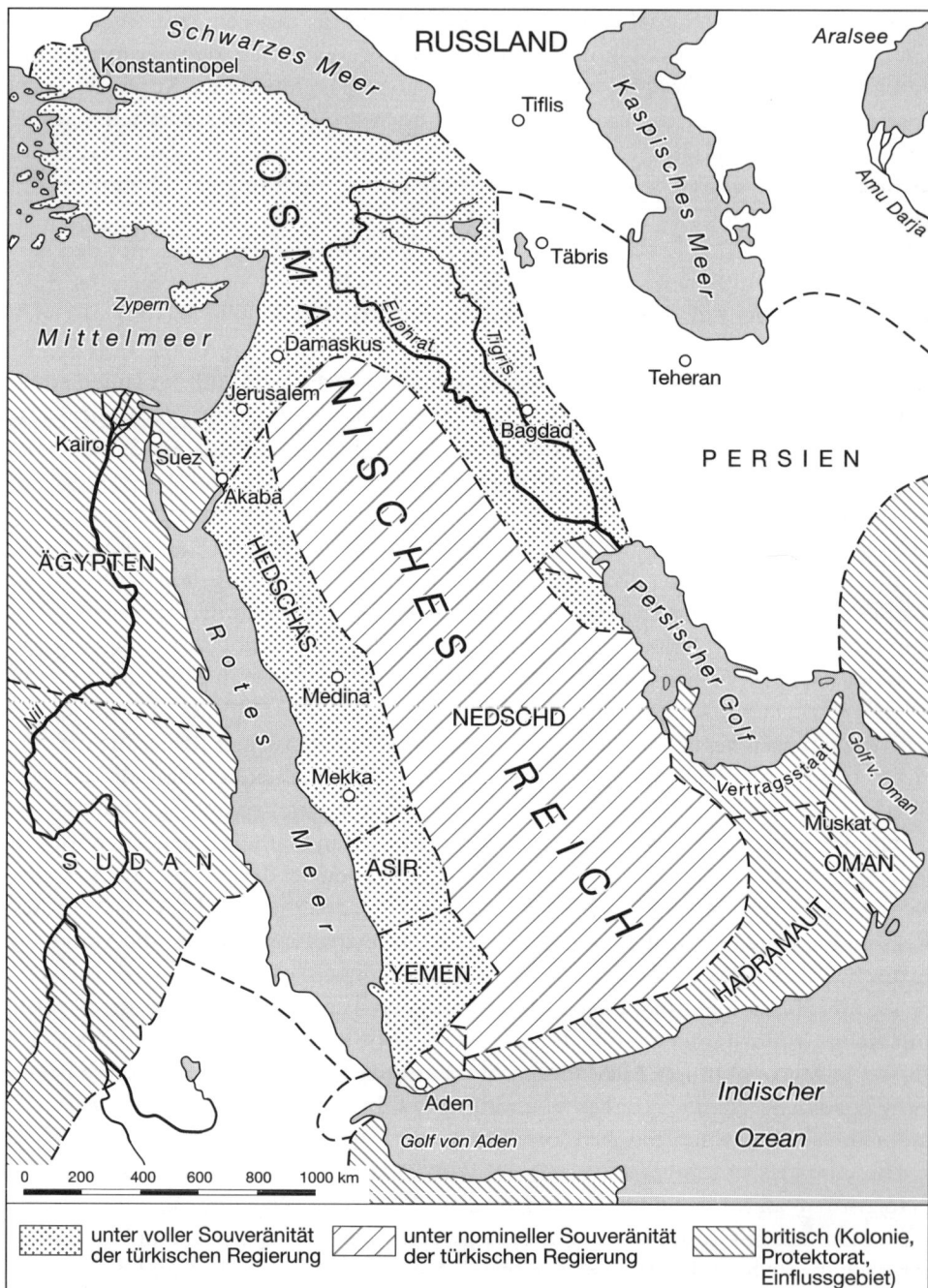

Karte 1: Der Nahe Osten 1914

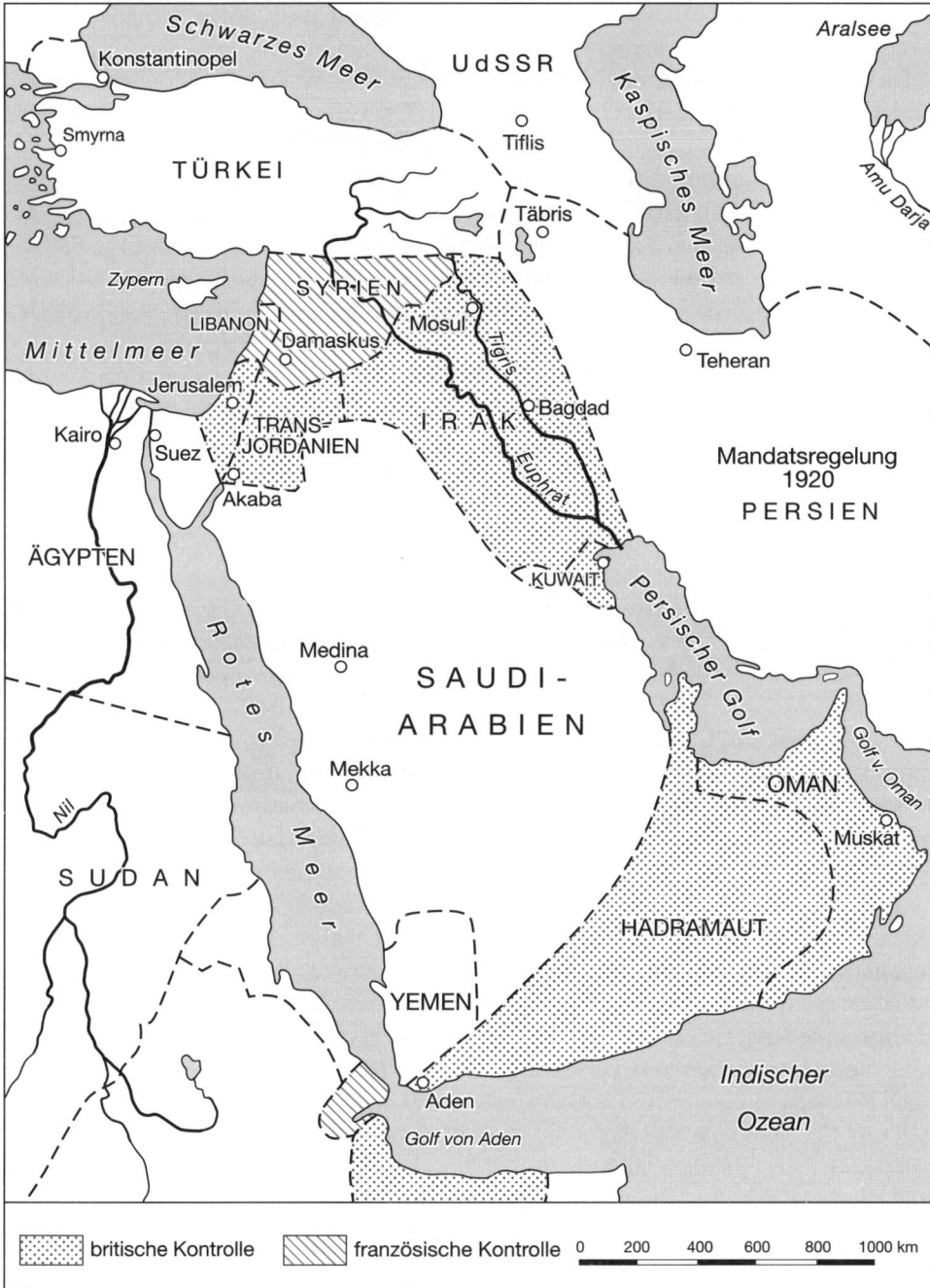

Karte 2: Der Nahe Osten 1936

Errichtung eines arabischen Großreichs gesichert war und dass es lediglich Auseinandersetzungen um die syrischen Küstengebiete geben könnte.

Im Sommer 1916 proklamierte er die Unabhängigkeit der haschemitischen Dynastie und den Aufstand gegen die osmanische Gewalt. Die von britischen Beratern unter Leitung des Oberst T. E. Lawrence in der Guerillataktik unterwiesenen, mit britischem Gold entlohnten und mit britischen und französischen Waffen ausgerüsteten Beduinen Feisals, des Sohns Husseins, hatten bis zum Sommer 1917 die türkischen Stützpunkte bis Akaba eingenommen und unterstützten dann die Briten in der Eroberung Palästinas und Syriens. Im Oktober errichtete Feisal in Damaskus seine Regierung. Doch die Errichtung eines großarabischen Reichs wurde durch eine britisch-französische Geheimvereinbarung und die Mandatsregelung der Siegermächte verhindert.

Die Ententemächte hatten damit einen großen Teil der künftigen Konkursmasse des Osmanischen Reichs unter sich aufgeteilt. Danach sollte der „Fruchtbare Halbmond" – das Zweistromland und Syrien/Palästina – zum Teil unter direkte Kontrolle, zum Teil unter den Einfluss Frankreichs und Großbritanniens kommen. Russland sollte die Meerengen und Armenien, Italien den südlichen Teil Kleinasiens erhalten. Der Distrikt von Jerusalem – damit war das Gebiet des heutigen Israel ohne den Negev gemeint – sollte unter internationale Kontrolle kommen. Da Sowjetrussland jedoch nach der Oktoberrevolution alle Geheimabkommen annullierte und die Türkei nach Kriegsende ihren kleinasiatischen Besitz halten konnte, wurde nur die britisch-französische Vereinbarung wirksam.

Mit dem Artikel 22 der Völkerbundsatzung[4] stellte 1919 die Pariser Friedenskonferenz „Kolonien und Gebiete, die infolge des Kriegs aufgehört haben, unter der Souveränität der Staaten zu stehen, die sie vorher beherrschten, und die von Völkern bewohnt sind, die noch nicht imstande sind, sich unter den besonders schwierigen Verhältnissen der modernen Welt selbst zu leiten", unter das Mandat des Völkerbundes. Bezüglich der ehemals türkischen Gebiete war die Regelung mit Rücksicht auf amerikanische Bedenken bewusst offen formuliert. Diese Gebiete, so hieß es, „haben einen solchen Grad der Entwicklung erreicht, dass ihr Dasein als unabhängige Nation vorläufig anerkannt werden kann, unter der Bedingung, dass die Ratschläge und die Unterstützung eines Mandatars ihrer Verwaltung bis zu dem Zeitpunkt zur Seite stehen, wo sie imstande sind, sich selbst zu leiten". Bei der Wahl des Mandatars sollten die Wünsche dieser Gemeinwesen berücksichtigt werden. Nach dieser Formulierung gehörte auch Palästina eindeutig zu den Gebieten, deren Unabhängigkeit vorläufig anzuerkennen war. Ein Mandatar war damit nicht ausgeschlossen, jedoch eingeschränkt. Im Ganzen wurde damit deutlich, dass an die Errichtung eines einheitlichen arabischen Reichs nicht gedacht war. Vergeblich protestierte der im Juli 1919 in Damaskus tagende allsyrische Kongress gegen diesen Artikel des Völkerbundvertrags.

Im April 1920 übertrug die Ententekonferenz von San Remo, an der die USA nicht teilnahmen, Großbritannien das Mandat über Mesopotamien und Palästina. Frankreich erhielt das Mandat über Syrien (siehe Karte 2 auf Seite 15). Das ölreiche Gebiet von Mosul sollte ursprünglich zum französischen Mandatsgebiet gehören, wurde jedoch von Frankreich an Großbritannien abgetreten. Frankreich wurde mit der Beteiligung in der Ausbeute des irakischen Öls kompensiert. Die USA protestierten zunächst gegen die Beschlüsse von San Remo, gaben sich jedoch zufrieden, als sie ebenfalls an der Ausbeute des irakischen Öls beteiligt wurden.

Im britischen Mandatsgebiet entstanden als neue Länder der Irak und Transjordanien, im französischen Syrien und der Libanon. Das restliche Palästina zwischen Sinai und Jordan blieb Mandatsgebiet ohne Staatscharakter. Seine Verwaltung galt als die eines besetzten Feindgebiets (Occupied Enemy Territory Administration, O.E.T.A.), für die nicht das Foreign Office, sondern das britische Kolonialministerium zuständig war. Hier sollte eine jüdische „Heimstätte" errichtet werden können, weswegen bald die an der Spitze der jüdischen Bevölkerung stehende Zionistische Kommission sich als provisorische Regierung Palästinas verstand. Dies stieß auf den Widerspruch der Mandatsverwaltung.

Die Neugestaltung des Vorderen Orients

Husseins Sohn Feisal konnte nach Kriegsende zunächst ein sich vom Hedschas über Transjordanien, das Zweistromland nach Syrien erstreckendes Großreich mit der Zentrale Damaskus errichten. Da Frankreich jedoch 1920 das ihm als Mandat zugesprochene Syrien übernahm, war Feisal hier nicht mehr geduldet. Nun wurde er mit britischer Hilfe König des Irak. Doch musste hier Großbritannien bald einem wachsenden Widerstand gegen das Mandat Rechnung tragen. Aufgrund eines britisch-irakischen Vertrags von 1930 erhielt das Land 1932 die Unabhängigkeit. Trotzdem behielt Großbritannien das Recht zur Unterhaltung von Flugplätzen und Militärmissionen sowie zum Truppentransit. Im Kriegsfall hatte der Irak Großbritannien die Verkehrswege zur Verfügung zu stellen. Entgegen einem gegebenen Versprechen wurde der irakische Staat nicht an der Ölausbeute beteiligt.

Husseins Sohn Abdullah wurde von den Briten als Emir mit Transjordanien abgefunden, um ihn von einem Krieg gegen die Franzosen in Syrien abzuhalten. Der britisch-jordanische Vertrag von 1928 gab dem Land formell die Unabhängigkeit, sicherte aber Großbritannien bedeutende militärische und wirtschaftliche Rechte. Abdullah regierte im Einvernehmen mit dem britischen Residenten. Die jordanische Streitmacht, die „Arabische Legion", wurde von Briten bewaffnet und von britischen Offizieren ausgebildet und geführt.

Unmittelbar nach der Ententekonferenz von San Remo (1920) nahm Frankreich von Syrien Besitz und unterdrückte die Unabhängigkeitsbewegung. Nach vergeblichen Bemühungen, mit den syrischen Nationalisten zu einem Übereinkommen zu gelangen, wurde dem Land 1930 vom französischen Hochkommissar eine Verfassung oktroyiert. Von den verschiedenen Versuchen der Mandatsmacht, Großsyrien in mehrere selbstständige Staaten aufzuteilen, sollte nur die Abspaltung des Libanon (1926) von Dauer

sein. Das Gebiet von Alexandretta in nordöstlichen Zipfel wurde 1939 der Türkei zurückgegeben. Verhandlungen über Verträge mit Syrien und dem Libanon, ähnlich der
britisch-irakischen Übereinkunft, führten erst 1936 unter der französischen Volks-
frontregierung zum Ziel. Doch wurden dann die Verträge vom französischen Parlament nicht ratifiziert. Die Verfassungen Syriens und des Libanon wurden 1939 suspen-
diert. Dadurch ging die Gewalt wieder an die Hochkommissare über.

Palästina erhielt wegen des jüdisch-arabischen Gegensatzes keine Selbstverwaltung
und behielt daher faktisch kolonialen Status. Der jüdischen Bevölkerung gelang
es, Selbstverwaltungsorgane für ihre Siedlungsgebiete zu bilden. Westjordanien und
der Negev waren für jüdische Ansiedlungen gesperrt. Dies wurde jedoch später missachtet.

Auch in den übrigen Gebieten der Region wurden in den Jahren nach dem Ersten
Weltkrieg Grundlagen für die Herausbildung des künftigen Staatensystems geschaffen.
Ibn Saud, der Herrscher des Nedschd und Imam (höchster geistlicher Würdenträger)
der Wahabiten, hatte bereits bis zum Ersten Weltkrieg Innerarabien mit dem mittleren
Teil der Golfküste unter seine Kontrolle bringen können. Während des Kriegs konnte
er mit britischem Wohlwollen sein Reich im Norden und Süden arrondieren. Großbritannien bezahlte mit Subventionen die Respektierung seiner Interessengebiete. Als
Sherif Hussein sich 1924 zum Kalifen proklamieren ließ, verlor er die britische Unterstützung, sodass Ibn Saud auch den Hedschas erobern konnte. 1926, nach der Einverleibung der Provinz Asir, ließ sich Ibn Saud zum König des Hedschas und Nedschd
(siehe Karte 2 auf Seite 15) ausrufen. Seit 1932 heißt das Gebiet „Königreich Saudi-
Arabien". Dessen reiche Erdölvorkommen sicherten sich ab 1933 die großen amerikanischen Ölfirmen.

Das Imamat Jemen konnte nach dem Zusammenbruch des Osmanischen Reichs
seine Selbstständigkeit wahren und sich auch später gegenüber dem Expansionsdrang
Saudi-Arabiens behaupten. Der Süden und Südosten der arabischen Halbinsel mit
Aden und dessen Hinterland mit Oman, Quatar und Bahrein blieben unter britischem
Protektorat. Ebenso die Scheichtümer der früheren „Piratenküste", die sich 1853 als
„Trucial States" (Vertragsstaaten) gemeinsam britischem Schutz unterstellt hatten. Das
Scheichtum Kuwait war seit 1914 formell selbstständig, blieb jedoch de facto britisches
Protektorat.

Die Türkei sollte mit dem Vertrag von Sèvres (August 1920) den härtesten aller Friedensverträge erhalten, durch den sie zur Kolonie der Ententemächte geworden wäre.
Doch die von Kemal, dem Führer der nationalen Bewegung, nach Ankara einberufene
Nationalversammlung leistete Widerstand. Nach Abschaffung des Sultanats gelang es
Kemal, die Gunst der USA und Sowjetrusslands zu gewinnen. Im Frieden von Lausanne (Juni 1923) konnte die Türkei ihren kleinasiatischen Besitz halten und ihre Souveränitätsrechte, ausgenommen an den Meerengen, weitgehend wahren. Mit dem Vertrag
von Montreux (Juli 1936) erhielt die Türkei auch die volle Hoheit an den Meerengen,
deren Durchfahrt sie jedoch nicht nach Belieben sperren durfte.

Ägypten wurde 1922 mit Aufhebung des britischen Protektorats – ein Erfolg der nationalistischen Wafd-Partei – formal unabhängig, hatte jedoch weiterhin die Stationierung britischer Truppen zu dulden. Es wurde konstitutionelle Monarchie mit dem bisherigen Sultan Fuad als König. Aufgrund des anglo-ägyptischen Vertrags von 1936 zogen die Briten ihre Truppen in die Suez-Zone zurück, behielten jedoch das Recht, im Kriegsfall das Land wieder zu besetzen.

Anmerkungen

[1] Pascha war im Osmanischen Reich die Bezeichnung für einen Provinzstatthalter. Mehmed Ali usurpierte dieses Amt und rang der Hohen Pforte die Erblichkeit der Paschawürde für Ägypten ab.

[2] Vollständiger Text in Grenville, J. A. S., *The Major International Treaties 1914–1973*, London 1973, S. 29 f. Übersetzung der Auszüge vom Verfasser.

[3] Atijah, E./Cattan, H., *Palästina*, S. 29.

[4] Die Völkerbundsatzung ist Artikel 1–26 des Vertrags von Versailles. Wortlaut in: *Handbuch der Verträge 1871–1964*, S. 182 ff.

II. Zionismus und „jüdische Heimstätte" in Palästina

Entstehung und Durchbruch der zionistischen Bewegung

Der Begriff „Zionismus" wurde erst am Ende des 19. Jahrhunderts geprägt. Doch war die Zionsidee, d.h. der Wunsch, dass das über die Welt verstreute jüdische Volk einstmals in das Land Zions (Jerusalems) zurückkehren werde, unter den gläubigen Juden über alle Jahrhunderte hinweg lebendig geblieben. Das 19. Jahrhundert erweckte dann in den Juden Europas ein Volks- und Nationalbewusstsein, dem die Erfahrung zugrunde lag, dass sie trotz Emanzipation und Assimilation vielfach als Fremdkörper betrachtet wurden und immer wieder Verfolgungen ausgesetzt blieben. Seit der Jahrhundertmitte mehrten sich die Stimmen, die die Rückgewinnung Palästinas als historische Heimat und nationales Zentrum des Judentums forderten. Der deutsche Sozialist Moses Hess (1812–1875) gab dem mit seinem 1862 erschienenen Buch *Rom und Jerusalem – Die letzte Nationalfrage* Ausdruck.

Ein bedeutender Anstoß zur Entwicklung des Zionismus als nationaler Bewegung kam aus Osteuropa, wo am Ende des 19. Jahrhunderts, vornehmlich in den Gebieten Litauens, Polens, Weißrusslands, Galiziens und Rumäniens, der größte Teil der europäischen Juden lebte (ca. 5 Millionen). Die meisten fristeten in Ghettos ein elendes Dasein. Von den zaristischen Behörden geförderte blutige Pogrome lösten einen Massenexodus aus. Von 1882 bis 1914 verließen etwa 1,5 Millionen Juden Osteuropa. Sie gingen zum Teil nach Westeuropa und Südafrika, die meisten nach Amerika. Die Zurückgebliebenen sahen sich umso stärker isoliert. Aus der gebildeten Schicht gingen die ersten Wortführer der Palästina-Bewegung hervor: Perez Smolenskin (1842–1885), der für die Wiederbelebung der hebräischen Sprache eintrat, David Gordon (1856–1922), der die Gründung jüdischer Bauernkolonien in Palästina forderte, und vor allem Leo Pinsker (1821–1891), Arzt in Odessa, der 1882 in der Schrift *Autoemanzipation* zur Vorbereitung der Gründung eines jüdischen Nationalstaates den Zusammenschluss der bestehenden Zionsvereine zu einer Organisation vorschlug, die mithilfe der Großmächte ein Territorium für die Ansiedlung mehrerer Millionen Juden erwerben sollte. Pinsker wurde 1884 in Kattowitz zum Vorsitzenden des Zentralverbandes der Zionsfreunde gewählt, dessen Büro in Odessa zur organisatorischen Basis des russischen Zionismus wurde. Zu diesem Zeitpunkt war die Palästinabewegung in Russland bereits lebendig. Schon 1882 war eine erste Gruppe junger russischer Juden nach Palästina aufgebrochen, um dort die erste Kolonie (Rishonle-Zion) zu gründen. Damit begann die erste Alijah (Einwanderungswelle, siehe Seite 28), die bis 1903 ca. 30000 Einwanderer ins Land brachte.

Als Gründer der weltweiten zionistischen Bewegung gilt der aus einer wohlhabenden assimilierten Familie stammende Jude Theodor Herzl (1860–1904). Herzl erlebte als junger Student, Journalist und Bühnenautor in Wien die Entstehung des deutschnationalen Antisemitismus und als Korrespondent einer Wiener Zeitung verfolgte er in Paris den 1894 eröffneten Dreyfus-Prozess. Herzl wurde Zionist, 1896 erschien sein Buch *Der Judenstaat*. Zwar griff Herzl darin nur eine im ganzen Judentum schon verbreitete Idee auf, aber es bleibt sein Verdienst, ein realisierbares Programm mit konkreten organisatorischen Vorschlägen entworfen zu haben (siehe Dokument 1 auf Seite 159). Wesentlich war, dass Herzl die über die Welt verstreuten Juden als „ein Volk" begriff, dem er den Weg wies, der schließlich zur Staatsgründung führte. Seine Ideen, von orthodoxen wie auch assimilationswilligen Juden kritisiert, wurden von der zionistischen Bewegung begeistert aufgegriffen. Auf Herzls Initiative hin konnte im August 1897 in Basel der erste Zionistenkongress zusammentreten. Hier wurde ein Grundsatzprogramm verabschiedet, das fortan als Charta der Bewegung gelten sollte (siehe Dokument 2 auf Seite 160).

Herzls Bemühungen, den türkischen Sultan oder gar den deutschen Kaiser zur Unterstützung der jüdischen Kolonisation zu bewegen, blieben erfolglos. Das britische Angebot der Unterstützung einer Besiedelung des Sinai scheiterte an mangelhaften Siedlungsvoraussetzungen und am Widerstand der Hohen Pforte. Auch das Projekt des britischen Kolonialministeriums, die Juden in Uganda siedeln zu lassen, stieß auf den unüberwindbaren Widerstand der zionistischen Bewegung. Doch Herzl erschloss unermüdlich weitere Quellen zur Finanzierung von Siedlungen in Palästina. 1904, in seinem Todesjahr, setzte die zweite Alijah ein, die die jüdische Bevölkerung Palästinas bis 1914 auf 85 000 ansteigen ließ.

Die lange in der Historiographie vertretene Auffassung, Herzl und seinen Anhängern seien keine Bedenken gekommen, dass die jüdische Besiedlung des angeblich unbevölkerten Palästina zu einer arabisch-jüdischen Feindschaft führen könne, stößt inzwischen auf Widerspruch. Danach wurde Herzl durchaus auf die in Palästina lebende arabische Bevölkerung aufmerksam gemacht.[1] Aber Herzl konnte sich nur eine friedliche und für ganz Palästina gedeihliche Einwanderung vorstellen, die nicht zum Konflikt führen musste. Doch spätestens die Siedlungspolitik der Einwanderer der zweiten Alijah schuf einen Nährboden, auf dem der Gegensatz keimen und wachsen konnte. Schon das erwähnte *Baseler Programm* der Zionisten hatte „für das jüdische Volk die Schaffung einer öffentlich-rechtlich gesicherten Heimstätte in Palästina" gefordert, die mit Ackerbauern, Handwerkern und Gewerbetreibenden zu besiedeln war. Auch stellte sich Herzl die Frage – wie eines seiner Tagebücher belegt –, ob man nicht arabische Landeigner, die an ihrer Scholle festhielten, enteignen könne, was allerdings „mit Zartheit und Behutsamkeit" erfolgen müsse.[2] Ein gewaltsames Vorgehen hätte er nicht gebilligt. Theodor Herzl wird heute von den Israelis als der geistige Gründer ihres Staates verehrt. Von der Frontseite des Sitzungssaals schaut sein Porträt auf die Abgeordneten der Knesset.

Die Verwirklichung der zionistischen Idee ist eng mit der Persönlichkeit Chaim Weizmanns (1874–1952) verbunden. Aufgrund seiner für die britische Rüstungsindustrie wichtigen Entdeckung (Verfahren zur Herstellung größerer Mengen Azeton) erhielt er im Ersten Weltkrieg ein Forschungslaboratorium der britischen Admiralität und wurde so mit führenden britischen Politikern bekannt, die er für die zionistischen Pläne gewinnen konnte, u.a. den Ersten Lord der Admiralität (Marineminister) Winston Churchill. 1918 kam er mit einer zionistischen Kommission nach Palästina, fungierte hier bald als Vertreter der jüdischen Interessen und wurde 1928 Präsident der Jewish Agency.

Premierminister Lloyd George und sein Außenminister Lord Arthur Balfour waren 1917 tief überzeugt, dass das jüdische Anliegen aus humanitären Gründen Unterstützung verdiente, doch dürften auch Erwägungen der britischen Nahoststrategie eine entscheidende Rolle gespielt haben. Durch ein unter britischem Protektorat stehendes jüdisches Gemeinwesen in Palästina konnte England den für den Lebensnerv seines Empire wichtigen Suezkanal von Osten her absichern und den Landweg von Ägypten nach Indien eröffnen. Die britischen Zionisten nutzten die Tatsache, dass den Briten angesichts der Vorbereitungen für eine Offensive in der ägyptisch-palästinensischen Front an einer Vereinbarung gelegen war, die die jüdische Unterstützung sicherstellte. In engem Einvernehmen mit den Gesinnungsfreunden in den USA, die inzwischen Präsident Wilson und andere führende US-Politiker für die Sache gewonnen hatten, forderten und erhielten sie von der britischen Regierung die verbindliche Erklärung, dass in Palästina eine nationale Heimstätte für das jüdische Volk errichtet werden dürfe. Diese vom britischen Kabinett gebilligte *Balfour-Declaration* (siehe Dokument 3 auf Seite 160) war, wenngleich weder mit dem McMahon-Abkommen von 1915 noch der britisch-französischen Vereinbarung von 1916 (*Sykes-Picot-Agreement*) vereinbar, als bindend für die künftige britische Politik anzusehen. Sie wurde von der Pariser Friedenskonferenz sowie der Konferenz von San Remo 1920 respektiert und ging schließlich in das 1922 vom Völkerbund verabschiedete Palästinamandat ein. Der Staat Israel gründet seinen Existenz- und Rechtsanspruch bis heute auch auf die *Balfour-Declaration*, die einer kritischen Durchleuchtung bedarf.

Der mit Weizmann befreundete Lord Rothschild, Oberhausmitglied und Vizepräsident der britischen Vereinigung jüdischer Gemeinden, hatte im Juli 1917 Außenminister Balfour den Entwurf einer Erklärung unterbreitet, in der die britische Regierung Palästina als „das nationale Heim des jüdischen Volkes" anerkennen sollte.[3] Doch während der Entwurf faktisch ganz Palästina als Heimstätte forderte, gewährte Balfours Antwort nur die Errichtung einer solchen *in* Palästina und bestand zudem auf der Respektierung der Rechte der Nichtjuden. Ferner setzte sie „Schaffung" (establishment) für die von jüdischer Seite geforderte „Wiedererrichtung" (reestablishment), was die Anerkennung historischer Rechte auf ganz Palästina bedeutet hätte.[4] Die britische Regierung sollte sich später auf diese bewusst gewählte Formulierung berufen. Die Ausdehnung des heutigen Staates Israel widerspricht nach israelischer Auffassung der *Bal-*

four-Declaration nicht, da das historische Palästina sich über Teile Syriens und Transjordaniens erstreckte und auch für die Briten zum Zeitpunkt der Erklärung Transjordanien, das für die Heimstätte nicht in Betracht kam, Bestandteil Palästinas war.

Das Prinzip „Eroberung der Arbeit"

Wohl haben die Zionisten zurzeit Herzls die Araber in Palästina nicht übersehen, gewiss aber ihre Bedeutung unterschätzt, denn sie glaubten nicht zu Unrecht, dass in Palästina genügend Raum für Araber und Juden sei. Aber die zionistische Bewegung wurde den Arabern in Palästina schon gegen Ende der ersten Alijah, also vor 1903, ein Begriff. Bald nach dem Baseler Zionistenkongress wurde auch spürbar, dass die Einwanderung von Juden von Europa aus gefördert wurde. In der arabischen Mittel- und Oberschicht entwickelte sich ein zunehmender Antizionismus, der vom Argwohn gegenüber den wirtschaftlich und kulturell überlegenen Ankömmlingen geprägt war, denn sie waren darauf aus, Land zur Gründung eigener Siedlungen zu erwerben. Dennoch konnte von einer jüdisch-arabischen Feindschaft noch keine Rede sein, denn die Araber waren an ein friedliches Zusammenleben mit den seit Jahrhunderten in Palästina ansässigen Juden gewöhnt. Sie waren selten von der zionistischen Idee geprägt. Zudem verkauften arabische Feudalherren allzu gern den Siedlern Land zu überhöhten Preisen, und in den Siedlungen fanden arabische Arbeiter Brot und Lohn.

Das änderte sich mit der zweiten Alijah im Jahrzehnt vor dem Ersten Weltkrieg, als die Zahl der Einwanderer spürbar anwuchs und sie das bislang unbekannte Prinzip „Eroberung der Arbeit" durchsetzten: den Ersatz arabischer Arbeiter durch jüdische. Das bedeutete für viele eingeborene Kleinbauern und Landarbeiter der Verlust der Existenz und führte in der arabischen Unter- und Mittelschicht zu einer wachsenden Aversion gegenüber den jüdischen Siedlern. Die Differenzierung zwischen Juden und Zionisten schwand. Hinzu kam, dass die Einwanderer bald zu wirtschaftlichen und sozialen Konkurrenten für arabische Grundherren und Händler wurden, die den Antizionismus entfachten. Dass es trotz des in den letzten Vorkriegsjahren zu verzeichnenden, von arabischen Zeitungen geschürten antizionistischen Klimas in den syrischen Städten auf beiden Seiten noch genügend guten Willen gab, wird daran deutlich, dass auf dem Pariser arabischen Nationalkongress von 1913 Vertreter des Zionismus zu Wort kommen konnten und es dabei Initiativen zu arabisch-jüdischen Verhandlungen über einen Modus Vivendi gab, die jedoch nach Kriegsausbruch nicht weiter verfolgt wurden.

Weizmann als Haupt und Sprecher der palästinensischen Juden war kein extremer Zionist. Für ihn galt das Prinzip, dass Staaten langsam, graduell und geduldig aufgebaut werden müssen. Er war sich im Klaren darüber, dass der Aufbau der Heimstätte der Zustimmung des für das Gebiet zuständigen Herrschers bedurfte – und dieser war Emir Feisal in Damaskus. Mit diesem nahm er Verhandlungen auf. Sie führten im Januar 1919 in London zu einem Abkommen, das von Feisal – nominell Herrscher des Königreichs Hedschas, faktisch aber eines arabischen Großreichs – und Chaim Weizmann für die zionistische Bewegung unterzeichnet wurde. Die Präambel betonte die alten Bande zwischen Arabern und dem jüdischen Volk und stellte eine enge Zusammenarbeit in Aussicht. Im ersten Artikel wurde die Errichtung und Unterhaltung „ordnungsgemäß akkreditierter Behörden in den jeweiligen Territorien" vereinbart, was die Anerkennung Palästinas als jüdischer Heimstätte bedeutete. Nach Beendigung der Friedenskonferenz sollten die Grenzen zwischen dem arabischen Staat und Palästina festgelegt werden. Mit der Entwicklung einer Verfassung und Verwaltung Palästinas sollte die *Balfour-Declaration* verbindlich und damit die jüdische Heimstätte errichtet werden (Artikel III). Mit diesem Abkommen anerkannte Feisal auch die Zuständigkeit Weizmanns für Palästina.[5]

Artikel IV lautete: „Alle notwendigen Maßnahmen sollen getroffen werden, um die Einwanderung von Juden nach Palästina in großem Ausmaß zu ermutigen und zu fördern und sobald wie möglich jüdische Einwanderer im Land anzusiedeln bei größerer Siedlungsdichte und intensiver Kultivierung des Bodens."[6] Die zionistische Organisation werde sich nach besten Kräften bemühen, dem arabischen Staat bei der Beschaffung von Mitteln zur Entwicklung seiner Naturschätze und wirtschaftlichen Möglichkeiten beizustehen. Abschließend erklärten die Unterzeichner, dass sie die im Abkommen angesprochenen Angelegenheiten vor der Friedenskonferenz vertreten werden, deren Ergebnis aber noch nicht abzusehen war. Doch hatte Feisal in einem Zusatz vorsorglich den Vorbehalt gemacht, dass er, sofern Änderungen bezüglich der vorgesehenen Unabhängigkeit der Araber eintreten sollten, für die Nichtdurchführung dieser Vereinbarung verantwortlich gemacht werden könne. Damit war die Nichtigkeit des Abkommens programmiert, denn Palästina erhielt ja im Gegensatz zu Syrien, Transjordanien und dem Irak keinerlei Autonomie.

Weizmanns Äußerung vor der Pariser Friedenskonferenz, er wünsche, dass „Palästina so jüdisch wird, wie England englisch ist"[7], wurde und wird von antizionistischer Seite als Beleg dafür angeführt, dass Weizmann schon damals die Vertreibung der Araber aus Palästina anstrebte. Bei dieser Argumentation wird jedoch Weizmanns eigener Kommentar übergangen, den er noch im gleichen Jahr vor der Londoner Konferenz der britischen Zionisten gab und in dem er ausdrücklich eine arabisch-jüdische Zusammenarbeit forderte.[8] Selbst nachdem Feisal Antizionist geworden und es 1920/21 zu Ausschreitungen gekommen war, trat Weizmann für eine arabisch-jüdische Zusammenarbeit ein, so auch auf der Karlsbader Zionistenkonferenz von 1921.[9]

Der Ausbruch des jüdisch-arabischen Konflikts

Die Palästinenser verfügten mit Beginn des Mandats nicht über eine der jüdischen Organisation entsprechende Führung zur Durchsetzung ihrer Interessen. Im Herbst 1919 tagte erstmals ein palästinensischer „National Congress", und zwar unter dem Vorsitz von Pascha el Husseini, einem Verwandten des Mufti. Pascha el Husseini war nach

Übernahme der Verwaltung Palästinas durch das britische Kolonialministerium Bürgermeister von Jerusalem gewesen, aber aus Protest gegen die Einführung des Hebräischen als Amtssprache von seinem Amt zurückgetreten. Er galt als extremer Antizionist. Ihm fühlte sich ein großer Teil der palästinensischen Oberschicht verbunden. Aus diesem „National Congress" ging 1920 die „Moslem Christian Association" hervor, die sich als Repräsentantin aller palästinensischen Araber verstand, aber als solche nicht anerkannt wurde. Als sich der britische Kolonialminister Churchill im April 1921 auf dem Rückweg von Kairo einige Tage in Jerusalem aufhielt, wurde er von Delegierten der Association aufgesucht, die ihm drei Forderungen vortrugen, die lebendig blieben:
– Annullierung der *Balfour-Declaration*,
– Unterbindung der jüdischen Einwanderung,
– Zulassung der Bildung einer nationalen palästinensischen Regierung.

Churchill antwortete, dass eine Annullierung der *Balfour-Declaration* weder in seiner Macht liege noch seinem Wunsch entspreche. Was die Einwanderung betreffe, so hätten die Juden ein Recht darauf. Die Bildung einer palästinensischen Regierung sei in absehbarer Zeit nicht möglich.[10] Die Delegierten waren enttäuscht und beschlossen, der britischen Regierung direkt ihr Anliegen vorzutragen. Im September wiederholten sie vor dem Kolonialministerium ihre Forderungen. Das Ergebnis war wiederum negativ, was zur Verstärkung der antizionistischen und nunmehr auch antibritischen Propaganda in der palästinensischen Presse führte.

Eine Bereitschaft zum antijüdischen Terror war schon im März 1920 mit der Zerstörung zweier jüdischer Siedlungen im Norden zum Ausdruck gekommen, wobei sieben Verteidiger, darunter der führende Zionist Joseph Trumpeldor, getötet wurden. Einen Monat später hatten in Jerusalem arabisch-jüdische Zusammenstöße stattgefunden, die sechs Tote auf jeder Seite forderten. Im Mai 1921, einen Monat nach der Begegnung der Delegierten der Association mit Churchill, überfielen arabische Freischärler die jüdische Einwandererherberge in Jaffa und ermordeten 13 auf ihre Ansiedlung wartende Juden. Der Aufruhr breitete sich aus und Angriffe auf weitere Siedlungen folgten, die mit Kämpfen bewaffneter Gruppierungen beider Seiten verbunden waren. Dabei wurden 48 Araber und 47 Juden getötet. Die getöteten Juden gingen zum größten Teil auf das Konto der angreifenden Araber, die arabischen Toten auf das Konto der britischen Sicherheitskräfte.

Eine britische Kommission zur Untersuchung der Unruhen kam zu dem Ergebnis, dass die *Balfour-Declaration* mit den Erwartungen der Araber nicht in Einklang stand und zionistische Propaganda und die Einwanderungen nicht ohne Bedeutung waren. Trotz Verständnis für den arabischen Groll wurden keine Konsequenzen gezogen.

Die Folge war ein *Weißbuch* der britischen Regierung vom Mai 1922 (*Churchill White Paper*).[11] Es beurteilte die Errichtung der jüdischen Heimstätte als rechtmäßig, wenngleich es sich gegen den extremen Zionismus aussprach. Den arabischen Begehren kam es so gut wie nicht entgegen. Von arabischer Seite wurde es daher auch verworfen, die zionistische Führung hingegen stimmte ihm begeistert zu.

Der Völkerbund übertrug im Juli 1922 formell Großbritannien das Mandat über Palästina (siehe Dokument 4 auf Seite 161). Nach dem Mandatsdokument sollte die Respektierung der Rechte aller Bürger Palästinas gewährleistet sein, doch stand das jüdische Anliegen in Vordergrund. Die Jewish Agency, vom Mandat als Vertretung der palästinensischen Juden gedacht, wurde seitdem von zionistischer Seite zugleich als „Repräsentant des gesamten jüdischen Volkes" aufgefasst. Nach Artikel 11 sollte lediglich die Jewish Agency im Einvernehmen mit der Mandatsverwaltung das Recht „über die Errichtung und Ausführung irgendwelcher öffentlicher Arbeiten und Betriebe und die Ausbeutung irgendwelcher Naturschätze des Landes" erhalten. Eine entsprechende Bestimmung zugunsten der arabischen Seite enthielt das Mandat nicht. Für die Zionisten war das Mandat der große Sieg. Nach ihrer Auffassung war es dem ganzen jüdischen Volk gegeben. Daher sei, so wurde argumentiert, „bei gemeinsamen Vertretungskörperschaften im Lande nicht die jüdische Minderheit der Partner der arabischen Mehrheit, sondern das ganze jüdische Volk".

Der in den Ausschreitungen von 1920/21 auf Seiten der Araber zutage tretende judenfeindliche Fanatismus hatte verschiedene Ursachen. Die unmittelbar nach dem Krieg einsetzende dritte Alijah musste, wenn sie anhielt, über kurz oder lang zur jüdischen Majorität in Palästina führen. Das Prinzip „Eroberung der Arbeit" wurde verstärkt durchgesetzt. Hinzu kam, dass mit der dritten Alijah eine rasante wirtschaftliche Entwicklung des Jishuw einsetzte, der aufgrund seiner von europäischem Wesen und Pioniergeist geprägten Struktur vielfach von den traditionsverhafteten Arabern als Fremdkörper empfunden wurde. Die arabischen Effendis und die bürgerliche Oberschicht in den syrischen Städten standen den Ideen und Praktiken der Einwanderer, z. B. ihrem Fleiß und wirtschaftlichen Erfolg, oft argwöhnisch gegenüber. Ein von den USA und Westeuropa gestützter jüdischer Staat konnte zum gefährlichsten Konkurrenten der übrigen arabischen Welt werden. Daher wuchs in erster Linie in der arabischen Oberschicht der Antizionismus.

Dennoch, wäre die Einheit aus Großsyrien mit Palästina einschließlich Jordanien erhalten und König Feisal der Herrscher geblieben, hätte die Mandatsregelung hier nicht eingegriffen. Vieles spricht dafür, dass Weizmann und Feisal zu einer für beide Seiten tragbaren Lösung gefunden hätten. Syrer und Palästinenser hatten Feisal als König akzeptiert. Die Vertreibung Feisals und die von den Mandatsmächten bewirkte Zerschlagung seines sich über Syrien, den Libanon, das Zweistromland, Jordanien und Palästina erstreckenden Reichs rief die Verbitterung der levantinischen Nationalisten hervor, die in ihrer Ohnmacht gegenüber den Mandatsherren in den Juden Palästinas die Sündenböcke fanden. Feisal wurde als König des Irak engagierter Gegner des Zionismus. Ähnlich verhielt es sich mit seinem Bruder Abdullah in Jordanien. Feisal und Abdullah bedurften zur Festigung ihrer Herrschaft der Unterstützung der einflussreichen Oberschicht, und sie gerieten damit zwangsläufig in den Sog des Antizionismus. Das galt für Abdullah umso mehr, als von extremen Zionisten auch das Siedlungsrecht jenseits des Jordan gefordert wurde. Die britische Mandatsmacht aber hatte ausdrücklich Jordanien von dem für eine jüdische Heimstätte in Betracht kommenden Gebiet ausgenommen, was auf Pläne – und diese gab es auch – zur Umsiedlung von Palästinensern schließen ließ und diese in erhebliche Unruhe versetzte. Zudem stand, während der Irak und Jordanien sofort eigene Regierungen erhielten, die Einlösung des Versprechens in weiter Ferne, das mit Artikel 22 der Völkerbundsatzung für Palästina gegeben worden war.

Der erste britische Hochkommissar für Palästina, Sir Samuel (1920–1925), war selbst Jude und stand ursprünglich dem Zionismus nahe. In seinem Bemühen um Unparteilichkeit ließ er den aus einem einflussreichen Feudalclan kommenden und unversöhnlichen Antizionisten el Husseini Großmufti von Jerusalem werden. Die Muftis waren für die Auslegung des islamischen Rechts, auch im Hinblick auf politische Entscheidungen, zuständig. Die britische Mandatsmacht wertete das Amt des Mufti von Jerusalem auf. Als Großmufti und somit Vorsitzender des obersten islamischen Rats galt er als höchster Würdenträger des Islam. El Husseini sollte in den folgenden Jahren als Führer der palästinensischen Nationalisten und durch seine guten Beziehungen zu den übrigen arabischen Ländern eine äußerst destruktive Rolle spielen.

Anmerkungen

[1] Schreiber, Friedrich/Wolfsohn, Michael, *Nahost,* S. 41 f.; Shlaim, Avi, *The Iron Wall,* S. 3 f.; Watzal, Ludwig, *Feinde des Friedens,* S. 13 f. Für die ältere Auffassung: Schoeps, Hans Julius, „Voraussetzung für das Entstehen einer jüdischen Nationalbewegung", in: *Zionismus,* hrsg. von Hans Julius Schoeps, München 1973, S. 31 ff.

[2] Watzal, Ludwig, *Feinde des Friedens,* S. 21.

[3] Böhm, Adolf, *Die Zionistische Bewegung,* Bd. I, S. 665 f.

[4] Laqueur, Walter (Hrsg.), *The Israel Arab Reader,* S. 18.

[5] Ebd., S. 18 ff.; dort vollständiger Wortlaut des Abkommens.

[6] Ebd., S. 19; Übersetzung E. K.

[7] Shlaim, Avi, *The Iron Wall,* S. 7.

[8] Sykes, Christopher, *Kreuzwege nach Israel,* S. 37.

[9] Watzal, Ludwig, *Feinde des Friedens,* S. 21.

[10] Sykes, Christopher, *Kreuzwege nach Israel,* S. 54 f.

[11] Laqueur, Walter (Hrsg.), *The Israel Arab Reader,* S. 45; dort vollständiger Wortlaut.

III. Die Entwicklung des Jishuw und die Palästinafrage in der Mandatszeit

Einwanderung, Landerwerb und Führung des Jishuw

Die jüdische Einwanderung nach Palästina vollzog sich zwischen 1882 und 1948 in sechs Wellen, die als Alijah (Alijah = Singular; Alijot = Plural) bezeichnet werden. Die erste Alijah begann bereits Jahre, bevor Herzls Buch *Der Judenstaat* erschien, und vor dem Baseler Programm. Beide programmatische Schriften entstanden unter dem Eindruck der Einwanderungsbewegung. Die Einwanderer kamen vorwiegend aus Osteuropa. Erst von der fünften Alijah an zeigte die Verfolgung der Juden in Deutschland ihre Auswirkungen. Die meisten Juden, die aus Deutschland entkamen, emigrierten in die USA. Schon vor der nationalsozialistischen Machtergreifung, am Ende der vierten und Anfang der fünften Alijah, stieg die Zahl der Einwanderer sprunghaft an, denn der Zionismus hatte weltweit an Boden gewonnen. Während die ersten beiden Alijot reibungslos verliefen, regte sich schon während der dritten Alijah der arabische Widerstand, bedingt durch die Zunahme der Landkäufe und der Siedlungen. Die Unruhen von 1929 und die arabische Rebellion von 1936 müssen vor dem Hintergrund der Einwanderungsbewegung gesehen werden. Die Dimensionen der einzelnen Alijot werden an der folgenden Tabelle anschaulich:

Erste Alijah	1882–1903	ca. 30 000 Einwanderer
Zweite Alijah	1904–1914	ca. 35 000 bis 40 000 Einwanderer
Dritte Alijah	1919–1923	ca. 35 000 Einwanderer
Vierte Alijah	1924–1931	ca. 82 000 Einwanderer
Fünfte Alijah	1932–1939	ca. 265 000 Einwanderer
Sechste Alijah	1940–1948	ca. 160 000 Einwanderer

1901 wurde auf dem 5. Zionistenkongress der von Herzl geforderte Jüdische Nationalfonds (JNF) gegründet (hebr. KKL = Keren Kajemeth Leisrael). Seine Aufgabe bestand im Erwerb von Boden und dessen Verpachtung an Siedler oder Siedlungsgenossenschaften und in der Finanzierung von notwendigen Maßnahmen wie der Entsumpfung, Meliorisierung, Bewässerung oder Aufforstung. Ab 1920 kam der Palästina Grundfonds (Keren Hajessod) hinzu. Beide vermittelten Hypotheken oder Ausstattungsdarlehen für Siedler. Auch industrielle Unternehmen und der Städtebau wurden von diversen Fonds finanziert. Dabei trat die Histadrut (Gewerkschaft) besonders in Erscheinung. Andere bedeutende Gesellschaften für diese Zwecke waren u. a. die Palestine Economic Cooperation (PEC), die Palestine Jewish Colonisation Association (PICA) und die Palestine Land Development Company (PLDC).

Eine bedeutende Einnahmequelle der Fonds waren Stiftungen und Testamente wohlhabender Juden, die in Westeuropa und Südafrika und nach dem Zweiten Weltkrieg zunehmend in den USA lebten. Zu den anderen geläufigen Arten der Geldbeschaffung zählt u. a. eine Art von Volkssteuer, die von jüdischen Familien über „Blaue Büchsen" eingezogen wurden. Diese Sammelbüchsen leerten Beauftragte der zionistischen Organisation. Um 1930 gab es fast eine Million solcher Büchsen und für den Jüdischen Nationalfonds kamen bis dahin über 750 000 israelische Pfund zusammen. Die Blaue Büchse schloss so ein Band gemeinsamer Hoffnungen und gemeinsamer Verpflichtungen über alle Länder und Meere. In der Hauptzentrale des JNF in Jerusalem lag das „Goldene Buch" aus, in das sich Personen oder Vereinigungen gegen eine Spende von mehr als 20 Pfund eintragen lassen konnten. Eine „Baumspende" diente vor allem der Aufforstung: Der Spender erhielt ein auf seinen Namen ausgestelltes eindrucksvolles Diplom. Kalkulierbare Einnahmen kamen aus den Verpachtungen.

Mit Artikel 4 des Palästinamandats (siehe Seite 26) war den Juden Palästinas auferlegt, dass „eine geeignete jüdische Agentur" in allen die nationale Heimstätte betreffenden Angelegenheiten mit der Administration zusammenarbeiten sollte. Im folgenden Absatz findet sich dann die Auflage, dass die zionistische Organisation als eine solche Agentur anzuerkennen sei. Im Einvernehmen der britischen Regierung hatte sie Schritte zu unternehmen, „um die Mitarbeit aller Juden zu sichern, die willens sind, bei der Errichtung der jüdischen nationalen Heimstätte mitzuwirken". Die Kompetenz der Jewish Agency hatte sich danach nicht nur auf Palästina, sondern auf die Juden weltweit zu erstrecken. Unter dem Vorsitz Chaim Weizmanns fand im August 1921 eine konstituierende Sitzung des Rats der Jewish Agency statt. Nach Weizmann sollte die Institution die Vertreterin zionistischer und nichtzionistischer Juden sein, da ja auch die Heimstätte nicht nur Zionisten vorbehalten war. Von Bedeutung war, dass Weizmann den Leiter des American Jewish Comitee, Lewis Marshall, zur Mitarbeit gewann. Diesem war es zu verdanken, dass nichtzionistische amerikanische Juden sich bereit fanden, die Arbeit in Palästina zu unterstützen. Nach einer Resolution des aus der Sitzung von 1921 hervorgegangenen Aktionskomitees sollte sich die Agentur als Vertreterin des ganzen jüdischen Volkes verstehen. 1929 beschloss der 16. Zionistische Kongress in Zürich, die Jewish Agency personell zu erweitern. Ihre Exekutive in Palästina fungierte schon faktisch als Regierung des Jishuw und war für politische und wirtschaftliche Fragen und vorrangig für das Siedlungswesen zuständig. Die Mandatsverwaltung konnte sie nicht übergehen. Auf arabischer Seite gab es keine entsprechende Institution.

Politische Gruppierungen und Kampftruppen des Jishuw

Seit 1925 gab es in der zionistischen Bewegung die Gruppe 'Brit Shalom' (Friedensbund), die für einen friedlichen Ausgleich mit den Arabern eintrat. Unter ihren Anhängern waren Persönlichkeiten wie Judah Magnes, Präsident der Hebräischen Universität, und der deutsch-jüdische Religionsphilosoph Martin Buber (1878–1965), der von 1924 bis 1933 in Frankfurt am Main und ab 1938 in Jerusalem lehrte.[1] Die Ideen des Bundes wurden nach 1929 auch von anderen, nicht dem 'Brit' angehörenden Zionisten aufgegriffen. So glaubte auch David Ben Gurion, der mit der zweiten Alijah ins Land gekommen und Führer der jüdischen Arbeiterpartei geworden war, an die Möglichkeit einer Koordinierung der jüdischen und arabischen Nationalbewegung, und selbst Chaim Weizmann zeigte sich wenigstens eine Zeitlang bereit, den Binationalismus zu akzeptieren.

Die Revisionisten unter Wladimir Jabotinsky (1880–1940) strebten nach einem jüdischen Staat in den biblischen Grenzen Israels. Sie waren bereit, das Ziel auch mit Gewalt gegen britischen oder arabischen Widerstand durchzusetzen, und können als national-chauvinistisch und antisozialistisch charakterisiert werden.

Aus den Selbstschutztruppen der jüdischen Siedlungen, den Hashomer (Wächter), hatte sich Anfang der zwanziger Jahre eine illegale jüdische Streitmacht, die Haganah (Verteidigung), gebildet. Ein ungeschriebenes Gesetz verlangte, dass jedes junge Mitglied der jüdischen Gemeinde in der Haganah diente. Sie übte Selbstdisziplin und Zurückhaltung und beschränkte sich zunächst auf die Verteidigung des Jishuw gegen arabische Terroraktionen. Die Haganah hatte keine offizielle Existenz in den Augen der Mandatsmacht, und doch wurde ihre Existenz bei mehr als einer Gelegenheit offiziell geduldet und als eine notwendige Maßnahme zur Selbstverteidigung sogar gebilligt.[2] Mit dem Bürgerkrieg 1936/37 verließ die Haganah ihren begrenzten Milizstatus und nahm mehr und mehr den Charakter einer organisierten Streitmacht an. Die Mandatsmacht bediente sich ihrer im Kampf gegen die arabischen Freischärler und stellte aus ihr eine zusätzliche jüdische Polizei, die 'ghaffirs', zur Verteidigung der jüdischen Siedlungen auf. 1937 belief sich diese bewaffnete Streitmacht auf ca. 20 000 Mann. In der letzten Phase des Zweiten Weltkriegs und noch stärker in den ersten Nachkriegsjahren sah die Haganah ihre vordringliche Aufgabe im Kampf um die Befreiung des Jishuw von der britischen Mandatsherrschaft. Dabei waren Terrorakte nicht tabu.

Unter der Obhut des Oberbefehlshabers der britischen Streitkräfte, General Wawell, konnte der britische Offizier Wingate ausgewählte Einheiten der Haganah in der Taktik der aktiven Verteidigung unterweisen und sie zu höchst schlagkräftigen Nachtkampftruppen ausbilden, denen es sehr schnell gelang, die arabischen Kampfgruppen aus dem größten Teil des Jishuw zu vertreiben. Aus diesen Einheiten, in denen Moshe Dayan seine Laufbahn begann, ging dann die Palmach als gegenterroristische Spezialtruppe oder „Schocktruppe" der Haganah hervor. Nach Kriegende war eine von der Haganah aufgestellte Organisation in besonderem Maße für die illegale Einwanderung zuständig.

In den letzen Jahren der Mandatsherrschaft traten in den Terroraktionen zwei Bewegungen hervor, Irgun und LEHI. Während die Irgun (Zvai Le'umbi b'Erez Israel = Nationale Militärorganisation des Landes Israel) gegen Briten und Araber gleichermaßen kämpfte, richtete sich der Terror der LEHI (Lochmei Herut Isarel = Kämpfer für die Freiheit Israels) in erster Linie gegen die Briten. Die Irgun war 1935 aus einer Abspaltung der Haganah entstanden und stützte sich zunächst vorwiegend auf die revisionistische Jugendorganisation BETAR (Bund Joseph Trumpeldor), wandte sich dann aber mehr und mehr dem Terror zu. Schon im Februar 1939 ging die Explosion einer Bombe auf einem arabischen Markt auf das Konto der Irgun, die im folgenden August einen britischen Polizeiinspektor „exekutierte“. Wohl schloss die Irgun nach Ausbruch des Kriegs 1939 einen Waffenstillstand mit den Briten, doch 1942 traf Menachem Begin in Palästina ein und übernahm die Reorganisation der Bewegung. Schon 1944 kam es zu einem Bombenattentat gegen das Amtsgebäude der Mandatsverwaltung. Im Juli 1946 sprengte ein Kommando einen Teil des Polizeihauptquartiers in Jerusalem, wobei vier Polizisten und vier Soldaten den Tod fanden. Im Dezember 1946 begingen Anhänger der Irgun eine besondere Gräueltat: Sie sprengten einen Flügel des *King David* Hotels in Jerusalem, in dem sich das Hauptquartier der britischen Armee befand. 91 Personen – Engländer, Juden und Araber – wurden getötet, 45 verletzt. Die Haganah soll in den Vorfall verwickelt gewesen sein.

Die Gruppe LEHI ging nach Ausbruch des Zweiten Weltkriegs aus der Irgun hervor und war für die Fortsetzung des Kampfs gegen die Mandatsmacht. Da sie von Abraham Stern (1907–1942) geführt wurde, galt sie auch als die „Stern-Bande“. Schon 1942 tat sie sich durch mehrere Attentate gegen britische Polizisten hervor. Im November 1943 konnten 20 LEHI-Kämpfer durch einen Tunnel aus dem Gefängnis von Latrun fliehen. Auf das Konto der LEHI ging die Ermordung des britischen Ministerresidenten für den Nahen Osten, Lord Moyne, in Kairo im November 1944. Die Terroristen hielten lange an der Rechtfertigung fest, dass sie dazu beigetragen hätten, die Briten zur Aufgabe des Mandats zu bewegen und die Araber einzuschüchtern.

Verschärfung des Konflikts

Im Oktober 1928 kam es in Jerusalem zu einem arabisch-jüdischen Streit um die Zuständigkeit für die Heiligen Stätten, besonders für die Klagemauer. Die Folge war eine aggressive Demonstration jüdischer Gruppierungen, gegen die die britische Polizei einschritt. Wenige Monate später kam es zu einem Vorfall, der die gespannte Stimmung erheblich steigerte. Der Fußball eines jüdischen Jungen fiel in einen arabischen Garten; der Besitzer verprügelte den Jungen. Das weitete sich zu einer Schlägerei aus, bei der der Junge von einem Moslem mit einem Messerstich so schwer verletzt wurde, dass er wenige Tage später starb. Für die Zionisten war das Anlass zu einer besonders heftigen Demonstration, gegen die die Araber, bewaffnet mit Keulen und Messern, auftraten.

Dann wurde die arabische Verbitterung gesteigert durch die Nachricht vom Be-schluss des Züricher Zionistenkongresses über die Erweiterung der Jewish Agency. Im August 1929 kam es erneut zu einem jüdisch-moslemischen Streit über die Zuständig-keit an der Klagemauer. Der Mufti rief zum „Heiligen Krieg" gegen die Juden auf, der Aufstand griff von Jerusalem auf andere Städte über und musste von britischen Trup-pen unter Einsatz von Panzerfahrzeugen niedergeschlagen werden. Zu einem scheuß-lichen Vorfall kam es in Hebron – wegen seiner alten und aktiven jüdischen Gemeinde ein Dorn im Auge der Araber. Ein mit Dolchen und Beilen bewaffnetes Kommando drang in ein Gasthaus ein und veranstaltete unter den hierhin geflohenen Juden ein Gemetzel. In der Stadt Safed im Norden wurden 20 Juden, darunter auch Kinder, er-mordet und über hundert Häuser niedergebrannt. Im Ganzen gab es bei dem Aufruhr 113 Tote auf jüdischer und 119 auf arabischer Seite. Bei einem jüdischen Gegenangriff zwischen Tel Aviv und Jaffa wurden sechs Araber getötet. Diese Ereignisse können in-sofern als ein Wendepunkt gelten, als von nun an eine nicht mehr zu unterdrückende, abgrundtiefe Feindschaft zwischen den zwei ethnischen Gruppen und Religionen be-stand.

Die britische Regierung entsandte wieder eine Kommission nach Palästina, um die Ursachen des Aufruhrs zu untersuchen. Diese kam zu dem Ergebnis, dass die Unruhen weitgehend in der zionistischen Siedlungspolitik und der dadurch bedingten Entwur-zelung der arabischen Fellachen begründet seien. Tatsächlich waren die Übeltäter von Hebron und Safed weitgehend Bauern gewesen. Eine Erklärung der britischen Regie-rung vom 30. Oktober 1930 (*Passfield White Paper*), die sich auf die Feststellung der Kommission stützte, betonte die Verpflichtung der Mandatsmacht gegenüber beiden Bevölkerungsgruppen, ging auf die Landnot der wachsenden arabischen Bevölkerung ein und kündigte eine Reduzierung oder sogar eine vorübergehende Einstellung der jüdischen Einwanderung an.

Der Mufti und seine Mitarbeiter lehnten die Erklärung zwar als unzureichend ab, werteten sie aber auch als Erfolg. Die Zionisten waren dagegen erbittert. Ihre Führung – und dabei war Chaim Weizmann initiativ – konnte mithilfe der parlamentarischen Opposition die britische Regierung zu einer Revision des Dokuments bewegen. Die jü-dische Einwanderung wurde fortgesetzt und erreichte in der fünften Alijah einen neuen Höhepunkt, der jedoch zu einer weiteren Eskalation des Konflikts führte.

Die Vorschläge des britischen Hochkommissars, den Weg zur Errichtung eines ge-setzgebenden Rats für Palästina zu öffnen, waren bisher am jüdischen und am palästi-nensischen Widerstand gescheitert. Jede Seite fürchtete, dass der Gegner in einem sol-chen Rat die Majorität gewinnen würde. Außerdem waren weder die Zionisten noch die palästinensischen Nationalisten zu Gesprächen oder gar Verhandlungen miteinan-der in einer parlamentarischen Körperschaft bereit. Ende 1935 übermittelte Hochkom-missar Wauchope beiden Seiten ein Angebot zur Bildung einer repräsentativen Kam-mer zur Erarbeitung von Gesetzesvorschlägen. Für die Kammer sollten Mitglieder zum einen Teil vom Hochkommissar ernannt und zum anderen Teil gewählt werden; der gewählte Teil sollte aus acht Moslems, drei Juden und einem Christen zusammengesetzt sein. Für die Zionisten kam eine Kammer mit moslemischer Majorität nicht in Betracht und die Araber argumentierten, dass sie mit der Annahme des Vorschlags ein Mandat akzeptieren würden, das in ihren Augen illegal war. Außerdem würde das die Anerkennung des Zionismus bedeuten. Auf einer Zionistenkonferenz in Luzern im Herbst 1935 sprachen sich die Delegierten im Namen des Weltzionismus grundsätzlich gegen die Errichtung eines gesetzgebenden Rats in Palästina aus, da dieser mit dem Geist des Mandats nicht vereinbar sei. Der Mufti konterte in London mit einem Programm, das ein souveränes Parlament mit Sicherstellung der arabischen Majorität forderte. Der Plan konnte sich in der britischen Regierung nicht durchsetzen, da er im Parlament keine Mehrheit fand.

Zu dieser Zeit befand sich die Wirtschaft Palästinas in einer Rezession, die die arabische Bevölkerung stärker als die jüdische in Mitleidenschaft zog. Auf arabischer Seite war die Unzufriedenheit besonders in der Unter- und Mittelschicht der Städte und bei den Bauern groß. Eine geschickte Propaganda sorgte dafür, dass als Hauptursache des Dilemmas die seit drei Jahren heftig zunehmende Zahl jüdischer Einwanderungen und die damit verbundenen Landkäufe angenommen wurde. Hinzu kam, dass ein mehrwöchiger Generalstreik in Syrien die französische Mandatsmacht zur Bewilligung größerer Unabhängigkeit zwang, was die Palästinenser zu dem Schluss bewog, dass nur Akte der Gewalt die Mandatsmacht zum Nachgeben führen und die Juden in Schach halten könnten. Die Aufdeckung eines jüdischen Waffenschmuggels Ende 1935 heizte die zum Aufruhr bereite Stimmung an. Im April 1936 überfielen Palästinenser bei Nablus einen Bus mit vorwiegend jüdischen Passagieren, raubten sie aus und ermordeten zwei von ihnen. Als in der folgenden Nacht zwei Araber in einer nahe gelegenen Hütte ermordet wurden, erschien das als jüdischer Racheakt, und die Folge war eine Welle palästinensischer Angriffe auf jüdische Anwesen. Aus der Bestattung zweier in Jaffa ermordeter Juden wurde eine große antimoslemische Demonstration, die die Palästinenser mit einem Pogrom beantworteten, dem zwanzig Juden zum Opfer fielen. Die Führer der arabischen Nationalisten bildeten nun ein Arab Higher Comitee unter dem Vorsitz des Mufti. Dieser rief zu einem Generalstreik auf, der sich bis Oktober hinzog und zu einem Aufstand wurde, in dem 187 Moslems, zehn christliche Araber und 80 Juden zu Tode kamen. Ein Teil der Toten ging auf das Konto der britischen Polizei und der Soldaten.

Die britische Regierung sah sich veranlasst, eine Kommission zur Untersuchung der Unruhen nach Palästina zu entsenden, und zwar unter dem Vorsitz von Lord William Peel, der 1922 bis 1924 und 1928/29 Staatssekretär für indische Angelegenheiten im britischen Außenministerium gewesen war. Die Kommission tagte über sechs Monate in Jerusalem und hörte sich die Ansichten führender Zionisten und arabischer Nationalisten an. Der etwa dreistündige Vortrag Weizmanns, der wieder die zionistische Organisation führte, gilt noch heute als eine meisterhafte Rede und als Höhepunkt seiner politischen Taktik. Der Redner war bemüht, Verständnis für die jüdische Geschichte und den daraus sich ergebenden Anspruch auf eine Heimstätte zu wecken. Die arabische Seite, und hier kam der Mufti zu Wort, verlangte eine Einschränkung der Einwanderung, ein Verbot des Verkaufs arabischen Lands an die Juden sowie die Errichtung einer eigenen Regierung. Auch seine Art des Vortrags blieb nicht ohne Eindruck auf die britische Kommission. Nach weiteren Anhörungen kam sie zu dem von Sir Coupland formulierten Ergebnis, dass der einzige Weg zum Frieden die Ersetzung des Mandats durch ein Abkommen und die Teilung Palästinas sei. Das wurde zur Grundlage des *Peelschen Teilungsplans*. Nach diesem sollten die Gebiete, in denen der größere Teil der jüdischen Siedlungen lag – und das betraf die fruchtbare Ebene im Nordwesten – zu einem jüdischen Staatsgebiet zusammengefasst werden. Der Araberstaat mit den Hafenstädten Tel Aviv und Jaffa sollte mit Transjordanien vereinigt werden. Die Enklaven von Nazareth und Jerusalem-Bethlehem sollten unter britischem Mandat bleiben, letztere mit einem Korridor zum Mittelmeer, wodurch eine jüdische Exklave entstand. Die Regierung des jüdischen Staates sollte, da dieser der wirtschaftlich begünstigte war, dem arabischen Staat eine jährliche Subvention zahlen. Für Bevölkerungsminoritäten waren Umsiedlungen vorgesehen. Bei allem Verständnis für die zionistischen Anliegen gab der Bericht Juden und Arabern gleichermaßen die Schuld an den Unruhen.

Während von arabischer Seite der *Peelsche Teilungsplan* kompromisslos abgelehnt wurde, war die Haltung der Juden zwiespältig. Für einen Teil war das Ziel des eigenen Staates, wenn auch vorerst klein, erreicht, für andere war den Arabern zu viel belassen worden. Weizmann war zuerst begeistert, musste aber auch die Gegenargumente respektieren und war dann für die Annahme des Plans, jedoch mit Vorbehalten, die Änderungen ermöglichten. Diesen Standpunkt setzte er auf dem 20. Zionistenkongress in Zürich im August 1937 durch. Im Rat der Jewish Agency sprach sich Juda Magnes (1877–1948), Präsident der Hebräischen Universität in Jerusalem, der stets für eine arabisch-jüdische Verständigung eintrat, gegen eine Teilung aus, da eine solche zum jüdisch-arabischen Krieg führen müsse. Nach seiner Meinung konnte die gemeinsame Opposition die Araber und Juden in dieser Frage zusammenführen. So schlug er dem Rat vor, mit den Arabern Verhandlungen aufzunehmen, wurde dafür jedoch niedergeschrien. Für Magnes war die jüdisch-arabische Verständigung eine Lebensaufgabe – ein Ziel, das er nicht erreichen sollte.

In Bloudan bei Damaskus wurde im September 1937 eine Konferenz von 400 Delegierten aller arabischen Staaten mit Ausnahme des Jemen, jedoch einschließlich der Palästinenser, abgehalten. Die Konferenz beschloss, dass Palästina „ein integrierter Bestandteil des arabischen Hinterlandes" sei und kein Teil dieses Gebiets abgetrennt werden könne.[3] Sie forderte ferner die Annullierung der *Balfour-Declaration*, die Ersetzung des Mandats durch einen britisch-palästinensischen Vertrag mit Garantien für den Schutz von Minderheiten. Am Schluss der Erklärung stand die Drohung, dass Großbritannien zwischen der Freundschaft mit den Arabern und den Juden zu wählen habe. Wenn es seine Politik in Palästina nicht ändere, müssten sich die arabische Staaten anderen, Großbritannien feindlich gesinnten Mächten Europas anschließen. Mit diesen

„anderen Mächten" konnte zum damaligen Zeitpunkt nur die von Hitler und Mussolini geschmiedete Achse Berlin-Rom gemeint sein. Das war eine für London empfindliche Drohung. Aber nicht das war entscheidend dafür, dass der *Peel-Report* nicht die Zustimmung des britischen Parlaments fand. Maßgeblich für die ablehnende Haltung im Oberhaus waren die Worte des ersten Hochkommissars, nunmehr Lord Samuel, der die aus der Teilung erwachsenden Gefahren aufzeigte.[4] Samuel verwies darauf, dass in dem vorgesehenen jüdischen Staat außer 258 000 Juden auch 225 000 Araber lebten, deren vorgesehene Umsiedlung unermessliche Unruhen hervorbringen werde. Die Sicherheit Palästinas, die das eigentliche Anliegen der Kommission hätte sein müssen, sei durch die Teilung gefährdeter als sie es je unter dem Mandat war. Als Alternative unterbreitete Samuel den Plan der Errichtung einer großen arabischen Föderation aus Saudi-Arabien, dem Irak, Transjordanien, Syrien, dem Libanon und den Palästinensern. In einem solchen Staatenbund sei die Ansiedlung von Juden auf beiden Seiten des Jordan möglich, ohne dass davon die anderen arabischen Nationalstaaten schmerzlich betroffen würden. Das war natürlich eine utopische Vorstellung.

Nach der Veröffentlichung des *Peel-Reports* flammte die arabische Rebellion erneut auf. Auftakt war im Oktober 1937 die Ermordung des britischen Distriktkommissars von Galiläa, Lewis Andrews, vor der anglikanischen Kirche in Nazareth durch ein palästinensisches Kommando. Kurz darauf trat der britische Hochkommissar Sir Wauchope zurück und wurde durch Sir Harald MacMichael ersetzt. Da es Hinweise darauf gab, dass die Mörder von Andrews in Beziehungen zum Mufti standen, löste MacMichael das Arabische Oberkomitee auf und ließ dessen Spitze verhaften und ausweisen. Dem Mufti gelang die Flucht in den Libanon und er galt fortan als des Landes verwiesen. Die Rebellion wurde hierdurch nicht gemäßigt und erreichte im Herbst 1938 einen Höhepunkt. Nun erhielt MacMichael zusätzliche Truppen aus dem Mutterland und Ägypten, mit denen er rücksichtslos die Rebellion unterdrückte, die am Vorabend des Zweiten Weltkriegs ihr Ende fand, obwohl sich einzelne Sabotageakte und Überfälle noch bis Ende 1939 ereigneten.

Die vom palästinensischen Geschichtsbild gezeichnete Auffassung, dass der Aufstand zwischen 1936 und 1939 das große nationale palästinensische Ereignis gewesen sei, ist eine Konstruktion. Wenngleich auf palästinensischer Seite Freiwillige aus benachbarten arabischen Ländern kämpften, so versuchten doch die pro-britischen Herrscher Saudi-Arabiens, Jordaniens und des Irak, dies zu unterbinden. Wesentlich für die Niederlage der Palästinenser war, dass sie nicht geführt wurden und die ganze Bewegung einerseits durch Uneinigkeit des gesamtarabischen Lagers, andererseits durch Zwistigkeiten zwischen den einheimischen Clans gelähmt wurde. Unbestreitbar ist, dass die Rebellion eine Reaktion der arabischen Bevölkerung auf das unaufhaltsame Anwachsen der jüdischen Heimstätte war und deshalb auch Ausdruck der Angst davor, dass ihnen künftig alles Land genommen würde.

Wo immer möglich, griffen palästinensische Guerillas jüdische Institutionen und Siedlungen an, mordeten und zerstörten die Agrikultur. Auf dem Höhenpunkt der Re-

bellion mussten die Juden sich fragen, ob die in der ersten Phase des Aufstands eingenommene Gewaltlosigkeit weiterhin gültig sein konnte. Zunehmend übernahm daher
die Haganah die Verteidigung jüdischer Siedlungen und entlegener Bauernhöfe, ließ es
aber dabei nicht bewenden, sondern ging mit kleinen Spezialtruppen mehr und mehr
zu Gegenangriffen über. Eine besondere Rolle spielte dabei der britische Hauptmann
Ordre Wingate, der erkannte, dass die arabischen Guerillas wegen ihrer nächtlichen
Operationen überlegen waren, gegen die tagsüber durchgeführte britische Gegenschläge wenig bewirken konnten. Er stellte daher von Briten und Juden geführte Kampfgruppen der Haganah auf, mit denen er nachts operierte, die Gegner in ihren Schlupf-
winkeln aufspürte und vernichtete. Das hatte zunehmenden Erfolg und stärkte die
Kampfbereitschaft der Haganah und der gesamten jüdischen Bevölkerung. Junge Männer erkannten, dass sie auch Soldaten sein und siegen konnten. Wingate gilt daher
heute bei vielen Israelis als der eigentliche Gründer ihrer Armee. Der Aufstand war eine
Revolte gegen die britische Mandatsmacht, aber zugleich ein jüdisch-arabischer Bürgerkrieg, der einen nachhaltigen unüberbrückbaren Hass zwischen beiden ethnischen
Gruppen bewirkte. Eine Rolle spielte auf der arabischen Seite auch die Gegnerschaft
zwischen den Husseinis und ihren Rivalen. Dies führte dazu, dass ein Viertel der getöteten Araber von den eigenen Landsleuten umgebracht wurde.

Angesichts der zunehmenden Kriegsgefahr in Europa war die britische Regierung an
einem Kompromiss mit der gesamten arabischen Welt interessiert. Sie lud daher füh-
rende Persönlichkeiten aus Ägypten, Saudi-Arabien, Transjordanien, dem Jemen und
Irak sowie Juden und Araber aus Palästina für die ersten Wochen des Jahres 1939 nach
London ein. Die Palästinadelegation unterstand dem Vetter des Mufti, Dschamal Hus-
seini, der für eine geschlossen obstruierende Haltung seiner Delegation und eine
Wiederholung der harten Forderungen der arabischen Nationalisten sorgte. Auf dieser
Konferenz mieden Juden und Palästinenser einander, weshalb Kolonialminister Mac-
Donald getrennt verhandeln musste. Es zeigte sich bald, dass er mehr Sympathie für
die Palästinenser als für die Juden hatte. Das entsprach dem Geist des Foreign Office.

Die zunehmende Solidarisierung der arabischen Länder in der Palästinafrage konnte
jedoch zu einer Bedrohung der britischen Position im Nahen Osten werden, zumal
dort die propagandistische Aktivität der Achsenmächte immer spürbarer wurde. Die
britische Regierung war daher bemüht, mit Juden und Arabern zu einer Vereinbarung
zu gelangen. Im Februar 1939 trat in London eine Konferenz zusammen, an der Vertreter der palästinensischen Araber sowie Delegationen der Regierungen von Ägypten,
Transjordanien, Saudi-Arabien, des Irak und des Jemen teilnahmen. Die Juden wurden
von einer Delegation der Jewish Agency und einem Komitee mit prominenten Mitgliedern der zionistischen Bewegung aus verschiedenen Ländern, besonders den USA und
England, vertreten. Diese Konferenz scheiterte zum einen daran, dass Juden und Araber nicht gemeinsam an den Konferenztisch zu bringen waren. Zum anderen wurden
die verschiedenen britischen Vorschläge, die zunächst auf eine Teilung Palästinas ziel-
ten, dann eine Einschränkung der jüdischen Einwanderung und schließlich die Schaf-

fung eines unabhängigen Palästinenserstaates nach einer Übergangsperiode vorsahen, von Juden und Arabern abgelehnt.

Die britische Regierung reagierte nun mit einer eigenen Regelung, dem *Weißbuch* vom Mai 1939 (*MacDonald White Paper*, siehe Dokument 5 auf Seite 162). Es zielte mehr auf Befriedigung der Araber als der Juden und stellte eine Fortsetzung der britischen Politik des „Appeasement" im Nahen Osten dar. Die Erkenntnisse der Peel-Kommission wurden verworfen. Innerhalb von zehn Jahren sollte Palästina ein unabhängiger Staat mit einer gemeinsamen Regierung aus Juden und Arabern werden. Die jüdische Einwanderung wurde für die nächsten fünf Jahre auf 75 000 Personen begrenzt, und zwar mit einer jährlichen Quote von 10 000, zusätzlich einmalig 25 000. Danach sollte eine jüdische Einwanderung nur mit Zustimmung der palästinensischen Araber möglich sein.[5]

Die arabische Seite lehnte das *Weißbuch* ab, da sie die sofortige völlige Einstellung der Einwanderung forderte. Die Juden reagierten verbittert. Es kam zu Protestkundgebungen und Zusammenstößen zwischen Juden und der britischen Polizei. Dabei trat erstmals die Irgun in Erscheinung. Die Jewish Agency nannte das *Weißbuch* einen schweren Schlag gerade in der dunkelsten Stunde der jüdischen Geschichte und betonte die Entschlossenheit, die jüdische Einwanderung, die jüdische Heimstätte und die jüdische Freiheit zu verteidigen.

Entscheidungen im Zweiten Weltkrieg

Nach Kriegsausbruch erklärte David Ben Gurion: „Wir werden gemeinsam mit England gegen Hitler kämpfen, als gäbe es kein Weißbuch, und wir werden gegen das Weißbuch kämpfen, als gäbe es keinen Krieg."[6] Palästinensische Juden leisteten in der britischen Armee Kriegsdienst, und der Jishuw stellte seine Industrie sowie seine wissenschaftlichen und technischen Einrichtungen der britischen Kriegsführung zur Verfügung. Die Aufstellung einer jüdischen Brigade wurde erst im Herbst 1944 gestattet. Sie kam unter britischem Oberbefehl in Italien und Deutschland zum Einsatz.

Viele Juden, denen während des Kriegs die Flucht aus den von Deutschland beherrschten Gebieten gelang, versuchten auf großen Umwegen oder auf oft seeuntüchtigen Schiffen Palästina zu erreichen. Viele dieser „Sargschiffe" gingen unter. Als Beispiel sei das Schicksal der *Struma* genannt, die Ende 1941 mit jüdischen Flüchtlingen aus Rumänien nach Istanbul gekommen war. Da die britischen Behörden die Einwanderungsanträge verschleppten, musste die Türkei, bemüht, die Gunst der Achsenmächte nicht zu verlieren, das Schiff im Februar 1942 in See schicken, wo es sank. 763 Juden fanden den Tod. Wenige Monate zuvor hatte sich bei Haifa die Tragödie der *Patria* ereignet, die durch eine Explosion sank, wodurch 240 Flüchtlinge zu Tode kamen. Die Explosion war von den Einwanderern geplant, um die Maschinen zu zerstören und damit die Administration zur Landeerlaubnis zu zwingen. Doch die Explosion schlug ein Leck in die Außenwand und das Schiff sank in 15 Minuten. Die zionistische Propaganda dichtete aus dem Unglück – ähnlich wie bei der *Struma* – die Legenden vom Selbstmord der Flüchtlinge aus Verzweiflung. Dies kam natürlich in der Bevölkerung des Jishuw an, die wegen der britischen Haltung verbittert war. Trotz solcher Vorfälle landeten immer wieder Schiffe mit Flüchtlingen, die von Irgun und Palmach in vorbildlicher und nicht selten gefährlicher Hilfsbereitschaft eingeschleust werden konnten. Durch das Flüchtlingsproblem war das Verhältnis zwischen der Administration und der Jewish Agency zeitweise sehr gespannt.

Auf arabischer Seite hatten sich in den dreißiger Jahren wiederholt radikal-nationalistische Gruppierungen gebildet, die sich jedoch wegen innerer Streitigkeiten nicht zu einer einheitlichen Organisation zusammenschlossen. Streitigkeiten zwischen den großen Familien lähmten Initiativen. Während die Bevölkerung des Jishuw zusammenhielt und eine großartige Organisation entwickelte, operierten auf arabischer Seite Einzelgruppen ohne zentrale Führung. Eine Anfang 1939 entstandene Arabische Exekutive, die nach dem Vorbild der Exekutive der Jewish Agency arbeiten sollte, existierte nur wenige Monate. Einer kurzlebigen, von den Husseinis gegründeten Arabisch Palästinensischen Partei stand die von einem anderen Clan beherrschte Nationale Verteidigungspartei gegenüber; beide konnten sich nicht einigen. Etwas effizienter waren Propaganda und Aktionen von Izz al-Din al-Quassam, der nach seinem Tod als Held im Kampf der Palästinenser verehrt wurde. Aber im antijüdischen Kampf gewannen die schlecht geführten Terrorgruppen die Oberhand. Bei Kriegsausbruch 1939 – gewiss auch durch die während der Rebellion erlittenen Verluste – war die nationale Bewegung der Palästinenser ohne Bedeutung, und während der Kriegsjahre übte sie, den jüdisch-britischen Konflikt freudig verfolgend, eine gewisse Zurückhaltung.

Der Großmufti hielt sich seit 1936, nach seiner Flucht und Ausweisung, vorwiegend im Irak auf, von wo aus er den Antizionismus der Palästinenser schürte. An finanziellen Mitteln fehlte es ihm dabei nicht. Im Irak hatte er 1941 beim fehlgeschlagenen antibritischen Putsch des auf Deutschland und Italien setzenden Raschid Ali die Hand im Spiel. Danach hielt er sich bis Kriegsende in Italien, Deutschland und Frankreich auf. Er wünschte den Sieg der Achsenmächte und traf im November 1941 in Berlin mit Hitler zusammen. Das Protokoll der Unterredung ist überliefert und verdient Beachtung:

„Der Großmufti bedankte sich zunächst beim Führer für die große Ehre, die ihm dieser erweise, indem er ihn empfinge, er benutze die Gelegenheit, um dem von der gesamten arabischen Welt bewunderten Führer des Großdeutschen Reichs seinen Dank für die Sympathie auszusprechen, die er stets für die arabische und besonders die palästinensische Sache gezeigt hätte [...] Die Araber erstrebten in diesem Kampf die Unabhängigkeit und Einigkeit Palästinas, Syriens und des Irak [...]

Der Führer erwiderte, [...] Deutschland trete für einen kompromisslosen Kampf gegen die Juden ein. Dazu gehöre selbstverständlich auch der Kampf gegen die jüdische Heimstätte in Palästina, die nichts anderes sei als ein staatlicher Mittelpunkt für den destruktiven Einfluss der jüdischen Interessen."

Hitler erklärte dann, sobald die deutsche Armee den Südausgang des Kaukasus erreicht habe, werde er „von sich aus der arabischen Welt die Versicherung abgeben, dass die Stunde der Befreiung für sie gekommen sei. Das deutsche Ziel würde dann lediglich die Vernichtung des im arabischen Raum unter der Protektion der britischen Macht lebenden Judentums sein. In dieser Stunde würde dann auch der Mufti der berufene Sprecher der arabischen Welt sein. Es würde ihm obliegen, die von ihm insgeheim vorbereitete arabische Aktion auszulösen."[7] Wir können ahnen, was hätte geschehen können, wenn Hitler der Vorstoß in den Nahen Osten gelungen wäre. Die Kriegswende am Ende des Jahres 1942 (Stalingrad und Nordafrika) wies einen anderen Weg.

Da die Briten auch im Krieg an der Politik des *Weißbuchs* festhielten, setzten die Juden ihre Hoffnung verstärkt auf die USA. Im Mai 1942 fand im New Yorker Biltmore Hotel eine Konferenz mit Vertretern der amerikanischen zionistischen Organisation statt, an der auch David Ben Gurion und Chaim Weizmann teilnahmen. Dabei wurde eine für die Gründungsgeschichte Israels entscheidende Resolution gefasst, das *Biltmore-Programm* (siehe Dokument 6 auf Seite 162). Von nun an fand das Ziel der Bildung eines jüdischen Staates stärkste Unterstützung in den USA. Wann immer es bei den Briten auf Widerstand stieß, pochten die Zionisten auf das *Biltmore-Programm* und hofften auf Unterstützung aus Amerika. Bemerkenswert an der Resolution ist, dass sie, über die *Balfour-Declaration* hinausgehend, die enge Zusammenarbeit des jüdischen Staates mit seinen arabischen Nachbarn forderte, deren Gunst zu verlieren nicht im Interesse der amerikanischen Außenpolitik lag.

Das *Biltmore-Programm* forderte die moralische und rechtliche Gültigkeit des britischen *Weißbuchs*. Da das bei der britischen Regierung kein Gehör fand, obwohl Hitlers „Endlösung" im Gange war, nahmen bei den Juden Verzweiflung und Verbitterung zu. Die Terrorakte von Irgun und LEHI gegen britische Verwaltungseinrichtungen und die Attentate auf britische Politiker gaben dem Ausdruck.

Der Anstoß zum Abschluss eines zunächst kleinarabischen Paktes als Kern einer später zu bildenden großarabischen Föderation war bereits 1942 von der irakischen Regierung ausgegangen. Großbritannien wollte jedoch nach Krieg und Ende der Mandatsherrschaft über eine von Kairo geführte arabische Föderation seinen Einfluss im Nahen Osten erhalten. Die arabischen Staaten dagegen wollten mit dem Bündnis die Unabhängigkeit ihrer Mitglieder erlangen, tragfähige Voraussetzungen für eine engere wirtschaftliche Zusammenarbeit schaffen und damit ein größeres Gewicht in der künftigen Weltorganisation gewinnen.

Der Gründungspakt der Arabischen Liga vom 22. März 1945 sieht daher in Artikel 6 die Abstimmung eines gemeinsamen Vorgehens im Falle einer Aggression vor. Mit dem Sitz der Zentrale in Kairo hatte Ägypten die Führung der Liga, was auch darin zum Ausdruck kam, dass es danach immer den Generalsekretär stellte. Ein *Beschluss über Palästina* als Anhang zum Gründungspakt stellt das Recht des Ligarats fest, einen arabischen Vertreter für Palästina zu ernennen. Er fordert die Unabhängigkeit und Selbstbestimmung Palästinas.[8]

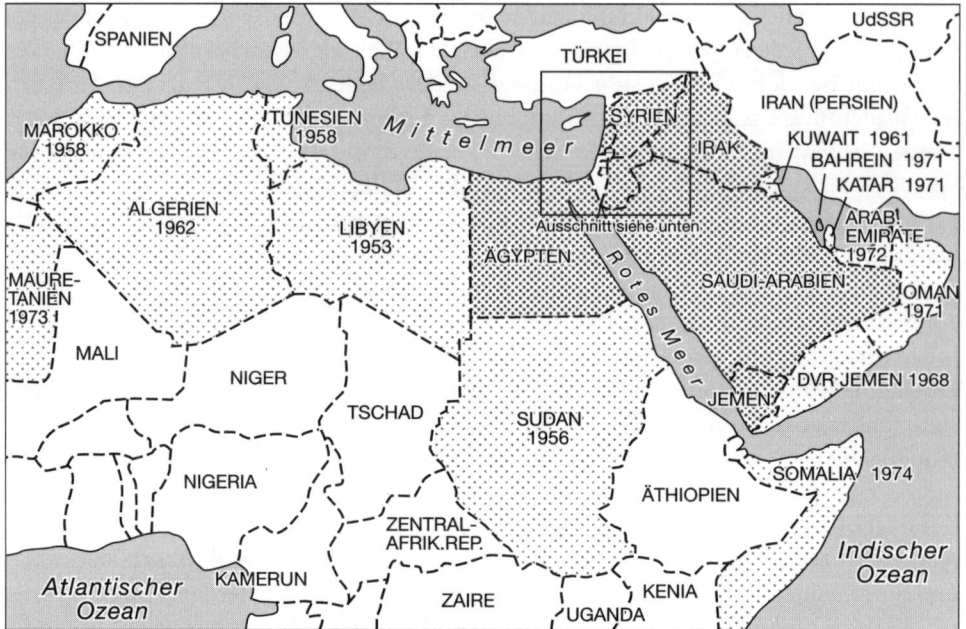

Gründerstaaten	später beigetretene Staaten (mit Beitrittsjahr)	von Israel besetzte Gebiete

Karte 3a, b: Die Arabische Liga. Am 22. März 1945 wurde der Gründungspakt der Liga in Kairo von folgenden Staaten unterzeichnet: Ägypten, Saudi-Arabien, Irak, Libanon, Syrien, (Trans)Jordanien und Nordjemen. Später hinzu kamen Libyen, Sudan, Tunesien, Marokko, Kuwait, Algerien, Südjemen, die Vereinigten Arabischen Emirate, Katar, Bahrein, Oman, Mauretanien, Somalia, Dschibuti und die PLO (1965 als Beobachter und 1976 als Vollmitglied).

Karte 3: Die Arabische Liga

In den folgenden Jahrzehnten traten auch die übrigen arabischen Staaten der Liga (siehe Karte 3 auf Seite 40) bei. Doch ihre Effektivität wurde nur allzu oft durch innere Streitigkeiten beeinträchtigt. Hierüber konnten letztlich auch die verschiedenen arabischen Gipfeltreffen nicht hinwegtäuschen. Die Liga konnte weder die Gründung des jüdischen Staates verhindern noch seine Beseitigung erwirken.

Anmerkungen

[1] Martin Buber gilt als einer der bedeutendsten europäisch-jüdischen Philosophen. Er wurde 1878 in Wien geboren und wuchs in Lemberg auf. An den Universitäten Wien, Leipzig, Zürich und Berlin studierte er Philosophie, Kunstgeschichte, Germanistik und Philologie. Mit 26 Jahren widmete er sich dem Chassidismus, einer religiösen Bewegung des Judentums, die Einfachheit und Nächstenliebe zur Ehre Gottes lehrt. Sein 1914 gegründetes Jüdisches Nationalkomitee war eine Hilfsorganisation für Juden aus Osteuropa, Deutschland und ihre Auswanderung nach Palästina. 1930 erhielt er an der Frankfurter Universität einen Lehrstuhl für Religionsphilosophie, den er 1933 auf Weisung der Nationalsozialisten aufgeben musste. Zusammen mit Franz Rosenzweig (1886–1929) hatte er an einer bedeutenden Übersetzung des *Alten Testaments* ins Deutsche gearbeitet. 1935 wurden ihm alle Vorträge in Deutschland verboten und in der Reichspogromnacht im November 1939 wurde sein Haus in Heppenheim verwüstet. Zuvor hatte er nach Jerusalem übersiedeln können, wo er Professor für Sozialphilosophie an der Hebräischen Universität wurde. In seinen auf Hebräisch geschriebenen Büchern versuchte er die Bedeutung der Bibel zu durchdringen. Als Gründer der ersten jüdischen Akademie der Wissenschaften galt sein Hauptinteresse der Versöhnung von Juden und Moslems. 1951 wurde er emeritiert und hielt nun Kurse an Universitäten in den USA. Reisen nach Europa folgten. Er galt als ein geistiger Führer seiner Generation, der auf Juden und Christen gleichermaßen einen starken Einfluss ausübte. Ehrendoktorwürden verliehen ihm 1958 die Sorbonne in Paris und 1964 die Universität Heidelberg. München verlieh ihm den Kulturpreis und Amsterdam den Erasmus-Preis. Am 13. Juni 1965 starb Martin Buber. Er wurde auf dem Friedhof Har-Hamenuchot in Jerusalem begraben.

[2] Sykes, Christopher, *Kreuzwege nach Israel*, S. 170.

[3] Ebd., S. 195.

[4] Ebd., S. 188.

[5] Vollständiger Text in: Laqueur, Walter (Hrsg.), *The Israel Arab Reader*, S. 64 ff. Auszug auf Deutsch in: Ullmann, Arno (Hrsg.), *Israels Weg zum Staat*, S. 300 f. Zur Reaktion der Juden und Araber vgl. Sykes, Christopher, *Kreuzwege nach Israel*, S. 221 ff.

[6] Glasneck, Johannes/Timm, Angelika, *Israel*, S. 40.

[7] *Akten zur Deutschen Auswärtigen Politik 1918–1945*, Serie D 1937–1945, Bd. XIII,2, Göttingen 1970, Nr. 515.

[8] Vollständiger Wortlaut des Gründungspakts in: Grenville, J. A. S, *The Major International Treaties 1914–1973*, London 1973, S. 502 ff.

IV. Gründung und Behauptung des Staates Israel

Streit um die Einwanderung

Palästinas Zionisten waren während des Kriegs überzeugt, dass sofort nach dem alliierten Sieg die jüdische Heimstätte realisiert werden könne. Das *Biltmore-Programm* musste sie in der Hoffnung bestärken, dass die Amerikaner dabei ihr Gewicht in die Waagschale werfen würden. Der Kongress war in beiden Kammern von einer starken jüdischen Lobby durchsetzt, sodass hier die Unterstützung des Zionismus gesichert schien. Präsident Franklin D. Roosevelt versprach im Oktober 1944 einer Konferenz amerikanischer Zionisten, dass er im Falle einer Wiederwahl die Verwirklichung des demokratischen jüdischen Staates in Palästina unterstützen werde. Doch auf der Rückreise von der Jalta-Konferenz im Februar 1945 kam es an Bord seines Schiffs zu einer Begegnung mit Ibn Saud. Der saudische König muss den Präsidenten dabei auf die Palästinafrage angesprochen und ihn beeindruckt haben. Es ist belegt, dass Roosevelt dem König das Verspechen gab, die Juden nicht gegen die Araber zu unterstützen und dass er stets im Geist der arabisch-amerikanischen Freundschaft handeln werde. Nach Washington zurückgekehrt erklärte der Präsident, dass er in seinem Gespräch mit Ibn Saud über das „Moslem Problem und das jüdische Problem" mehr erfahren habe, als dies „im Austausch von zwei oder drei Dutzend Briefen" hätte geschehen können.[1] Wenige Tage vor seinem Tod wiederholte Roosevelt schriftlich gegenüber Ibn Saud das im Februar gegebene Versprechen. Hinzu kam, dass Roosevelt in den letzten Tagen seiner Regierung mehr und mehr außenpolitisch vom War-and-State-Department überspielt wurde, das darauf bedacht war, die in den vorangegangenen Jahren gewonnene Stellung der USA im Nahen Osten zu erhalten und auszubauen, zumal der Kalte Krieg seine ersten Schatten vorauswarf und der kommunistische Einfluss im Jishuw unverkennbar war. Doch unter Roosevelts Nachfolger George Truman (ab April 1945) sah es so aus, als brauchten sich die Zionisten um die amerikanische Unterstützung keine Sorgen zu machen.

Anders war die Situation in England, wo Ende Juli 1945 die Labour-Regierung an die Macht kam. Premierminister Attlee kümmerte sich wenig um die Palästinafrage und überließ diese Angelegenheit seinem Außenminister Bevin. Der war kein Freund des Zionismus. Ihn jedoch zum Antisemiten zu stempeln, was die jüdische Propaganda später tat, wird ihm nicht gerecht. Bevin ging es darum, die Auflösung des Empire aufzuhalten und die britische Stellung im Nahen Osten – und das bedeutete zunächst Palästina – zu sichern. Deswegen kam für ihn – wie für seinen Vorgänger Churchill – ein Widerruf des *Weißbuchs* schon nicht in Betracht. Die bis in die jüngste Zeit hinein immer wieder aufgestellte Behauptung, der amerikanische Präsident habe als Erster von der britischen Regierung die Ausstellung von 100 000 Zertifikaten für europäische Juden gefordert, bedarf der Korrektur.

Auf der Zionistischen Weltkonferenz im August 1945 in London zeigte sich Weizmann voller Optimismus bei den Aussichten auf den jüdischen Staat und trat für ein
friedliches Vorgehen ein. Doch Ben Gurion vertrat den gegensätzlichen Standpunkt
und forderte aktiven und passiven Widerstand gegen die britische *Weißbuch*-Politik.
Am Ende der Konferenz begab er sich mit einer Delegation zum Kolonialministerium
und verlangte die unverzügliche Ausstellung von 100 000 Einwanderungs-Zertifikaten.
Bevin wies dieses Ansinnen zurück. Sein Ministerium war nur zur Ausstellung von
2000 Zertifikaten bereit, die auf die jährliche *Weißbuch*-Quote angerechnet werden
sollten. Die Jewish Agency war darüber erbittert, und dementsprechend wuchs die
antibritische Stimmung im Jishuw.

Was hat es mit der Zahl von 100 000 Einwanderungen auf sich? Der Jewish Agency
war bekannt, dass ungefähr so viele Insassen der ehemaligen deutschen Konzentra-
tionslager den Holocaust überlebt hatten und nun – vorrangig in der amerikanischen
Besatzungszone Deutschlands – in Lagern für „Displaced Persons" interniert wurden.
In diesen „D. P. Lagern", meistens ehemalige Kasernen, fand die zionistische Agitation
einen günstigen Nährboden und die Auswanderung nach Palästina galt als vorrangiges
Ziel. Truman schickte Earl G. Harrison, einen Rechtsprofessor der University of Penn-
sylvania, nach Deutschland, um die Lage der dort lebenden Juden zu überprüfen. Harrison berichtete Truman, dass es sich tatsächlich um fast 100 000 Personen handele, die
nicht in ihre Herkunftsländer – für die meisten Polen und die Sowjetunion – zurückkehren wollten und daher die Auswanderung nach Palästina wünschten. Daraufhin
forderte Truman Attlee schriftlich auf, der Mandatsadministration aufzuerlegen, sofort
100 000 Einwanderungs-Zertifikate auszustellen. Doch Bevin und das Foreign Office
blieben unnachgiebig und behandelten Bittsteller nicht selten schroff.

Ende 1945 setzte sich bei der US-Regierung der Standpunkt durch, dass alles getan
werden müsse, um Palästina für die Einwanderung zu öffnen. Die Arabische Liga,
einerseits dem Foreign Office, andererseits den Palästinensern folgend, sprach sich entschieden gegen weitere Einwanderungen aus. Ein amerikanisch-britisches Komitee, das
die Situation in Palästina zu überprüfen hatte, war für die Einwanderung. Diesen
Standpunkt nahm auch die Truman-Administration ein. Judah Magnes prägte damals
in Jerusalem den Satz: „Die Juden wollen jüdische Einwanderung. Geben Sie sie ihnen,
und sie werden den jüdischen Staat vergessen. Die Araber wollen Selbstregierung.
Geben Sie sie ihnen, und sie werden ihre Angst vor der jüdischen Einwanderung vergessen."[2] Das war natürlich Illusion. Das Komitee war für die Bildung eines binationalen Staates, für die sofortige Ausstellung der 100 000 Einwanderungs-Zertifikate und
die Aufhebung der im *Weißbuch* festgelegten Beschränkung des jüdischen Landkaufs.
Der Bericht wurde im April 1946 veröffentlicht, doch die britische Regierung weigerte
sich, dem zu folgen. Truman intervenierte erneut bei der britischen Regierung, was
Bevin nur zu einer härteren Haltung bewog. Nach seiner Meinung hatten die Amerikaner kein Recht, sich in diese Frage einzumischen. Das steigerte die wegen dieser Frage
entstandene britisch-amerikanische Spannung und auch die englandfeindliche Stim-

mung im Jishuw, wo Bevin mit Hitler und Himmler verglichen wurde. Ähnlich argumentierten auch amerikanische Medien.[3] Im Herbst 1946, während des Wahlkampfs in Amerika, gab Truman die Erklärung ab, den Teilungsplan der Jewish Agency und ihr Begehren auf Ausstellung der 100 000 Zertifikate zu unterstützen. Doch da die amerikanische Regierung dann nicht mehr in London intervenierte, die britische Regierung unbeweglich blieb und der Zustrom illegaler Einwanderer anhielt, wurde später über die Angelegenheit nicht mehr gesprochen.[4] In England, in den USA und auch in den europäischen Ländern prägten ab Frühjahr 1947 Berichte über den beginnenden Kalten Krieg, die *Truman-Doktrin* und den *Marshallplan* die Medienlandschaft.

Flüchtlingsschiffe und Terrorakte

Die Haltung Bevins schürte im Jishuw die Bereitschaft zu Gewalttaten gegen die Mandatsmacht. Es kam zur Versenkung kleiner britischer Kriegsschiffe, Beschädigung von Eisenbahnlinien und Sprengung von Brücken. Tel Aviv war ein Zentrum der Unruhen, bei denen britische Amtsgebäude angezündet und britische Geschäfte geplündert wurden. Dennoch nahmen die illegalen Einwanderungen zu, die von Irgun, Palmach und der Sterngruppe begünstigt wurden. Sie nahmen die Flüchtlinge am Strand in Empfang, kleideten und versorgten sie und organisierten auch selbst solche Transporte von Frankreich und Italien aus. Besonderes Aufsehen erregte im Sommer 1947 der Vorfall der *Exodus*. Beauftragte der Haganah hatten das Schiff in den USA gekauft, es in dem südfranzösischen Hafen Sète mit 4500 Flüchtlingen beladen und ihm den neuen Namen gegeben.

Schon das Auslaufen des großen und überladenen Schiffes wurde dem britischen Geheimdienst bekannt, sodass Boote der britischen Marine es vor der palästinensischen Küste aufbrachten und zum Hafen von Haifa begleiteten, wo den Flüchtlingen das Verlassen des Schiffes untersagt wurde. Sie wurden auf drei kleinere britische Schiffe umgeladen, die sie nach Frankreich zurückbringen sollten. Als die drei Schiffe in den Hafen von Port le Bouc bei Marseille einliefen, wurde es den Passagieren von den französischen Behörden freigestellt, an Land zu gehen. Haganah-Agenten bewogen die Emigranten, auf den Schiffen zu bleiben, in der Erwartung, damit die Rückkehr nach Palästina zu erzwingen. In der letzten Augustwoche verließen die drei Schiffe den französischen Hafen mit Kurs auf Hamburg, wo die Ausschiffung nur unter dem Einsatz britischer Truppen möglich war. Über den Vorgang wurde in den amerikanischen und europäischen Medien ausgiebig berichtet, was die Sympathie für den Zionismus förderte. Später fand das Schicksal der *Exodus* seinen Niederschlag auch in der Literatur.

Die Berichte über die Haltung des Foreign Office stärkte 1946 die antibritische Stimmung im Jishuw. Im April überfiel die Sterngruppe in Tel Aviv einen militärischen Fahrzeugpark und tötete dabei sieben der acht Wachsoldaten. Die Sprengung des *King David* Hotels mit dem britischen Hauptquartier im folgenden Dezember sorgte in

England für eine judenfeindliche Stimmung. Im Juni 1946 machte die Administration den Fehler, die Führer der Jewish Agency und einige Mitglieder der Palmach zu verhaften. Ben Gurion entging der Festnahme, denn er hielt sich in Paris auf. Erst im November wurden die Verhafteten wieder freigelassen. Eine Einigung zwischen der Mandatsmacht und der Jewish Agency war nicht mehr möglich. Während die drei Schiffe mit den Flüchtlingen der *Exodus* noch auf See waren, wurden zwei britische Sergeanten von Angehörigen der Irgun bei Tel Aviv ermordet und zur Schau an einen Baum gehängt. Der Vorgang versetzte die Angehörigen der britischen Polizei in Wut und führte zu Vergeltungsmorden und antisemitischen Terroraktionen.

Auch die Unzufriedenheit der Palästinenser wuchs, weil am 22. März 1946 Transjordanien durch einen Vertrag mit der britischen Regierung aus dem Mandat in die Unabhängigkeit entlassen wurde, woraufhin Abdullah wenige Wochen später den Königstitel annehmen konnte. Ende Mai traf der Großmufti in Kairo ein. Er hatte aus einem französischen Gefängnis entkommen können. Das Arab Higher Comitee wurde wieder aktiv und schürte von Ägypten aus die Kampfbereitschaft der Palästinenser gegen Juden und Briten.

Der „UNSCOP-Plan"

Im Dezember 1946 trat der 23. Zionistenkongress in Basel zusammen. Dr. Chaim Weizmann, der sich hier gegen jeden Terrorismus aussprach und auf eine friedliche Lösung hoffte, wurde als Präsident des Jüdischen Weltkongresses nicht wiedergewählt, wenngleich die Delegierten ihm großen Respekt zollten. Für den Kongress war die Bildung des jüdischen Staates das Hauptanliegen. Er schloss demonstrativ seine Sitzung mit dem Absingen der Hatikwa, der jüdischen Nationalhymne. Der Kongress forderte die UNO zur Unterstützung der jüdischen Forderung nach einem Staat auf. Premierminister Attlee konnte sich dem nicht verschließen, war zur Beendigung der gescheiterten Mandatspolitik bereit und übertrug den Vereinten Nationen formell im April 1947 die weitere Regelung der Palästinafrage.

In der UNO setzte sich auch der sowjetische Vertreter Andrej Gromyko für das jüdische Anliegen ein, wobei ihm zunächst die Bildung eines binationalen arabisch-jüdischen Staates vorschwebte. Die UNO setzte das United Nations Special Comitee on Palestine (UNSCOP) ein, das Palästina im August 1947 besuchte und zu dem Ergebnis kam, dass das britische Mandat der Bevölkerung nicht mehr zumutbar sei. Nach einer Übergangsperiode unter der Aufsicht der UNO sollte die Unabhängigkeit eines binationalen palästinensischen Staates proklamiert werden. Doch das entsprach weder jüdischen noch arabischen Vorstellungen. Im UNSCOP gab es dann einen Mehrheitsplan für die Teilung Palästinas in einen arabischen und einen jüdischen Staat und einen Minderheitsplan für die Bildung eines binationalen Staates mit Begrenzung der jüdischen Einwanderung. Der Mehrheitsplan setzte sich durch und wurde am 29. November 1947 von der Vollversammlung mit 33 Stimmen bei 13 Gegenstimmen und 10 Enthaltungen angenommen. Für den arabischen Staat waren 43 Prozent des Territoriums, für den jüdischen Staat 56 Prozent vorgesehen. Ein Prozent kam auf das internationalisierte Gebiet von Jerusalem. Der Beschluss knüpfte an den *Peelschen Teilungsplan* an, ging aber darüber hinaus, indem es den größten Teil des Negev mit Beersheba dem jüdischen Staat zuschlug. Da die Grenzziehung an der Küste ungeschickt war und hier die Juden zwar Jaffa, aber nicht Akka erhalten sollten, wurde die Empfehlung des UNSCOP zunächst von den Zionisten abgelehnt, dann aber von der Jewish Agency akzeptiert. Die Palästinenser lehnten die UN-Resolution strikt ab und damit ging auch die Arabische Liga konform. Schon Ende des Jahres 1947 kam es zu heftigen Zusammenstößen der Kampfgruppen des Jishuw mit solchen der arabischen Nationalisten, die jedoch den gut trainierten Soldaten des Jishuw unterlagen.

Ben Gurion, der inzwischen für das Sicherheitsressort der Jewish Agency zuständig war, organisierte die Mobilisierung des Jishuw, sodass die Haganah bereits im März 1948 rund 40 000 Kämpfer zählen konnte, darunter eine beachtliche Zahl von Frauen. Längst stand neben der Exekutive der Jewish Agency, die der Mandatsregierung verantwortlich war, eine gewählte Abgeordnetenversammlung mit einem Nationalrat (Waad Leumi). Im April 1948 war die Staatsgründung schon mit der Bildung eines provisorischen Volksrats (Parlament) und einer provisorischen Regierung abgeschlossen. Der Jishuw war faktisch bereits zum Staat geworden.

Gewaltsame Erweiterung des Staatsgebiets – Flucht der arabischen Bevölkerung

Nach dem Teilungsbeschluss der UNO sollte eine von fünf Mitgliedstaaten beschickte UN-Kommission die Verwaltung Palästinas von der Mandatsmacht übernehmen, die Grenzen des jüdischen und arabischen Staates sowie der Stadt Jerusalem festlegen und schließlich einem in jedem Staat zu wählenden provisorischen Staatsrat die Unabhängigkeit übertragen. Die provisorischen Staatsräte sollten anschließend von den aus den verfassungsgebenden Körperschaften hervorgegangenen Regierungen abgelöst werden. Doch die Führung des Jishuw war nicht bereit, dieses ihrer Ansicht nach überholte Verfahren abzuwarten, und hielt die Eroberung und damit Erweiterung des künftigen Staatsgebiets für angebracht.

Ziel der am 1. April 1948 beginnenden Operationen war es, aus den vorwiegend jüdisch bewohnten Gebieten zusammenhängende Territorien zu schaffen und auch jüdische Siedlungen zu sichern, die außerhalb der Grenzen lagen. Die Streitkräfte des Jishuw hatten bis Mitte Mai den Negev und alle im künftigen Staatsgebiet liegenden Ortschaften, darüber hinaus auch Jaffa, besetzt und drangen über die vorgesehenen Grenzen hinaus. Eine öffentliche Erklärung von Menachem Begin, damals Führer der Irgun, belegt, dass es auf jüdischer Seite bei den Kämpfen um eine vom *UNSCOP-Plan* abweichende Festlegung der Grenzen des künftigen Staates ging.[5] Bei diesen Operationen kam es am 8. Mai nach vorangegangenen Gräueltaten in Kissas und Sassa zu dem bekannten Blutbad in Dir Jassin, bei dem von der Irgun und der Sterngruppe 254 Menschen, die Hälfte davon Frauen und Kinder, ermordet wurden. Ähnliche kleinere Massaker in anderen Orten folgten. Als arabische Vergeltungsaktion wurde ein jüdischer Konvoi unter der Fahne des Roten Kreuzes überfallen, der zu einem Hospital in Jerusalem unterwegs war. Dabei kamen 77 Ärzte, Krankenschwestern und Helfer zu Tode. Die nächsten Wochen waren von Terror- und Vergeltungsschlägen beider Seiten geprägt. Ben Gurion entschuldigte sich bei König Abdullah für die Untaten, wohl weil er an einem guten Einvernehmen mit dem Nachbarn interessiert war, denn wenig später sollte Golda Myerson, später Golda Meir, in höherem Auftrag mit Abdullah Geheimverhandlungen über einen künftigen Anschluss Ostpalästinas mit Transjordanien führen. Die Zeit war dafür noch nicht reif.

Nach Dir Jassin kam es zu einer Fluchtwelle der arabischen Bevölkerung aus dem künftigen jüdischen Gebiet. Die Frage, ob die Israeli mit diesem Vorfall eine Zwangsumsiedlung auslösen wollten, ist bis heute umstritten. Belege für eine konkrete Anweisung gibt es nicht. Doch ist bekannt, dass die Haganah nach der Einnahme von Haifa mit Lautsprecherparolen die Bevölkerung zum Verlassen der Ortschaft aufforderte; diesen Aufrufen folgten 40 000 Menschen. Heute wird von der neuesten Geschichtsschreibung, auch von jüdischen Autoren, in einem „Historikerstreit" der Standpunkt vertreten, dass der jüdische Krieg gegen die Araber durchaus mit einer systematischen Vertreibung der Bevölkerung verbunden war.[6]

Es gibt Beispiele dafür, dass angreifende Gruppen der Irgun die Bevölkerung mit Gewalttaten zur Auswanderung trieben. Außerdem gibt es Hinweise darauf, dass Ben Gurion mit einer „Verpflanzung" der Bevölkerung einverstanden war, die ja schon die Peel-Kommission vorgesehen hatte. Ben Gurion erklärte im Juni 1948, dass der neue Staat nicht an den *UNSCOP-Plan* gebunden sei und dass das Palästinaproblem durch militärische Gewalt gelöst werde. Gewalttaten in Jaffa und die Flucht der dort lebenden Bevölkerung rechtfertigte er. Verschiedenen Untersuchungen zufolge bewegt sich die Zahl der bis Ende 1948 aus dem israelischen Gebiet Geflohenen zwischen 600 000 und 750 000 Menschen.[7]

Mit dem Abzug der britischen Truppen konnte Ben Gurion die Umbildung der Haganah in eine 'Israelische Verteidigungsarmee' (ZAHAL) veranlassen, in die die Palmach-Brigaden und Irgun-Bataillone eingegliedert wurden. Palmach-Kommandeur Jigal Allon verlor damit seine Selbstständigkeit und seinen eigenen Generalstab. Die ZAHAL erhielt eine straffe Organisation und Operationsleitung.

Die Staatsgründung Israels und der jüdisch-arabische Krieg

Nach der Eroberung und Erweiterung des künftigen Staatsgebiets hielt es die jüdische Exekutive für angebracht, nach dem mit dem 14. Mai 1948 auslaufenden Mandat nicht länger mit der Proklamation des Staates Israel zu warten. Außenpolitisch war die Situa-

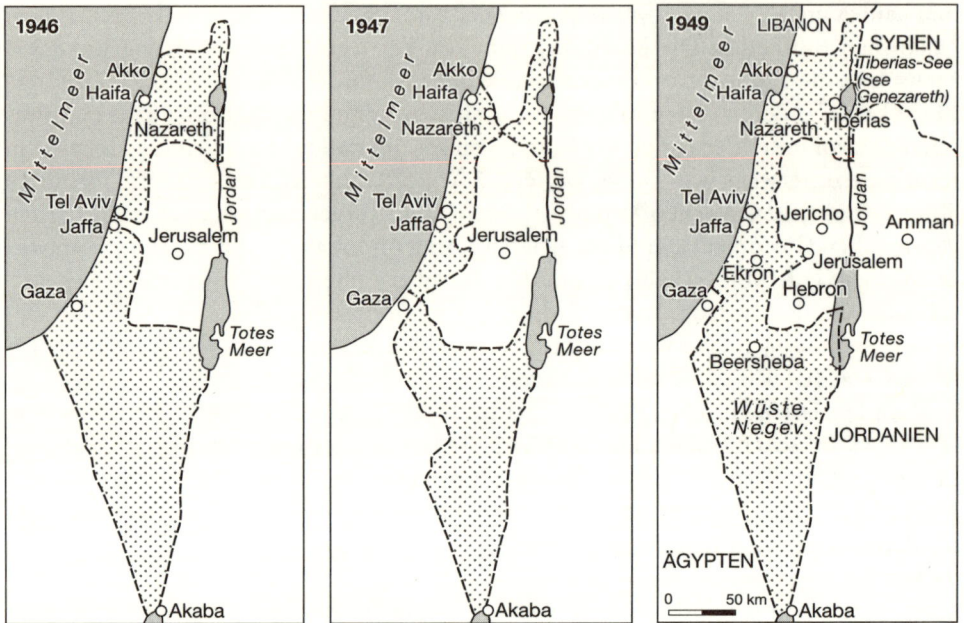

Karte 4 a, b, c: Israel nach dem Teilungsplan der Jewish Agency 1946, dem UN-Teilungsplan 1947 und den Waffenstillständen 1949

tion günstig. In der UNO waren die USA und jetzt auch die Sowjetunion bereit, dem Prozess keine Steine in den Weg zu legen. Am 14. Mai mittags verließ der letzte britische Hochkommissar Sir Allan Cunningham Palästina und begab sich an Bord eines in Haifa wartenden Kreuzers. Wenige Stunden später trat der inzwischen gebildete jüdische Volksrat zu einer Sitzung zusammen, in der Ben Gurion die Staatsgründungsproklamation verlas (siehe Dokument 7 auf Seite 163).

„Anwesend waren die Mitglieder des Volksrates, Delegierte der Jewish Agency, der Zionistischen Weltorganisation, des Waad Leumi, des jüdischen Nationalfonds (Karen Kajemet Le'Israel), des Keren Hajesot (Palästina Gründungsfonds), Repräsentanten der Literatur, der Kunst und der Presse, die Parteivorsitzenden, die Oberrabbiner, die Mitglieder des Stadtrates von Tel Aviv, der Chef und die Offiziere des Generalstabes der Haganah, führende Persönlichkeiten des jüdischen Gemeinwesens im Lande und des jüdischen Wirtschaftslebens."[8] David Ben Gurion wurde Regierungschef, Chaim Weizmann Staatspräsident.

In der folgenden Nacht eröffneten die Armeen Ägyptens, Transjordaniens, Syriens und des Libanon den Krieg gegen Israel. Der Irak unterstützte den Angriff, während der Jemen und Saudi-Arabien später nur kleine unbedeutende Einheiten entsandten. Die Arabische Liga rechtfertigte das Vorgehen mit dem Ziel, einen einheitlichen palästinensischen Staat zu schaffen. Am erfolgreichsten waren zunächst die Ägypter. Sie nahmen den Negev ein, drangen bis Bethlehem und an der Küste bis 30 Kilometer vor Tel Aviv vor. Die jordanische Arabische Legion, von Briten bewaffnet und von britischen Offizieren ausgebildet und geführt, drang über den Jordan bis Jerusalem vor und nahm die Altstadt ein. Die Syrer hatten es auf Obergaliläa abgesehen. Trotz materieller Überlegenheit waren die arabischen Soldaten im Gegensatz zu den israelischen Gegnern weniger zum Kampf motiviert, und sie hatten keine zentrale Operationsleitung.

Ben Gurion verkündete die israelischen Kriegsziele, die ausgesprochen expansiv waren und erst 19 Jahre später mit dem Sechstagekrieg verwirklicht wurden. Er sah den Sieg über Transjordanien, Syrien und Ägypten voraus. Die vom UN-Sicherheitsrat durchgesetzte Waffenruhe vom 11. Juni bis 9. Juli 1948 nutzten die Israeli zum Kauf von Kriegsmaterial im Ausland, besonders in der Tschechoslowakei, und als die Kämpfe dann im Juli wieder aufflammten, war die israelische Armee mit Panzern, Bombern und Jagdflugzeugen bald den Arabern überlegen. Sie ging zum Gegenangriff über und bombardierte mit Flugzeugen Kairo und Damaskus. Den 50 000 Arabern standen nun im Ganzen 90 000, zum Kampf hoch motivierte israelische Soldaten gegenüber. Die UNO setzte Graf Bernadotte, Präsident des Roten Kreuzes in Schweden, zur Vermittlung ein. Er erreichte einen vierwöchigen Waffenstillstand und schlug vor, Israel ganz Galiläa zu überlassen, jedoch den Negev und Jerusalem dem arabischen Gebiet anzugliedern und dieses mit Transjordanien zu einer Föderation zu vereinigen. Solche Pläne passten den radikalen Zionisten nicht ins Konzept, und Sternisten ermordeten den Diplomaten am 17. September 1948 in Jerusalem. Auffallend war, dass die israelischen Behörden die Mörder nachlässig verfolgten, wodurch der Verdacht entstand, dass das Attentat von der israelischen Regierung gelenkt war. Das traf nicht zu. Ben Gurion widerlegte diese Ansicht mit der Auflösung der Sterngruppe und der Eingliederung eines Teils dieser Gruppe in die israelische Armee.

Bernadottes Nachfolger Ralph Bunche setzte im Oktober nochmals einen Waffenstillstand durch, der aber von beiden Seiten nicht eingehalten wurde. Den Israelis gelang es, den größten Teil des Negev zu erobern und Ägypten aus dem Gazastreifen zu vertreiben. Hier hatte der Großmufti im September eine „Regierung für ganz Palästina" gebildet, die nun verschwand. Die Nichteinhaltung des Waffenstillstands veranlasste Großbritannien, von Israel im Sicherheitsrat den Rückzug auf die Linien des 14. Oktober zu verlangen. Anderenfalls habe Israel mit Sanktionen zu rechnen. Truman hingegen nahm für die israelische Seite Partei und versprach einen ansehnlichen Kredit. Mit dieser Rückendeckung sah Israel keine Veranlassung, sich der Sicherheitsratsresolution zu beugen. Bunche musste sich damit abfinden. Doch mit seiner Hilfe konnte Israel als Sieger im Februar 1949 mit Ägypten, im März mit dem Lybanon und im April mit Transjordanien Waffenstillstände schließen. Der Waffenstillstand mit Syrien folgte erst im Juli 1949.

Dem Waffenstillstand mit Jordanien war schon etwas Bedeutendes vorausgegangen. Im Herbst hatte der Kommandant der Jerusalemer Neustadt, Moshe Dayan, mit Abgesandten Abdullahs verhandelt, dem der arabische Teil von Palästina versprochen wurde. Diese Vereinbarung wurde im Dezember 1948 bereits realisiert. Daher nahm Abdullah auch schnell die israelischen Vorschläge für einen Waffenstillstand an. Er konnte damit Westjordanien annektieren und aus beiden Teilen sein Königreich Jordanien schaffen. Die Bewohner der so genannten Westbank wurden damit jordanische Staatsbürger. Ägypten konnte den Gazastreifen behalten, in dem bereits zahlreiche palästinensische Flüchtlinge Zuflucht gesucht hatten. Die Vereinigung Jordaniens war insofern nicht unnatürlich, als in Ostjordanien durch die Flüchtlinge schon eine palästinensische Mehrheit entstanden war.

Jerusalem aber wurde, da die Altstadt zur Westbank gerechnet wurde, zu einer geteilten, von einem Stacheldrahtzaun durchzogenen Stadt. Für die Araber war das schmerzlich, und die Israelis litten sehr darunter, dass die Klagemauer im arabischen Teil lag. Dieser Zustand sollte sich erst zwei Jahrzehnte später ändern.

Nach einer Resolution des UN-Sicherheitsrats vom 16. November 1948 durfte in Palästina keine Seite mehr militärische Gewalt anwenden. Damit war ein Waffenstillstand erzwungen worden, der auch weitgehend beachtet wurde. Mit dem Krieg und den folgenden Waffenstillstandsverträgen konnte Israel sein Territorium gegenüber dem *UNSCOP-Plan* von 1947 um ungefähr ein Drittel erweitern (siehe Karte 4 auf Seite 48). Ein großer Erfolg für die israelische Regierung war die unmittelbare Anerkennung des neuen Staates durch die USA, bald auch durch die UdSSR und viele andere Staaten der Welt. Die arabischen Staaten enthielten sich jedoch eines solchen Schrittes.

Die Waffenstillstandsverträge von 1949 versprachen in ihren einheitlich lautenden, der UN-Resolution folgenden Bestimmungen die Lösung der Palästinafrage nicht mit militärischer Gewalt herbeizuführen. Dass keine Friedensverträge folgten, war in erster Linie auf das Flüchtlingsproblem zurückzuführen. Das Flüchtlingsproblem gab dem Hass und der Verbitterung der arabischen Seite ständig neue Nahrung. Man kann die These vertreten, dass damals von der UNO und den Großmächten die Chance zur Befriedung des Nahen Ostens vertan wurde. Das Ausbleiben einer Entschädigung für die Palästinenser tat ein Übriges. Was das Schicksal der Westbank anbelangt, so war für Israel deren Angliederung an Jordanien akzeptabler als die Errichtung eines Palästinenserstaates dort, zumal Abdullah grundsätzlich nicht abgeneigt schien, mit Israel zu einem Modus Vivendi zu kommen.

Abdullah wurde 1951, angeblich auf Betreiben des Großmufti, ermordet, und sein Enkel Hussein bestieg den Thron. Er konnte sich fast fünf Jahrzehnte an der Macht halten. Nach seinem Tod 1999 folgte sein Enkel Abdullah II. Nach den Waffenstillständen von 1949 war es weniger Westjordanien als der Gazastreifen, der den Zündstoff für neue Konflikte bot.

Anmerkungen

[1] Sykes, Christopher, *Kreuzwege nach Israel*, S. 300.

[2] Ebd., S. 321.

[3] Ebd., S. 326.

[4] Das amerikanisch-britische Ringen um die Einwanderungs-Zertifikate schildert detailliert Sykes, ebd., S. 289–343, im Kapitel „Die Hunderttausend".

[5] Timm, Angelika, *Israel*, S. 61.

[6] Vgl. die Arbeiten von Bernstein, Glasneck/Timm, Finkelstein und Watzal (siehe Literaturverzeichnis ab Seite 183). Bei Watzal siehe besonders S. 13 ff.; zur älteren Auffassung Schoeps, Hans Julius (Hrsg.), *Zionismus*, S. 31 f.

[7] Zum Beispiel Bernstein, Rainer, *Geschichte des Staates Israel*, S. 26; Glasneck, Johannes/ Timm, Angelika, *Israel*, S. 70; Baumgarten, Helga, *Palästina*, S. 53, Watzal, Ludwig, *Feinde des Friedens*, S. 30.

[8] Ben Gurion, David, *Israel*, S. 111.

V. Die Palästinenser

Die Flüchtlingsfrage

Nachdem der UN-Teilungsplan bekannt wurde, flohen im Winter 1947/48 wohlhabende Palästinenser aus dem für das jüdische Territorium vorgesehenen Gebiet. Im folgenden „Eroberungskrieg" mit seinen Gräueltaten setzte eine Fluchtwelle ein, die auch während der Monate des Palästinakriegs anhielt und fast 700 000 Menschen betraf. Dies war zum größten Teil durch die Furcht vor Gräueltaten israelischer Streitkräfte bedingt, zum geringen Teil durch Versprechen arabischer Führer, nach dem Sieg über die Israelis zurückkehren zu können. Araber aus dem nördlichen Gebiet flohen meistens nach Transjordanien, in die Westbank und den Libanon, Menschen aus Beersheba in den Gazastreifen. Premierminister Ben Gurion erklärte bereits in der Kabinettsitzung vom 16. Juni 1948: „Ich will nicht, dass die Flüchtlinge zurückkehren; es ist zu verhindern, dass sie zurückkommen. Nach dem Krieg wird alles von seinem Ausgang abhängen. Ich werde auch nach Schluss des Kriegs dagegen sein, dass die Flüchtlinge wiederkehren."[1]

Auch Außenminister Sharett sprach sich in der gleichen Sitzung gegen jede Rückkehr der Flüchtlinge aus. Die UN-Vollversammlung verabschiedete im November 1948 einen Beschluss, der Israel die Wiederaufnahme der Flüchtlinge auferlegte; er wurde nicht umgesetzt. 1967 flohen erneut etwa 550 000 Palästinenser aus den besetzten Gebieten, ungefähr halb so viele wie 1948/49. Ihnen wurde die Rückkehr bis zum 10. August 1967 gestattet, doch nur wenige nahmen das Angebot an. Durch natürliche Vermehrung – die Geburtenrate der Palästinenser liegt höher als die der Israelis oder der Bewohner anderer arabischer Länder – stieg und steigt die Zahl der registrierten Flüchtlinge schnell. Gegenwärtig kann man von etwa vier Millionen Flüchtlingen ausgehen, die in den Nachbarstaaten Israels leben. Die Entwurzelten sind nicht zuletzt dadurch verbittert, dass der Staat Israel ihnen eine Entschädigung für das zurückgelassene Eigentum (Grundbesitz, Häuser, Wohnungen) vorenthalten hat. Aus ihrem Grundbesitz wurde durch Gesetze von 1950 und 1953 Staatsland, das dann meistens Siedler erhielten. Insgesamt wurden auf diese Weise drei Millionen Morgen Land und über 25 000 Gebäude konfisziert, in denen zum größten Teil neue Einwanderer untergebracht wurden. Ungefähr 50 000 Flüchtlinge konnten ab 1950 auf dem Weg der Familienzusammenführung zurückkehren.

Die Flüchtlingswellen wirkten sich auf die Bevölkerungsstrukturen der Nachbarstaaten Israels aus. 1974 waren in Ostjordanien von 1,9 Millionen Einwohnern ein Drittel Flüchtlinge. In der Westbank waren es fast die Hälfte von 640 000 Menschen. Für Ostjordanien kam hinzu, dass von den Einwohnern ein großer Teil schon vor der Flüchtlingsbewegung eingesessene Palästinenser waren. 1974 waren im Gazastreifen 82 Prozent der Bevölkerung Flüchtlinge. Im Libanon waren es 191000 von 3 Millionen, in Syrien 178000 von knapp 7 Millionen und in den Emiraten am Persischen Golf 250000 von fast 20 Millionen Bewohnern. Für die letztgenannten Staaten gilt es zu beachten, dass die Palästinenser besonders in den ölreichen Staaten wie Kuwait eine führende Schicht darstellten, da sich hier schon vor 1939 palästinensische Notable mit ihren Familien und ihrem Vermögen niedergelassen hatten und in führende Stellungen der Wirtschaft und Politik kamen. Auch unter den gut bezahlten Facharbeitern gab es zahlreiche Palästinenser. Diese Gruppen hielten wenig Kontakt zu den Flüchtlingsmassen in den anderen Ländern und kollaborierten auch bald mit den herrschenden Regimen.

Wenngleich in den Lagern der anderen Länder viele Flüchtlinge wieder zueinander fanden, so hatten sie doch oft ihren Ernährer verloren. Die UNO nahm sich des Armutsproblems an und gründete die United Nations Relief and Work Agency (UNRWA). Mit ihrer Hilfe konnten viele junge Palästinenser amerikanische oder europäische Universitäten oder Fachschulen besuchen, was ihnen den Aufstieg in angesehene Positionen ermöglichte.

Auf die zweite Flüchtlingsgeneration hatten in den sechziger Jahren die revolutionären Ideen Mao Tse-Tungs, Ho Chi Minhs, Fidel Castros und Che Guevaras Einfluss, und sie schlossen sich nationalen oder panarabischen Bewegungen an, die eine Lösung des Palästinenserproblems forderten und von Judenfeindlichkeit geprägt waren. Gründer und Führer der künftigen Guerillaorganisationen gingen daraus hervor. Heute wird noch oft von „Flüchtlingslagern" in den besetzten Gebieten gesprochen, doch aus vielen solchen Lagern sind inzwischen fest gebaute Ortschaften oder Stadtbezirke geworden.

Das palästinensische Flüchtlingsproblem ist seit 1948/49 eine zentrale Frage der internationalen Nahostpolitik geblieben. Die arabischen Staaten taten wenig, um die Flüchtlinge zu integrieren, obwohl es dazu genügend Möglichkeiten gab. Gewiss waren viele Länder aus wirtschaftlichen Gründen nicht zur Integration in der Lage, aber dies stellte auch weitgehend ein politisches Problem dar. Lange wurden die Flüchtlingslager absichtlich aufrechterhalten, um mit ihnen das an den Palästinensern begangene Unrecht und ihren Anspruch auf eine eigene „Heimstätte" zu dokumentieren.

Israel-Palästinenser

1949 waren etwa 156000 Araber in Israel geblieben, die rund 20 Prozent der Staatsbevölkerung ausmachten. Heute sind es mehr als 600000 und nur noch gut 10 Prozent der Gesamtbevölkerung. Nach der Regierung Ben Gurion wurde in den fünfziger Jahren das System der Militärverwaltungen für arabische Ortschaften und Regionen in Israel aufgehoben. Damit entfielen die Einschränkungen der Bewegungsfreiheit. Seitdem haben sich die Araber im Staatsgebiet weitgehend an die Lebensweise der Israelis angepasst, und sie erfreuen sich wirtschaftlicher und politischer Gleichberechtigung. Die meisten wählen die in der Knesset vertretenen jüdischen Parteien. Bemühungen der Arbeiterpartei in den sechziger Jahren, die Araber zur Aufstellung eigener Listen für die Wahl der existierenden Parteien zu bewegen, setzten sich nicht durch. In politisch führende Stellungen gelangen Israel-Palästinenser jedoch nicht, und auch in den Parlamenten sind sie unterrepräsentiert. Eine Unterdrückung, politisch, religiös oder wirtschaftlich, findet nicht statt. Nazareth zum Beispiel, dessen Bevölkerung sich 1948 auf Einwirken ihres Bürgermeisters der Fluchtbewegung nicht anschloss, wurde zu einer wirtschaftlich blühenden Stadt Israels. In anderen Städten, wo die Araber das offene Marktsystem beherrschen, geben sie zu, dass es ihnen besser gehe als ihren Eltern früher. Jüdische Betriebe stehen ihnen zur Arbeit offen, und es gibt auch arabische Betriebe mit jüdischen Beschäftigten. Dennoch bekommt mancher israel-arabische Bürgermeister bei zu großer Staatsfreundlichkeit die Opposition seiner Bürger zu spüren, deren Herz noch für ihre um die Freiheit kämpfenden Brüder in der Westbank oder im Gazastreifen schlägt, wenngleich sie Terroraktionen entschieden ablehnen.

Seit der Zweiten Intifada (siehe Seite 131 ff.) steht Israel den in seinem Staatsgebiet lebenden Palästinensern skeptischer gegenüber, da viele von ihnen Israels Vorgehen in den besetzten Gebieten ablehnen. Kennzeichnend für die neue Haltung ist, dass zwei arabische Abgeordnete der Knesset zunächst von den Wahlen im Januar 2003 ausgeschlossen wurden. Doch nach einem Urteil des Obersten Israelischen Gerichts konnten die arabischen Abgeordneten wieder kandidieren und in die Knesset einziehen.

Entstehung und Entwicklung der PLO

Zu einer politischen Organisation der über verschiedene Länder verstreuten Palästinenser kam es erst relativ spät. In der zweiten Hälfte der fünfziger Jahre erhielt das sich besonders in der jungen Generation der Palästinenser bildende Nationalbewusstsein von den Fedajin – so die damalige Bezeichnung für die Untergrundbewegungen –, vom Vorbild der kubanischen Revolution und noch mehr vom Vorbild des algerischen Befreiungskampfs entscheidende Impulse. Die organisatorische Initiative ging jedoch von Angehörigen der traditionellen Oberschicht aus, die ihr Vermögen ins Exil hatten retten können. Zu dieser gehörte der in Cambridge promovierte Ahmed Shukeiri, der nach seiner Flucht UN-Vertreter Syriens, danach Saudi-Arabiens war und später in Nassers Diensten stand. Shukeiri erhielt 1963 den Sitz der Palästinenser in der Arabischen Liga.

Pläne Israels, den Oberlauf des Jordans umzuleiten, veranlassten die Arabische Liga Anfang 1964 zu einem Gipfeltreffen in Kairo, um ein gemeinsames Handeln vorzubereiten. Auf Betreiben Nassers wurde Shukeiri beauftragt, eine politische Organisation der Palästinenser zur Befreiung des Landes in Angriff zu nehmen. Shukeiri berief daraufhin Ende Mai den Palästinensischen Nationalrat (PNC) nach Ostjerusalem ein, auf dem dann auch offiziell die Palestine Liberation Organisation (PLO) gegründet wurde. Shukeiri wurde ihr Präsident. Als Streitmacht sollte die PLA (Palestine Liberation Army) fungieren, die zunächst im Gazastreifen aufgestellt und von ägyptischen Militärs ausgebildet wurde, dann aber auch Einheiten in anderen arabischen Ländern unterhielt. 1966 übertrug eine arabische Gipfelkonferenz der PLO Souveränitätsrechte über die Palästinaflüchtlinge, wie z. B. die Steuererhebung und die militärische Ausbildung. Als nach dem Sechstagekrieg der größte Teil der Palästinaflüchtlinge nach Jordanien auswich, konnte sich hier die PLO zum Staat im Staat entwickeln und ab 1969 zur Konkurrenz der Monarchie werden. Das veranlasste König Hussein zur Unterdrückung der Bewegung und schließlich 1970 zur Zerschlagung ihrer Milizen. Das 1968 vom Palästinensischen Nationalkongress verabschiedete *Palästinensische Manifest* (siehe Dokument 9 auf Seite 166), die *Charta* der PLO, forderte die Befreiung Palästinas vom Zionismus und damit die Beseitigung Israels.

Unter Shukeiris Nachfolger Jahia Hamouda, ebenfalls Angehöriger der arabischen Oberschicht, kam es zu einer Rivalität zwischen den Gruppierungen der PLO. Nun trat die straff organisierte und an Mitgliedern stärkste Gruppe, die Fatah, in die PLO ein und gab hier den Ton an. Ihr Führer Yassir Arafat löste Hamouda ab und wurde Vorsitzender des Exekutivkomitees der PLO, das faktisch eine Art Regierung des palästinensischen Widerstands war. Es stützte sich auf den Palästinensischen Nationalrat (PNC), der von 43 Gruppierungen beschickt wurde und legislative Funktion hatte.

Im Oktober 1974 wurde die PLO in Rabat von der arabischen Gipfelkonferenz als einzige zur politischen Vertretung des palästinensischen Volkes berechtigte Institution anerkannt, worauf ihr die UNO den Beobachterstatus einräumte. Arafat konnte im November 1974 vor der Vollversammlung sprechen, und im Januar 1976 wurden PLO-Vertreter auch zu den Nahostdebatten des Sicherheitsrats zugelassen. In zahlreichen Staaten richtete nun die PLO Vertretungen in Form von Büros oder Informationsstellen ein.

Die extremistischen Gruppen sind zwar im Exekutivkomitee und im Nationalrat vertreten, haben aber volle Aktionsfreiheit. Dadurch muss die PLO einerseits auf die Forderungen dieser Gruppen Rücksicht nehmen, kann sich aber von Terroraktionen distanzieren. Da die PLO sich auch als Dachorganisation der extremen Gruppierungen verstand und lange die programmatische Forderung nach Eliminierung des Staates Israel formal nicht aufgab, wurde sie von der israelischen Regierung als Verhandlungspartner abgelehnt. Das änderte sich 1993, zu Beginn des „Friedensprozesses", mit der gegenseitigen Anerkennung Israels und der PLO. 1996 wurden die israelfeindlichen Passagen der *Palästina-Charta* aufgehoben. Doch mit der Zunahme der palästinensischen Terrorakte, wegen der Spannungen während der Zweiten Intifada und vor allem mit Ministerpräsident Sharon ab 2001 lehnt Israel die PLO und ihren Führer als Verhandlungspartner ab.

PLO-Führer Yassir Arafat

Arafat wurde 1929 geboren, doch wird von verschiedenen Biographen auch ein früheres Geburtsjahr, möglicherweise 1927, angenommen. Als Geburtsort gilt Kairo oder ein Ort an der ägyptisch-palästinensischen Grenze, möglicherweise im südlichen Gazastreifen. Auch Jerusalem wird als Geburtsort angegeben, und nach Arafats eigenen Worten hat diese Stadt ihn geistig geprägt. Die Widersprüche werden durch einen Blick auf seine Kinderjahre verständlich. Sein Geburtsname war Abdul Ra'uf Arafat al Qadwi. Arafats Vater, ein wohlhabender Kaufmann aus dem Gazastreifen, war nicht oder nur entfernt mit dem Großmufti el Husseini verwandt. Seine Mutter aber kam aus diesem einflussreichen Clan. Sie starb wenige Jahre nach der Geburt Abduls, woraufhin dieser von einer Familie aus der Verwandtschaft mütterlicherseits in Jerusalem erzogen wurde, die mit den Mufti-Husseinis Beziehungen pflegte. In Jerusalem erlebte der Knabe die Jahre der arabischen Rebellion nach 1936, gewiss eine Wurzel seiner späteren Gesinnung. Durch den Reichtum seiner Eltern konnte er eine Jugend ohne finanzielle Sorgen genießen. Nach einer Aussage seiner Schwester zeigte sich schon bei dem Jungen ein ausgeprägter Wille zur Dominierung seiner Umwelt. Nach der zweiten Heirat seines Vaters wohnte er wieder bei dieser Familie in Kairo, wo er seine Schulzeit 1948 mit dem ägyptischen Abitur abschloss. Wann und wo er den Namen Yassir annahm, ist nicht belegt. Doch dürfte das Vorbild eines gleichnamigen Cousins des Mufti, der 1940 im Kampf gegen ein jüdisches Kommando gefallen war, eine Rolle gespielt haben. Durch seine Verwandtschaft mit dem Mufti hatte Arafat Beziehungen zu führenden palästinensischen Nationalisten, und während des Kriegs von 1948 war er für sie als Waffenschmuggler tätig.

1948 begann er das Studium des Bauwesens und der Elektrotechnik an der Universität in Kairo und gründete hier mit einigen Gleichgesinnten die Union palästinensischer Studenten, deren Führung er übernahm und die ein Sammelbecken linker Gruppierungen wurde. Auf einer internationalen Studentenkonferenz in Prag 1951 vertrat er seine Union. Hier trat er zum ersten Mal mit dem Palästinensertuch, der Kefya, auf, die zu seinem Erkennungszeichen und Symbol wurde. Arafat bewunderte und schätzte den ägyptischen Präsidenten Nasser, war aber kein Anhänger des panarabischen Nationalismus. Nach dem Besuch einer Offiziersschule und der Ausbildung zum Sprengstoffexperten nahm er 1956 als Leutnant am Suezkrieg teil. 1957 legte er das Ingenieursexamen ab und ging dann nach Kuwait, wo bereits zahlreiche palästinensische Notable hohe Positionen bekleideten. Durch ihre Vermittlung erhielt er eine leitende Stellung im Bauministerium des Landes, und bald wurde er als Bauunternehmer sehr wohlhabend.

Im Oktober 1959 fand in Kuwait ein Geheimtreffen nationalistischer Palästinenser der Golfstaaten statt. Hier wurde die Palästinensische Befreiungsbewegung Al-Fatah gegründet. Arafat fiel die Führung der Kuwaitischen Gruppe zu, die über ihre Zeitschrift *Falastinuna* (Unser Palästina) Kontakte zu Palästinensergruppen in anderen arabischen Ländern aufnahm und bald auch in europäischen Hochschulstädten präsent war. Aufgabe dieser, mithilfe eines Sponsors in Beirut vertriebenen Zeitschrift war es, auf das Elend der palästinensischen Flüchtlinge aufmerksam zu machen und den Willen zur Gründung eines palästinensischen Staates zu wecken. 1962 führte Arafat eine Fatah-Delegation nach Algerien zu Gesprächen mit Algeriens führendem Mann Ben Bella. Der algerische Freiheitskampf sollte zum Vorbild für die Fatah werden. Die 1964 gegründete PLO war der Fatah zunächst eng verbunden, wurde dann aber zu ihrer Konkurrenz, woraufhin Arafat sich um Annäherung bemühte.

Nach dem Krieg von 1967 sah Arafat sein wesentliches Ziel im propagandistischen Einwirken auf die palästinensische Jugend, die er zu überzeugen versuchte, dass der Krieg ihre Lebensaufgabe sei. Unter der Leitung des Rechtsanwalts Jahida Hamouda orientierte sich die PLO 1968/69 stark militärisch und näherte sich ideologisch den Ideen Mao Tse-Tungs, Fidel Castros und Ernesto Che Guevaras zum nationalen Befreiungskampf an. Als sich nach dem Junikrieg 1967 ein großer Teil der Palästinaflüchtlinge in Jordanien sammelte und hier quasi zum Staat im Staat wurden, wurde die PLO faktisch von der Al-Fatah geführt, und zunehmend wurde Arafat als der politische Führer der Palästinenser anerkannt. 1968 hatte die Al-Fatah ein Flüchtlingslager bei Karame hinter der jordanischen Grenze aufgebaut, von dem aus Sabotageakte in Israel ausgeführt wurden. Als die israelische Armee das Lager vernichten wollte, feuerte Arafat seine Fatah-Kämpfer an und leitete die Schlacht aus dem Hintergrund. Die Israelis mussten sich unter jordanischem Artilleriebeschuss nach dem Verlust von 28 Toten zurückziehen.[2]

Die Palästinenser beklagten über 100 Tote, aber Karame wurde trotzdem als *der* große Sieg gefeiert. Arafat wurde Sprecher der Al-Fatah. Als sich die Fatah der PLO eingliederte, wurde Arafat 1969 Vorsitzender des Exekutivkomitees und stand damit an der Spitze der Bewegung. Als König Hussein 1971 die PLO-Milizen, die zur gefährlichen Konkurrenz der Monarchie in Jordanien geworden waren, zerschlug und vertrieb, verlor Arafat seine wichtigste Stellung im Kampf gegen Israel. Die PLO schuf sich nun im politisch zerrütteten Libanon eine neue Basis und eine ihrer Kampfgruppen initiierte Terroraktionen, von denen uns der Anschlag auf das israelische Team während der Olympischen Spiele in München 1972 in Erinnerung ist. Arafat selbst distanzierte sich davon und entwickelte diplomatische Initiativen, die besonders bei der UNO, die ohnehin den Palästinensern Verständnis entgegenbrachte, ankamen.

Im Jahr 1982, nach der Niederlage gegen die israelischen Truppen, mussten die PLO-Kämpfer und ihre Führung den Libanon verlassen. Arafat nahm nun mit einigen Hundert Getreuen in Tunis seinen Sitz. Dorthin war auch die Arabische Liga nach dem ägyptisch-israelischen Frieden umgesiedelt. Durch Besuche bei Regierungen versuchte Arafat nun, weltweit Anerkennung zu gewinnen. Als er im Golfkrieg 1990/91 auf den Diktator Saddam Hussein setzte, brachte ihm das ein zunehmendes Misstrauen der Amerikaner und Europäer ein. Nach der gegenseitigen Anerkennung Israels und Palästinas im Jahre 1993 konnte Arafat seinen Familien- und Dienstsitz in Gaza nehmen, einem Ort, dem er immer verbunden gewesen war. Er wurde zum Vorsitzenden des Palästinensischen Nationalrats (PNC) gewählt, schließlich im Januar 1996 zum Präsidenten des Palästinensischen Rats und damit zum Chef der Autonomiebehörde. Zum weiteren Schicksal und Taktieren Arafats s. u. ab Seite 74.

Untergrund- und Terrorgruppen

Die palästinensischen Untergrundbewegungen wurden bis in die achtziger Jahre unter den Begriff 'Fedajin', das heißt 'die Opferbereiten', zusammengefasst. Der Begriff wurde schon im 12. Jahrhundert für diejenigen verwendet, deren Aufgabe die Ermordung von Feinden der ismailischen Moslems war. In den fünfziger Jahren des 20. Jahrhunderts bezeichnete man die palästinensischen Kommandotruppen als Fedajin, die in Ägypten für Sabotageakte gegen Israel eingesetzt wurden. Die Niederlage der regulären Armeen gab ihnen 1967 Auftrieb. Guerillaoperationen schienen die einzig mögliche Form des Kampfs gegen das militärisch überlegene Israel.

1957 wurde in Kuwait die Nationale Befreiungsbewegung für Palästina gegründet, in der Arafat bald die führende Rolle zufiel. Seit 1959 heißt sie Fatah, was 'Bewegung zur Befreiung Palästinas' bedeutet, auf Arabisch 'Harakat-al Tahrir al-Watani al-Filastini': die rückwärts gelesenen Anfangsbuchstaben ergeben den Begriff Fatah. (Im Arabischen bedeutet das Wort 'fatah' so viel wie Öffnung oder Eroberung eines ungläubigen Landes für den Islam.) Die Fatah versteht sich als Avantgarde im bewaffneten Aufstand der Palästinenser, die nach eigener Auffassung nichts zu verlieren, sondern nur zu gewinnen haben. Das kann zur Erklärung der Selbstmordattentate beitragen. Die Fatah strebte nach der Vereinigung aller Untergrundbewegungen unter ihrer Führung, was sie indirekt über die PLO erreichte, aber dann durch die Konkurrenz anderer Gruppierungen wieder verlor. Offiziell hält sie sich als Träger der PLO für legal. Doch sind ihre Kampfgruppen, die Al-Aksa-Brigaden, im Terrorismus aktiv.

Die PFLP (Popular Front for the Liberation of Palestine) entstand nach dem Sechstagekrieg durch Zusammenschluss mehrerer kleiner Guerillaorganisationen. Ihr Führer war der Arzt Dr. Habbasch, Sohn eines palästinensischen Getreidehändlers. Habbasch war ursprünglich rechts orientiert, wurde dann Nasserist und wandte sich schließlich dem Marxismus-Leninismus und dem Maoismus zu. Er bezeichnete sich gern als „Lenin des Nahen Ostens". Die PFLP kämpft gegen Israel und den Zionismus ebenso wie gegen – nach ihrer Meinung – reaktionäre Kräfte in der arabischen Welt. Sabotageakte, Geiselnahmen, Mordanschläge und Exekutionen von Kollaborateuren mit Israel sind für die Organisation erlaubte Kampfmittel. Die PFLP blieb bis heute eine bedeutende Bewegung in der PLO und ist für zahlreiche Terroraktionen während der Zweiten Intifada verantwortlich.

Die DFLP (Democratic Popular Front für the Liberation of Palestine) spaltete sich von der Volksfront ab, war marxistisch-leninistisch orientiert und überlebte die Entwicklung nach den achtziger Jahren nicht. Ihre extremistischen Anhänger kehrten zur PFLP zurück.

Die Organisation 'Schwarzer September' galt lange als die gefährlichste aller Gruppen. Von israelischer Seite wurde sie als Geheimorganisation der Fatah betrachtet. Sie stand Habbaschs PFLP nahe und wurde von der Fatah und arabischen Regierungen, besonders von Libyen, finanziert. Organisierter Rauschgifthandel war eine weitere Einnahmequelle. Sie unterhielt in den siebziger Jahren Verbindungsstellen im Nahen Osten, in Europa, Afrika, Amerika und Japan. Auf ihr Konto gehen die brutalsten Aktionen, zum Beispiel 1972 der Überfall auf das israelische Olympiaquartier in München und 1976 die Entführung des französischen Airbus nach Entebbe. An ihre Stelle trat 1976 die Gruppe 'Schwarzer Juni'; ein Zusammenhang mit der deutschen 'Rote Armeefraktion' (RAF) wurde angenommen. Im September/Oktober 1970 wurde ein koordiniertes Vorgehen der RAF mit einer Palästinensergruppe bei der Entführung von Hans Martin Schleyer und der Affäre von Mogadischu erkennbar. Die PLO hat sich von diesen Terrorakten offiziell distanziert.

Seit der zweiten Hälfte der achtziger Jahre, es hing vielleicht mit der Ersten Intifada zusammen (siehe Seite 94), gilt die Hamas – der Begriff bedeutet 'Bewegung islamischer Widerstand' – als die bedeutendste palästinensische Widerstandsgruppe. Die Hamas wurde ursprünglich von Israel im Gazastreifen als Gegengewicht zur PLO aufgebaut, womit allerdings, wie Ludwig Watzal schreibt, „der Teufel mit dem Beelzebub ausgetrieben werden sollte"[3], was Israel zu spät erkannte. Ihr Führer wurde der Scheich Ahmad Yassin. Ihr Ziel ist – unabhängig von der PLO – die Fortführung des Kriegs gegen Israel zwecks Gründung des Palästinenserstaates. Die Hamas hat den 1993 eingeleiteten Friedensprozess stets abgelehnt und sich bis in die Gegenwart zu zahlreichen Terrorakten bekannt. Sie steht der Fatah nahe. Israel betrachtet die Hamas als seinen gefährlichsten Gegner. Die Jagd auf ihre Führer ist eine der Hauptaufgaben Israels und Ziel der militärischen Operationen in den besetzten Gebieten. Israel ist sich dessen bewusst, dass es nur mit der Zerschlagung der Hamas den Krieg gewinnen kann.

Die Bewegung 'Islamischer Heiliger Krieg' heißt auf Arabisch 'Jihad' (und wird meistens in Deutschland 'Djihad' oder 'Dschihad' genannt). Sie ist aus der Hamas hervorgegangen. Die kleinen Zellen dieser Bewegung handeln unabhängig voneinander. Zunächst bemühte sie sich um einen „Schmusekurs" mit der PLO und ihrem Führer, schloss sich jedoch 1994 mit der PFLP zur Bekämpfung des Osloprozesses zusammen und ist wie die Kampfgruppen der Hamas und der Fatah für viele Terroranschläge gegen Israelis verantwortlich. Nach ihren Vorstellungen soll der künftige palästinensische Staat von der 'Sharia', dem islamischen Recht, geprägt sein. Eine Demokratie wird als dem Koran widersprechend abgelehnt. Der Jihad wird durch Spenden von Palästinensern aus den USA, Europa und Saudi-Arabien unterstützt.

Zur bedeutendsten Kampfgruppe der Fatah wurde die Tanzim unter Führung von Marwan Barghuti. Dieser kam 1956, nach Rückkehr aus israelischer Haft, in den palästinensischen Legislativrat und unterstützte den Friedensprozess. Seit dem Vorgehen der israelischen Armee während der Zweiten Intifada (siehe Seite 131 ff.) ist er ein Befür-worter des Guerillakampfs. Nach der Tötung des Tanzim-Chefs von Tulkarem, Ra'ed el-Karmi, lehnt er Selbstbeschränkungen ab. Seitdem versuchen Jihad, Tanzim und die Kampfgruppen der Hamas sich mit immer schrecklicheren Selbstmordattentaten zu übertreffen.

Anmerkungen

[1] Ben Gurion, David, *Israel*, S. 189.
[2] Zur Schlacht von Karame vgl. Dayan, Moshe, *Die Geschichte meines Lebens*, S. 330.
[3] Watzal, Ludwig, *Feinde des Friedens*, S. 51.

VI. Die drei Kriege: 1956, 1967 und 1973

Suezkrise und Sinaikrieg 1956

Nach einem zunächst außenpolitisch neutralen Kurs gegenüber den Machtblöcken bedingten bald die Abhängigkeit von der amerikanischen Kapitalhilfe und die antijüdische Sowjetpolitik in den letzten Jahren der Stalin-Ära, dass Israel sich ins Lager der Westmächte stellte. Deren Waffenlieferungen ermöglichten ihm den Aufbau einer effektiven Streitmacht.

Dem Bestreben der amerikanischen Diplomatie, die Arabische Liga in das westliche Verteidigungssystem einzubeziehen, um so die Lücke zwischen NATO und SEATO zu schließen, blieb der Erfolg versagt. Mehrere arabische Staaten, besonders Ägypten, wollten sich nicht einseitig an einen Machtblock binden. Der *Bagdad-Pakt* (Februar 1955)[1] blieb, da Frankreich und die USA nicht beitraten, ineffektiv. Seine Wirkung war für den Westen eher negativ, da die Sowjetunion und die Volksrepublik China, um einer südlichen Abriegelung entgegenzuwirken, im Nahen Osten nunmehr diplomatisch-propagandistisch offensiv wurden und sich zum Befürworter des arabischen Nationalismus machten.

Das Bemühen um Bildung eines „Blocks der Blockfreien" fand in der von 23 Staaten beschickten *Bandung-Konferenz* (April 1955) einen ersten Ausdruck. Alle nahöstlichen Staaten außer Israel nahmen daran teil. Ägyptens Staatspräsident Nasser fand auf dieser Konferenz die Bühne für seinen ersten großen weltpolitischen Auftritt.

1951 hatte Ägypten den Vertrag mit England von 1936 einseitig aufgekündigt. Britisch-ägyptische Verhandlungen führten schließlich im Oktober 1954 zum *Suez-Vertrag*, in dem sich Großbritannien innerhalb von 20 Monaten zum Abzug seiner Truppen aus der Kanalzone verpflichtete. Die Rechte der Kanalgesellschaft sollten unangetastet bleiben. Außerdem behielt Großbritannien das Recht zur Benutzung ägyptischer Flugplätze, zur Lagerung von Kriegsmaterial in der Kanalzone und deren militärischer Besetzung im Kriegsfall. Die ägyptische Souveränität am Suezkanal blieb damit beschränkt.

Nasser, dem die USA mit Rücksicht auf Israel Waffenlieferungen verweigerten, öffnete sich dem sowjetisch-chinesischen Werben. Im Herbst 1955 schloss Ägypten mit der Tschechoslowakei ein Abkommen über den Ankauf von Waffen und Flugzeugen, wodurch faktisch die Sowjetunion zum bedeutendsten Waffenlieferanten Ägyptens wurde. Als dann die USA und die Weltbank zugesagte Kredite für das Projekt des Assuan-Staudamms dennoch verweigerten, verkündete Nasser am 26. Juli 1956 die Nationalisierung des Suezkanals. England und Frankreich verloren dadurch beachtliche Einnahmen und planten die militärische Besetzung der Kanalzone; ein Zusammenwirken mit Israel sollte das erleichtern.

Israel hatte seit 1952 auf die Gefährdung seiner Grenzregionen durch Guerillas aus Syrien, Jordanien und dem Gazastreifen mit Vergeltungsschlägen zunehmender Härte reagiert. Daraufhin wurde in Kairo immer häufiger die Forderung nach einem gemeinsamen arabischen Vernichtungskrieg gegen Israel laut. Der Suezkanal war seit 1950 für Israel gesperrt, und im Sommer 1955 blockierte Ägypten zudem den Golf von Akaba und somit den für Israel lebenswichtigen Hafen Eilat. Kurz darauf schloss Ägypten mit Syrien und Saudi-Arabien Verteidigungsabkommen. Als im Oktober 1956 Ägypten, Jordanien und Syrien ein gemeinsames Oberkommando bildeten, reagierte die israelische Regierung im Einvernehmen mit London und Paris schnell. Am 29. Oktober griffen israelische Truppen unter Moshe Dayan an, und in wenigen Tagen waren der Gazastreifen und der größte Teil des Sinai mit Sharm el-Sheikh am Eingang des Golfs eingenommen. Großbritannien und Frankreich blockierten mit ihrem Veto den Sicherheitsrat, bombardierten Kairo und Port Said, wo sie am 5. November Luftlandetruppen absetzten.

Sowjetische und chinesische Interventionsdrohungen veranlassten die USA, ihr Gewicht zur Wiederherstellung des Status quo in die Waagschale zu werfen. Aufgrund eines Beschlusses der UN-Vollversammlung mussten alle Invasionstruppen abgezogen werden. Israel folgte der Aufforderung erst, nachdem die USA den Schutz des freien Verkehrs im Golf von Akaba garantierten. Die UNEF (United Nations Emergency Forces) übernahmen die Sicherung der israelisch-ägyptischen Grenze von Gaza bis Eilat sowie der Ostseite des Sinai bis Sharm el-Sheikh.

Nach der Suezkrise waren die USA bestrebt, eine Ausdehnung des sowjetischen Einflusses auf den Nahen Osten zu verhindern. Im Januar 1957 erhielt Präsident Eisenhower vom Kongress die Ermächtigung, mit jeder Nation oder Gruppe von Nationen im allgemeinen Bereich des Mittleren Ostens wirtschaftlich oder militärisch zusammenzuarbeiten. Wesentlich war der Zusatz des Senats, in dem die Bereitschaft der Vereinigten Staaten festgestellt wurde, die amerikanische militärische Macht zu gebrauchen, um einer offenen kommunistischen Aggression Widerstand zu leisten, wenn der Präsident dies für notwendig hält und wenn das Opfer der Aggression Hilfe verlangt.

Mit dieser *Eisenhower-Doktrin* waren die Fronten des Kalten Kriegs auf den Nahen Osten ausgedehnt und dieser zur amerikanischen Interessen- und Sicherheitszone geworden. Das wurde für die Entwicklung in den nächsten Jahrzehnten entscheidend.

Der Sechstagekrieg von 1967

In den auf den Sinaikrieg folgenden Jahren blieb das arabische Lager zerstritten, sodass Israel diese Zeit zur inneren Konsolidierung und Erhöhung seiner militärischen Schlagkraft nutzen konnte. Erst auf der arabischen Gipfelkonferenz in Kairo (Januar 1964) zeigte sich wieder eine geschlossene Front der arabischen Staaten, die über das Jordanwasserprojekt verbittert waren. Israel betrieb den Bau von Kanälen zur Ableitung von Wasser aus dem See Tiberias, einmal zur Bewässerung des israelischen Jordantals, zum anderen – und das in erster Linie – zur Bewässerung des Negev. Die arabischen Staaten beschlossen daraufhin die Sperrung der Quellflüsse des Jordan auf syrischem und jordanischem Gebiet. Außerdem mussten die arabischen Staaten der zunehmenden Organisation der Palästinenser Rechnung tragen. Nach dem Ende 1966 zwischen Damaskus und Kairo geschlossenen Beistandsabkommen nahmen die syrisch-israelischen Grenzzwischenfälle zu. Israels militärische Sicherung der syrischen Grenze wurde von den Regierungen in Damaskus und Kairo als Vorbereitung einer Aggression gedeutet. Sie rechneten im Fall eines Konflikts mit Israel auf sowjetische Unterstützung.

Im Mai 1967 zog Nasser die Zustimmung Ägyptens zur Stationierung der UN-Friedenstruppen entlang der israelischen Grenze zurück. Die aufgegebenen Stellungen wurden sofort von ägyptischen Einheiten, im Gazastreifen auch von der PLA, eingenommen. Mit der Sperrung des Golfs von Akaba (22. Mai 1967) für israelische Schiffe – von Israel als Akt der Aggression empfunden – setzte sich Nasser auch gegenüber Großbritannien und besonders den USA ins Unrecht. Dass Israel nicht sofort mit einem Gegenschlag reagierte, wurde von arabischer Seite als Schwäche gewertet. Nasser steigerte die verbalen Provokationen, und in Damaskus und Kairo forderten Presse und Rundfunk den Vernichtungskrieg gegen Israel. PLO-Chef Shukeiri rief in der Haram el Sharif-Moschee in Jerusalem zum heiligen Krieg gegen Israel auf. Nun schwenkte auch König Hussein, obwohl von Nasser als „Hure am Jordan" beschimpft, unter dem Druck Syriens und der Palästinenser im eigenen Land in die antiisraelische Front ein, unterzeichnete mit Ägypten am 30. Mai ein Verteidigungsabkommen und gestattete irakischen Truppen den Durchmarsch zur israelischen Grenze. Israel stand vor der Gefahr eines koordinierten arabischen Angriffs von allen Seiten. Am 5. Juni morgens führte die israelische Luftwaffe einen Überraschungsschlag gegen die ägyptischen Luftabwehrstellungen und Flughäfen, wobei der größte Teil der ägyptischen Flugzeuge am Boden zerstört wurde. In dem nun folgenden Sechstagekrieg – am 10. Juni trat der von der UNO durchgesetzte Waffenstillstand ein – eroberte Israel den ganzen Sinai bis zum Suezkanal und Sharm el-Sheikh, im Osten Cisjordanien sowie die Golanhöhen im syrischen Grenzgebiet (siehe Karte 5 auf Seite 64).

Der sich von Gaza im Norden bis Rafah im Süden erstreckende 40 km lange und stellenweise 10 km breite Küstenstreifen gehörte bis 1948 zum britischen Mandatsgebiet. In den Kriegsmonaten suchten und fanden in diesem von ägyptischen Truppen besetzten Territorium etwa 200 000 Palästinaflüchtlinge Zuflucht. Mit dem ägyptisch-israelischen Waffenstillstand von Rhodos kam der Küstenstreifen 1949 unter ägyptische Hoheit. Doch musste Ägypten der überwiegend palästinensischen Bevölkerung Rechnung tragen und dem Gebiet insofern einen Sonderstatus gewähren, als Gaza Sitz der so genannten „Gaza-Regierung" wurde, die sich für ganz „Arabisch-Palästina", also auch für die Westbank, zuständig fühlte. Das wurde von den arabischen Staaten mit Ausnahme von Jordanien anerkannt.

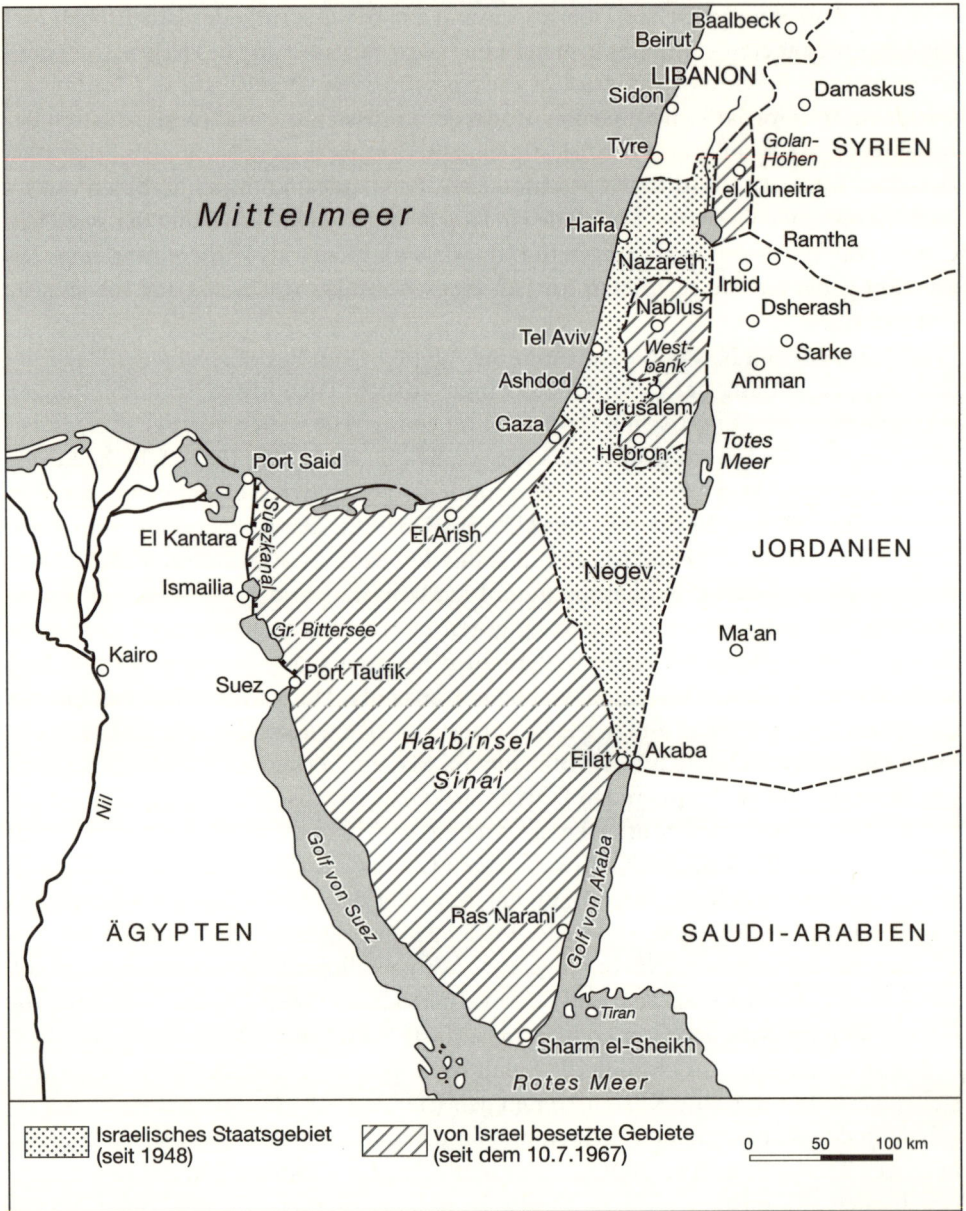

Baalbeck
Beirut
LIBANON
Sidon Damaskus

Tyre Golan-Höhen SYRIEN

Mittelmeer el Kuneitra

Haifa Ramtha

Nazareth Irbid

Nablus Dsherash

Tel Aviv West-bank Sarke

Ashdod Amman

Gaza Jerusalem

Hebron Totes Meer

Port Said JORDANIEN

El Kantara El Arish

Ismailia Negev

Gr. Bittersee Ma'an

Kairo

Suez Port Taufik

Halbinsel Sinai

Eilat Akaba

Golf von Suez

Nil

Golf von Akaba

ÄGYPTEN Ras Narani SAUDI-ARABIEN

Tiran

Sharm el-Sheikh

Rotes Meer

Israelisches Staatsgebiet (seit 1948)

von Israel besetzte Gebiete (seit dem 10.7.1967)

0   50   100 km

Karte 5: Die von Israel nach dem Krieg 1967 besetzten Gebiete

Im Suezkrieg 1956 wurde der Gazastreifen von israelischen Truppen besetzt, aber 1957 an Ägypten zurückgegeben. Im Sechstagekrieg wurde er von Israel erobert und dann wie das Westjordanland seiner Militärverwaltung unterstellt. Mit der endgültigen Gestaltung der ägyptisch-israelischen Grenze 1979 und 1982 wurde dies festgeschrieben. Israel hat nach 1967 im Norden und vor allem im Süden des Gazastreifens zahlreiche jüdische Siedlungen angelegt, die von den Palästinensern als Fremdkörper empfunden werden. Der Gazastreifen gilt zusammen mit dem Westjordanland als Territorium eines künftigen palästinensischen Staates. Er ist heute das am dichtesten besiedelte Gebiet im Nahen Osten mit über 1,1 Millionen Bewohnern, von denen drei Viertel als Flüchtlinge gerechnet werden.

Für die arabischen Länder und die Sowjetunion und ihre Verbündeten galt Israels Krieg als Aggression. Für Israel aber war es ein für seine Sicherheit und weitere Existenz notwendiger Präventivschlag. Die Auffassung, dass Israel mit der Aufrechterhaltung der Besetzung der eroberten Gebiete den Konflikt perpetuiert habe, bedarf einer differenzierteren Sicht, zu der neuerdings eine sehr fundierte Untersuchung eine Grundlage vermittelt.[2] Danach gab es nach dem Junikrieg in der israelischen Regierung eine Gruppe, die dafür eintrat, sich mit Syrien und Ägypten durch Rückzug auf die Grenzen vor dem Junikrieg zu einigen. Selbst Ministerpräsident Levi Eshkol erklärte am 20. Juni 1967, dass er zu Friedensgesprächen mit Präsident Nasser, dem jordanischen König Hussein und anderen bereit sei. Was einen Ausgleich mit Syrien anbelange, so hänge dieser nur von der gerechten Verteilung der Quellgebiete des Jordans ab. Wenig später allerdings vertrat er den Standpunkt, dass die Araber zuerst ein Friedensangebot machen müssten, und solange ein solches Angebot ausbleibe, werde Israel an den durch den Krieg erreichten Grenzen stehen bleiben. Außerdem brauche Israel Garantien, dass seine Bedingungen auch eingehalten würden.[3]

Mit der Politik der offenen Jordanbrücken demonstrierte Israel die Bereitschaft zum Ausgleich mit Jordanien, und Moshe Dayan schildert in seinen Erinnerungen[4] die positive Auswirkung dieser Maßnahme auf die Haltung der Bevölkerung der Westbank, von der allerdings viele, besonders Flüchtlinge von 1948, über den Jordan geflohen waren. In der Jerusalemfrage vertrat Israel dann eine harte Politik. Die Eroberung des Ostens der Stadt war ja der eigentliche große Gewinn besonders für die nationalreligiösen Strömungen gewesen. Als der UN-Sicherheitsrat im Juli 1967 zwei Resolutionen verabschiedete, nach denen Israel die Änderung des Status von Jerusalem zurücknehmen sollte[5], musste Generalsekretär Sithu U Thant in einem Gespräch mit Eshkol und Außenminister Abba Eban erfahren, dass für Israel die Einverleibung von Ostjerusalem unwiderruflich bleibe und nicht Gegenstand von Verhandlungen sein könne. Auf der anderen Seite war der ägyptische Präsident Nasser in den Wochen nach dem Krieg zu einer Friedensregelung mit Israel bereit und drohte sogar mit einem Alleingang, wenn die übrigen Staaten sie ablehnen würden. König Hussein trug sich mit ähnlichen Gedanken. Erst als Israel auf Nassers Sondierungen nicht reagierte, bestand dieser auf einer gesamtarabischen Lösung und lehnte einen Alleingang ab. Daraufhin fand in den letzten Augusttagen eine Gipfelkonferenz der arabischen Länder in Khartum statt. Sie bestand in ihrer Schlusserklärung darauf, dass die von Israel besetzten Gebiete arabische Territorien seien und deren Wiedergewinnung die Aufgabe aller arabischen Länder sein müsse. Das beinhalte auch die Nichtanerkennung des Staates Israel und die Ablehnung jeglicher Friedensverhandlungen sowie das Recht der Palästinenser auf Rückkehr in ihre Heimat. Das war nicht nur eine Reaktion auf Nassers Ankündigung eines Alleingangs, sondern auch auf die Tatsache, dass von der israelischen Regierung jetzt die Annexion eines großen Teils der Golanhöhen und eines Drittels der Westbank gefordert wurde. Auch sollte die Festung Sharm el-Sheikh an der Spitze des Sinai gehalten und eine Flugverbindung von hier nach Eilat eingerichtet werden, um die Kontrolle der Straße von Tiran und des östlichen Sinai zu ermöglichen. Noch vor Ablauf des Jahres begann Israel mit der Errichtung von Siedlungen in den besetzen Gebieten.

Rückzugsforderung und „Abnutzungskrieg"

Am 22. November 1967 verabschiedete der UN-Sicherheitsrat die Resolution 242 (siehe Dokument 8 auf Seite 165), deren Realisierung bis heute Voraussetzung für Frieden im Nahen Osten ist. Darin wurde der Rückzug der israelischen Streitkräfte aus den während des Junikriegs besetzten Gebieten gefordert. Doch die Resolution war ein Kompromiss und sollte den Forderungen beider Seiten Rechnung tragen. Gerade dadurch blieb sie wirkungslos. Indem sie das Recht jedes Staates betonte, „innerhalb sicherer und anerkannter Grenzen frei von Drohung und Akten der Gewalt in Frieden zu leben", konnte Israel sich darauf berufen, dass die Vorkriegsgrenzen diese Sicherheit nicht gewährten und ein Rückzug auf diese Grenzen nicht gefordert werden könne.

Die UNO entsandte Ende 1967 den schwedischen Gesandten Gunnar Jarring in den Nahen Osten, um eine Lösung des Konflikts herbeizuführen. Jarring nahm seinen Sitz in Zypern und besuchte von hier aus die arabischen Regierungen, um sie zu Gesprächen mit dem israelischen Gegner zu bewegen. Doch von der israelischen Regierung musste er erfahren, dass sie einem Rückzug auf die Grenzen vom 4. Juni 1967 niemals zustimmen würde, weil sie darin eine zu große Gefahr für das Land sah. Inzwischen waren sich in Israel die Parteien von rechts bis links darin einig, die besetzten Gebiete zu behalten. Allerdings schien Ägypten auch nach den Vereinbarungen von Khartum bereit, für eine Rückgabe des Sinai bei Verzicht auf den Gazastreifen mit Israel Frieden zu schließen. Die Nixon-Administration stellte sich hinter die Bemühungen der UNO. Außenminister William P. Rogers bemühte sich, Ägypten zu einem Frieden mit Israel zu bewegen, doch nun machte Kairo den Plänen einen Strich durch die Rechnung. Präsident Nasser hob den Waffenstillstand auf und begann einen „Abnutzungskrieg", mit dem er Israel zum Rückzug aus dem Sinai zwingen wollte. In dem darauf folgenden Artilleriekrieg über den Suez hinweg war, bedingt durch die sowjetischen Berater und Spezialeinheiten, eine zunehmende ägyptische Schlagkraft zu bemerken, die Israel mit

Luftangriffen im Innern Ägyptens beantwortete, was wiederum den Sowjets die Gelegenheit gab, ihre Flugabwehrraketen SAM 2 und SAM 3 im Ernstfall zu erproben. Nach Vermittlung des US-Außenministers Rogers wurde im August 1970 das Feuer eingestellt. Sein auf der UN-Resolution 242 basierender Friedensvorschlag wurde von keiner Seite angenommen. Die Schwierigkeit lag darin, dass für Ägypten Israels Rückzug aus den besetzten Gebieten Voraussetzung für einen Friedensvertrag war, während er für Israel erst Ergebnis sein sollte. Doch im Februar 1970 erklärte Sadat – nach dem Tode Nassers dessen Nachfolger – in Beantwortung eines neuen Vorschlags Jarrings, Ägyptens Bereitschaft, die Souveränität und territoriale Integrität Israels unter der Voraussetzung des Abzugs israelischer Truppen aus dem Sinai anzuerkennen. Das galt als erste offizielle Bereitschaft einer arabischen Regierung zu einem Ausgleich mit Israel. Doch die Regierung unter Golda Meir ging darauf nicht ein. Sie vertrat den Standpunkt, dass Jarring und U Thant die ihnen mit der UN-Resolution 242 erteilten Befugnisse überschritten hätten. In ihren Augen hatte der UN-Generalsekretär nicht das Recht, Israels künftige Grenzen zu bestimmen. Da ein weiterer Appell U Thants an die israelische Regierung erfolglos blieb, hielt dieser weitere Bemühungen seines Sonderbotschafters für wenig sinnvoll. Für Israels Haltung spielte noch immer der Gewinn von Sharm el-Sheikh eine besondere Rolle. Verteidigungsminister Dayan erklärte, ihm sei Sharm el-Sheikh ohne Frieden lieber als ein Friede ohne Sharm el-Sheikh. Abba Eban zufolge trug nicht Israel die Schuld am Scheitern der Bemühungen Jarrings, sondern Ägypten, das auf dem Rückzug aus dem Gazastreifen und anderen besetzen arabischen Gebieten bestand. Das trifft nicht voll den Sachverhalt, denn Sadat war im Februar 1971 bereit, einen Separatfrieden mit Israel zu schließen, und zwar zu den Bedingungen, die er im September 1978 im Rahmenplan von Camp David durchsetzte. Schon damals war er bereit, den Anspruch auf den Gazastreifen aufzugeben.

Wer die Auffassung vertritt, dass Jarring 1971 seiner Aufgabe nicht gewachsen war und ein fähiger Diplomat zum Erfolg hätte kommen können, übersieht dabei, dass Israel darauf verzichtete, das Ausmaß der Bereitschaft Sadats zu sondieren. Ein Hindernis war nach Abba Eban, dass Ägypten eine Übereinkunft mit Israel von der Zusage abhängig machte, eine Lösung für das Flüchtlingsproblem zu finden, die ja auch die UN-Resolution 242 gefordert hatte. Doch Israel sah in einer Massenrückführung der Flüchtlinge nicht ohne Grund seine staatliche Existenz gefährdet. Das war schon damals eine Frage, die im Friedensprozess nach Oslo eine entscheidende Rolle spielen sollte (siehe Seite 103 ff.). Für die Resignation U Thants war wohl auch entscheidend, dass in der Nixon-Administration Henry Kissinger, Sonderberater des US-Präsidenten und künftiger Außenminister, inzwischen Rogers, der Jarrings Initiativen unterstützt hatte, beiseite drängte. Ohne Unterstützung der US-Regierung hielt U Thant seine Aktivitäten für wenig aussichtsreich. Zudem hatte Abba Eban auf dem zionistischen Weltkongress im Januar 1972 erklärt, dass er sich keine Friedensregelung ohne die ständige Präsenz Israels auf den Golanhöhen und in Sharm el-Sheikh vorstellen könne. Dayan trat dafür ein, dass die künftige Grenze Israels zu Ägypten von Sharm el-Sheikh quer durch den Sinai zum Mittelmeer verlaufen sollte. Das war natürlich für Ägypten indiskutabel. Golda Meir betonte zudem, dass die Golanhöhen und Sharm el-Sheikh nicht verhandelbar seien. Der UN-Sicherheitsrat verabschiedete noch im Juli 1973 eine Resolution, die Israel wegen seiner mangelnden Kooperation mit dem Sondergesandten des Generalsekretärs anprangerte. Das wurde in Jerusalem nicht beachtet, und so fand Jarrings Mission ihr Ende.

Angesichts der Aussichtslosigkeit, mit Israel zu einer Vereinbarung zu kommen, begannen Ägypten und Syrien im Sommer 1972 mit Vorbereitungen zu einem Krieg, um die besetzten Gebiete zurückzugewinnen. Abba Ebans Behauptung in seinen Memoiren, dass die Araber zwischen 1967 und 1973 den gesamten Sinai, einen großen Teil der Westbank und den Gazastreifen ohne Krieg hätten zurückbekommen können, wenn sie mit Israel über Grenz- und Sicherheitsfragen verhandelt hätten, lässt sich widerlegen. Andererseits gilt es auch festzuhalten, dass in jenen Jahren von arabischer Seite keine Initiative belegt ist, mit Israel ernstlich über Grenz- und Sicherheitsfragen zu verhandeln.

Der Yom-Kippur-Krieg als Wende

Israel war sich seiner militärischen Überlegenheit so sicher, dass es den 1972 verstärkt einsetzenden ägyptisch-syrischen Kriegsvorbereitungen und auch den Drohungen des ägyptischen Präsidenten Sadat zu wenig Aufmerksamkeit schenkte. Dieser war sich mit seinem syrischen Kollegen al Assad einig, die seit 1967 von Israel eroberten Gebiete in einem Krieg zurück zu gewinnen. In Ägypten wurde der Angriff mit dem Codenamen „Operation Saladin" für den 6. Oktober 1973 programmiert. Dieser ist der zehnte Tag des Fastenmonats Ramadan, an dem im Jahr 630 Mohammed seinen Heiligen Krieg gegen Mekka unter seinem Feldherrn Saladin eröffnen ließ, und dieses historische Ereignis erschien Sadat als gutes Vorzeichen. Der 6. Oktober ist zugleich Israels höchster Feiertag Yom-Kippur, der Versöhnungstag, an dem die Synagogen gefüllt sind, keine Musik ertönt und Rundfunk und Fernsehen schweigen.

Als am frühen Morgen des 6. Oktober 1973 der israelische Geheimdienst genügend Hinweise für den bevorstehenden Angriff hatte, lehnte Verteidigungsminister Moshe Dayan im Einvernehmen mit Premierministerin Golda Meir einen Präventivschlag ab, um Israel nicht in die Rolle des Angreifers zu bringen. Die israelische Armee war ohnehin darauf nicht vorbereitet. Am Mittag des 6. Oktober griffen die Syrer im Norden und die Ägypter am Suezkanal gleichzeitig an – für die israelischen Streitkräfte eine Überraschung. Syrische Truppen stießen auf den Golanhöhen auf das israelisch besetzte Gebiet vor und zerstörten Siedlungen, deren Bewohner im letzten Augenblick fliehen konnten. Bei dem vergeblichen Versuch, den syrischen Vormarsch aufzuhalten, erlitten die Israelis so erhebliche Verluste, dass eine Weiterführung des Kriegs riskant erschien. Israel befand sich in einer Existenzkrise. Die ägyptische Armee konnte in den ersten Tagen nach dem Angriff auf dem Ostufer des nördlichen und südlichen Kanals zwei bedrohliche Brückenköpfe errichten. Die USA aber fürchteten eine Niederlage Israels und versorgten daher die Streitkräfte über eine gigantische Luftbrücke mit leichtem und schwerem Kriegsmaterial. Ägypten und Syrien erhielten auf dem Luftweg die materielle Unterstützung der Sowjetunion, die mit der amerikanischen Hilfe für Israel nicht gleichziehen konnte.

Mitte Oktober 1973 kam es zur Kriegswende. Die israelischen Streitkräfte konnten die Syrer vom Golan vertreiben, zusätzlichen Raum gewinnen und schickten sich an, nach Damaskus vorzudringen. Gleichzeitig wurde der ägyptische Vorstoß in den Sinai aufgehalten. Es kam zu heftigen Panzerschlachten. Anschließend konnten die Israelis zwischen den feindlichen Positionen nördlich des großen Bittersees den Suezkanal überqueren, auf dem Westufer beachtliches Gebiet einnehmen und nach Ägypten eindringen.

Durch die Hilfe der Amerikaner und Sowjets für ihre Verbündeten drohte ein Konflikt zwischen den Supermächten, obwohl beiden daran gelegen war, den Status quo ante in der Nahostregion zu erhalten. Der sowjetische Ministerpräsident Aleksej Kossygin reiste nach Kairo und Damaskus, um für Nachgiebigkeit zu werben. US-Präsident Richard Nixon schickte seinen Außenminister Henry Kissinger nach Jerusalem, um auf die israelische Regierung einzuwirken. Kissinger reiste dann nach Moskau zu Gesprächen mit Parteichef Leonid Breschnew und Außenminister Andrej Gromyko. Beide Seiten waren sich einig, dass die Einstellung des Feuers in Nahost notwendig sei und dass dies über die UNO erwirkt werden sollte. Danach suchte Kissinger noch einmal Golda Meir auf, denn sie hatte das amerikanisch-sowjetische Zusammenspiel argwöhnisch verfolgt.

Am 22. Oktober 1973 verabschiedete der UN-Sicherheitsrat die von den USA und der Sowjetunion gemeinsam eingebrachte Resolution 338 (siehe Dokument 8 auf Seite 165), die die an den Kämpfen beteiligten Parteien aufforderte, alle militärischen Aktivitäten sofort einzustellen und sich auf die Ausgangspositionen zurückzuziehen. Danach sollte die Resolution 242 in allen ihren Teilen durchgeführt werden. Vertreter der USA und der UdSSR begründeten den Antrag damit, dass eine Weiterführung des Kriegs zu große Risiken für den Weltfrieden einschließe. Die Resolution wurde mit 14 Stimmen bei Abwesenheit Chinas angenommen. Der chinesische Vertreter begründete seine Haltung mit dem bemerkenswerten Argument, dass die Resolution von den USA und der Sowjetunion ohne Konsultation der übrigen Mächte ausgehandelt und damit „ein Spiel von Machtpolitik und Einflusssphären" sei. Tatsächlich hatten Kissinger und Gromyko den Wortlaut in Moskau gemeinsam erstellt. Ein weiterer Beschluss führte zum Einsatz einer UN-Friedenstruppe, die für die Einhaltung des Waffenstillstands zuständig sein sollte. Während Ägypten die Resolution akzeptierte, drangen israelische Truppen unter Missachtung der Waffenruhe auf dem Westufer des Kanals nach Suez vor und schnitten damit die auf dem Ostufer stehende ägyptische dritte Armee von jeglicher Zufuhr ab. Dann gingen sie weiter vor, und der Weg nach Kairo war frei. Aber da ein Ende der amerikanischen Waffenlieferungen in Sicht war, übermittelte Dayan am 24. Oktober der ägyptischen Seite den Vorschlag zur Einstellung des Feuers, der sofort angenommen wurde. Trotzdem setzte die israelische Armee die Kampfhandlungen noch für einen Tag fort, bis am 26. Oktober die Waffen schweigen sollten. Die offizielle Verlautbarung entsprach nicht dem wirklichen Sachverhalt, denn konsequent wurde die Waffenruhe von beiden Seiten nicht eingehalten. Obwohl die Resolution 338 den Rückzug auf die Ausgangsstellungen forderte, nahm sich die israelische Regierung das Recht, die Positionen zurzeit des Inkrafttretens der Feuereinstellung beizubehalten. Da jederzeit der Ausbruch neuer Kämpfe drohte, bemühte sich Kissinger mit seiner „Pendeldiplomatie", Ägypten und Israel zur Beachtung der vom Sicherheitsrat geforderten Waffenruhe und zur Aufnahme gegenseitiger Gespräche zu bewegen. So kam es am 11. November 1973 am Kilometerstein 101 auf der Straße von Suez nach Kairo in Anwesenheit des Oberbefehlshabers der UN-Streitkräfte zur Unterzeichnung eines Waffenstillstandsabkommens, das von beiden Seiten nunmehr eingehalten wurde.

Die libysche Regierung verweigerte der Resolution 338 ihre Zustimmung mit einer Begründung, die der chinesischen Enthaltung ähnelte. Auch die PLO lehnte ab, und ihr Exekutivkomitee ließ dazu verlauten: „ Die palästinensische Revolution begann 1965 und wird durch die Feuereinstellungsentscheidung des UN-Sicherheitsrats nicht betroffen. Die palästinensische Revolution wird ihren Kampf gegen die zionistische Entität fortsetzen, um ihr Land zu befreien, und unterstützt das Recht des palästinensischen Volkes auf Selbstbestimmung."[6] Eine arabische Gipfelkonferenz in Algier erkannte daraufhin die PLO als einzig legitime Vertretung des palästinensischen Volkes an. Die Europäische Gemeinschaft hatte zuvor eine Erklärung verabschiedet, die weitgehend den Forderungen der arabischen Staaten nach Verwirklichung der UN-Resolution 242, Beendigung der territorialen Besetzungen durch Israel und Berücksichtigung der legitimen Rechte der Palästinenser entsprach. Israels Ministerpräsidentin Golda Meir reagierte darauf sehr ungehalten mit der Bemerkung, dass diese Erklärung über die Resolution des Sicherheitsrats weit hinausgehe und dass die EG-Staaten damit ihre Kompetenz überschritten. Die Haltung der EG in der Palästinenserfrage war fortan für Israel von geringer Bedeutung.

Die USA, die UdSSR wie Israel und Ägypten wünschten die Einberufung einer internationalen Nahostkonferenz, die den Kriegszustand endgültig beenden sollte. Kissinger bereiste erneut die arabischen Staaten, um bei ihnen die Bereitschaft dazu zu fördern. Bedeutender noch waren seine Verhandlungen in Moskau, die dazu führten, dass eine gemeinsame amerikanisch-sowjetische Einladung an die betroffenen Staaten erging. Dadurch war ein Gleichklang der Supermächte zu erwarten.

Diese Konferenz tagte am 21. und 22. Dezember 1973 in Genf. Die USA, die UdSSR, Ägypten, Israel und Jordanien waren durch ihre Außenminister vertreten, die UNO durch ihren Generalsekretär Kurt Waldheim. Die PLO hatte sich mit ihrer Forderung nach gleichberechtigter Teilnahme gegen den Widerstand Israels und der USA nicht durchsetzen können. Syrien lehnte seine Mitwirkung mit der Begründung ab, dass es sich um eine amerikanische Initiative zur Unterstützung der Interessen Israels handele. Bemerkenswert war, dass Andrej Gromyko hier ausdrücklich das Existenzrecht Israels und dessen Anspruch auf Sicherheit anerkannte, wenngleich unter Berücksichtigung der arabischen Interessen. Das trug zu einer positiveren Einstellung der israelischen Regierung gegenüber Moskau bei. Beeindruckend waren die Worte Abba Ebans, Juden und Araber stammten von Abraham ab, wobei er aus dem Alten Testament auf Hebräisch zitierte, kein Volk dürfe das Schwert gegen ein anderes erheben, und aus dem Koran auf Arabisch: „Wenn ihr euch dem Frieden zuwendet, stützt ihr euch auf Gott."[7] Das war ein deutlicher Wink, dass die israelische Regierung an einem Frieden mit den Arabern – hier stand Ägypten im Vordergrund – sehr interessiert war. Aber wenn Abba Eban der PLO in Genf vorwarf, eine Hauptrolle in der „Welle der Gewalttätigkeiten gespielt und die Auswirkung des Nahostkonflikts in die übrige Welt getragen"[8] zu haben, so traf dies nicht zu. Eine Mitverantwortung am Oktoberkrieg konnte man der PLO nicht nachweisen. Israels Erregung war dadurch bedingt, dass der Oktoberkrieg die PLO aufgewertet hatte und dass sie nun in der arabischen Welt als legitime Vertretung der Palästinenser galt.

Die Konferenz fasste den einstimmigen Beschluss, dass eine ägyptisch-israelische Militärkommission unter dem Befehlshaber der zuständigen UN-Friedensstreitmacht ein militärisches Disengagement beider Parteien herbeiführen sollte. Die Verhandlungen dieser Kommission, aber auch die Einschaltung Kissingers und Waldheims, führten dazu, dass am 18. Januar 1974, wiederum bei Kilometer 101 der Straße von Suez nach Kairo, ein Truppenentflechtungs-Abkommen unterzeichnet werden konnte, das als *erster Sinaivertrag* gilt. Es sah für Ägypten eine militärisch verdünnte Zone von etwa 10 km Breite auf dem Ostufer des Suezkanals vor, die von einem von UN-Truppen kontrollierten Streifen gleicher Breite flankiert wurde, an welchen sich eine militärisch verdünntes israelisches Gebiet gleicher Breite anschließen sollte. Israel musste sich damit vom gesamten Ostufer des Kanals um etwa 30 Kilometer zurückziehen. Damit hatte es einen ersten Teil der 1967 eroberten Gebiete abgeben müssen. Kissinger hatte unmittelbar vor Unterzeichnung des Abkommens in Jerusalem die Zustimmung Golda Meirs und in Kairo das Ja Anwar as-Sadats erlangt.

Die Außenminister Kissinger und Gromyko blieben in den nächsten Monaten emsig bemüht, durch Reisen zu den Regierungen des Nahen Ostens den Boden für einen weiteren Frieden vorzubereiten. Doch Ende Mai 1974 forderte König Hussein von Jordanien gegenüber Präsident Nixon und gegenüber Kissinger, dass Israel alle seit 1967 besetzten Gebiete zurückgeben müsse, was auch die Wiederherstellung der arabischen Souveränität über ganz Jerusalem bedeutete. König Hussein musste auf die Stimmung der palästinensischen Bevölkerung seines Landes und der Westbank Rücksicht nehmen und wollte damit auch der zunehmenden PLO-Propaganda den Wind aus den Segeln nehmen. Doch die israelische Regierung trat der Forderung entschieden entgegen, und Moshe Dayan war mit Erfolg bemüht, Kissinger und die US-Regierung von einer Billigung dieses Ansinnens abzuhalten.

Der Oktoberkrieg war für Israel nicht nur glimpflich ausgegangen, sondern hatte ihm auch gewisse Trümpfe in die Hand gegeben, zum Beispiel die Gewinne auf dem Golan und die Stellungen auf dem Sinai. Doch war sich die Führung des Landes bewusst, dass ohne die massive amerikanische Hilfe der Krieg auch hätte anders ausgehen können. Israel stand in der Schuld Amerikas, sodass Kissinger bei seiner Vermittlung im ersten Sinaivertrag durchaus auch Konzessionen fordern konnte. So musste Israel schweren Herzens auf seine 1967 eroberten Gebiete im Sinai verzichten. Doch das Dilemma der ersten Kriegstage wirkte nach. Wer hatte hier versagt, dass es zu einer solchen Situation hatte kommen können? Die israelische Regierung setzte noch im April 1974 eine Kommission zur Untersuchung der Vorgänge vor Ausbruch des Kriegs ein. Das Ergebnis war der Rücktritt von Premierministerin Golda Meir und ihres Verteidigungsministers Moshe Dayan. Nachfolger als Regierungschef wurde Yitzhak Rabin, als Verteidigungsminister die „Taube" Shimon Peres. Beide setzten die Politik ihrer Vorgänger fort und unterstützten die Friedensbemühungen der USA, der Sowjetunion und der UNO. Die seit 1967 in Israel anhaltende Euphorie wegen der erreichten Machtstellung war seit dem Oktoberkrieg gedämpft, und der Nimbus des unbesiegbaren Landes hatte Schaden genommen.

Dass Israel vom ägyptisch-syrischen Angriff am 6. Oktober überrascht werden konnte und dass Israel zu spät von den Kriegsvorbereitungen erfahren hatte, lässt sich nicht bestätigen. Der israelische Geheimdienst wusste davon, aber die Regierung nahm die Gefahr nicht ernst, da sie in arroganter Überheblichkeit die Araber als militärisch unbedeutend und die ägyptischen Soldaten als kampfunfähig einschätzte. Rabin hatte noch im Juli 1973 den Standpunkt vertreten, die Araber seien nicht zu einem koordinierten politischen und militärischen Handeln fähig und der ägyptische Soldat könne nicht kämpfen. Das wurde widerlegt. Auch wegen dieser Haltung waren die ersten Tage des Oktoberkriegs für Israel ein furchtbarer Schlag und eine tief gehende Erschütterung, die das Selbstbewusstsein nachhaltig beeinträchtigte.

Anmerkungen

[1] Irakisch-türkischer Beistandspakt, dem Großbritannien, Pakistan und der Iran beitraten. In Jordanien kam es wegen des Beitritts zur Regierungskrise, in der die Gegner sich durchsetzten.

[2] Finkelstein, Norman G., *Der Konflikt zwischen Israel und den Palästinensern*, München 2002.

[3] *Archiv der Gegenwart* 1957, S. 6191 ff., besonders S. 6305.

[4] Dayan, Moshe, *Die Geschichte meines Lebens*, S. 315 f.

[5] *Die UN–Resolutionen zum Nahostkonflikt*, S. 187 f.

[6] *Archiv der Gegenwart* 1973, S. 18311.

[7] *Archiv der Gegenwart* 1974, S. 18451.

[8] Ebd.

VII. Friedensintermezzo

Machtwechsel in Israel – das Parteienspektrum

Nach dem Yom-Kippur-Krieg gab es in dem die israelische Regierung tragenden Block der Maarach zwei Richtungen. Die Arbeiterpartei Israels (Mapai), die 'Einheit der Arbeit' und 'Liste der Arbeiter Israels' schlossen sich zur vereinigten Israelischen Arbeiterpartei (IAM) zusammen. Diese hat sozialdemokratischen Charakter, und die Mapai gilt als Stammpartei. Die Mehrheit, geführt von Premierminister Yitzhak Rabin (ab 1974) und Außenminister Yigal Allon, war für eine Angliederung der Westbank an Jordanien oder die Errichtung eines mit Jordanien in Förderation stehenden Palästinenserstaates. Allerdings sollte die israelische Ostgrenze durch Wehrsiedlungen und Stützpunkte im Jordantal gesichert werden. Die 'Rafi', eine Abspaltung der Mapai unter David Ben Gurion, deren Führung dann vorübergehend Moshe Dayan übernahm, forderte eine stärkere jüdische Siedlung auf der Westbank, den Jordan als Grenze Israels und die militärische Präsenz auf der Ostseite des südlichen Sinai. Über die Ablehnung der PLO als Verhandlungspartner und die Nichtrückgabe Ostjerusalems bestand Einigkeit. Die 'Mapam', Bestandteil des Blocks der Arbeitsparteien, befürwortete nicht nur Friedensschlüsse mit den arabischen Staaten, sondern sogar Gespräche mit Palästinensergruppen, soweit sie keine Terroraktionen durchführten und zur Anerkennung des Staates Israel bereit waren.

Die Sinairegelung von 1975 stieß bei den Gegnern Rabins auf Kritik. Als sich 1976 die Maarach anschickte, den Grundsatz territorialer Kompromisse an allen Fronten in ihr Wahlprogramm aufzunehmen, lösten die Nationalreligiösen die Koalition mit ihr. Sie verlor damit ihre Mehrheit in der Knesset. Als Menachem Begin ein Misstrauensvotum ankündigte, erklärte Rabin seinen Rücktritt. Aus den Wahlen im Mai 1977 ging der Likud-Block als stärkste Partei hervor. Er hatte sich mit der zuvor von Begin geführten zionistisch-nationalen 'Cherut' ('Freiheitsbewegung') und den Liberalen verbündet und konnte mit 39 Sitzen zur zweitstärksten Knesset-Fraktion und stärksten Oppositionsgruppe werden. Ihr Führer Menachem Begin wurde mit der Regierungsbildung beauftragt. Moshe Dayan trat zum Likud über und erhielt das Außenministerium. Das war insofern ein kluger Schachzug, als Begin aufgrund seiner Vergangenheit als unerbittlicher „Falke" galt, der flexiblere Dayan aber einen stärkeren Rückhalt in den USA hatte. Begin war als Offizier der polnischen Armee im Herbst 1939 in sowjetische Kriegsgefangenschaft geraten und in ein sibirisches Lager gebracht worden. Aufgrund des britisch-sowjetischen Abkommens nach dem deutschen Überfall auf die Sowjetunion wurde er 1941 entlassen. Er trat in die jordanische Armee ein, die er jedoch 1942 verließ. In Palästina trat er der Irgun bei, deren Führung er 1944 übernahm. Nach deren Auflösung 1948 wurde Begin schärfster politischer Gegner Ben Gurions.

Der 1948 von ihm neu gegründete Cherut sollte als Hausmacht in dieser Auseinandersetzung dienen.

Dayan setzte 1977 durch, dass die bereits angekündigte Ausdehnung des israelischen
Rechts auf Westjordanien – das hätte Annexion bedeutet – zunächst aufgeschoben
wurde. Begin betonte in seiner Regierungserklärung zwar den Anspruch des jüdischen
Volkes auf „Eretz Ysrael", also das biblische Israel und damit die Westbank, erklärte
jedoch zugleich die Bereitschaft zu Verhandlungen mit den Nachbarn Israels.

Seit den achtziger Jahren steht hinter dem Likud-Block und der Maarach als drittgrößte Partei die ‘Shas’. Sie stellt die jüdischen Gesetze über die staatlichen und das
Wort der Rabbiner über die weltlichen Autoritäten. Sie betrachtet auch den sozialen
Bereich als ihre Domäne. Daneben ist die oft den Likud stützende nationalreligiöse
Partei zu beachten. Mit den Wahlen vom Januar 2003 blieb der Likud die stärkste Fraktion, doch die Shas kam hinter der Arbeiterpartei und der neuen ‘Shinui’-Partei nur
auf den vierten Platz. Durch die geringe Sperrklausel von 1,5 Prozent gibt es noch eine
Vielzahl von Splitterparteien in der Knesset, die mit nur einem bis zu fünf Sitzen die
Interessen verschiedener Gruppierungen vertreten. Die bedeutendste ist wohl die liberale ‘Chadash’ (Demokratische Front für Frieden und Freiheit). Das Spektrum der kleinen Parteien ist einem ständigen Wechsel unterworfen.

Präludium zwischen Gewalt und Vernunft

Außenminister Abba Ebans Erklärungen auf der Genfer Konferenz im Dezember 1973
waren von einer Bereitschaft zum Frieden mit den arabischen Ländern geprägt. Das
galt in erster Linie Ägypten. Ministerpräsident Rabin erklärte 1974 die Bereitschaft seiner Regierung, vieles aufzugeben und territoriale Kompromisse einzugehen, doch
gleichzeitig schuf seine Regierung vollendete Tatsachen mit der Gründung neuer Siedlungen in den besetzten Gebieten. Allein 1975 kam es in der Westbank zu israelischen
Landkäufen im Wert von 6,6 Millionen Dollar. Israels Ablehnung der PLO war damals
in erster Linie dadurch bedingt, dass sie nach ihrem Exodus aus Jordanien im Libanon
schnell neue Bedeutung auf- und ausbaute und mit dem Oktoberkrieg eine Aufwertung erfuhr. Der Libanon stand, was die Aufnahme von Flüchtlingen anbelangte, sowohl 1948/49 als auch 1967 hinter Jordanien an zweiter Stelle, und die PLO Führung
konnte sich hier auf eine ausreichend große Anhängerschaft stützen. Sie verfügte bald
über einen Exilstaat, der die Mittelmeerküste von Tyros bis Beirut beherrschte und sich
nach Osten und Südosten über den Fluss Litani ausdehnte. Von diesem „Fatahland"
ging eine zunehmende Gefahr für Israel aus. Daran konnten auch die Gegenschläge der
Kommandotruppen, unterstützt von Kampffliegern, nichts ändern. PLO- und Fatahführer Arafat hatte fast die Stellung eines Regierungschefs erlangt. Zahlreiche Flüchtlingslager im Süden des Libanon dienten den aus Jordanien kommenden Guerillakämpfern als Ausbildungsstätten für Terroristen. Wesentlich war, dass Arafat in seiner

neuen Rolle mehr und mehr seine Stimme für alle Palästinenser erhob, seien es die im Jordanland, im Libanon, in der Westbank oder im Gazastreifen. Er verurteilte das Sinaiabkommen als Verrat an der arabischen Nation, wenngleich es eine solche nicht gab. In Damaskus erklärte ein Sprecher der PFLP, dass es darum gehe, Kissingers weitere Bemühungen zugunsten Israels zu „torpedieren". Wenig anders klangen Verlautbarungen aus Libyen, Jordanien und Syrien. Das bewog Arafat, seine gleichwertige Teilnahme an künftigen arabisch-israelischen Friedensverhandlungen zu fordern. Doch dies stieß auf erheblichen israelischen Widerspruch, den auch Kissinger respektieren musste.

Sadat unterstützte die palästinensische Forderung, schenkte aber der PLO keine besondere Aufmerksamkeit. Wenngleich deren Führung ihren Sitz im Libanon hatte, so stellten die in Jordanien verbliebenen Palästinenser noch immer die Bevölkerungsmehrheit, und palästinensische Kampfgruppen drangen von hier aus weiterhin in Israel ein, um Gewaltakte zu verüben. In welchem Ausmaß die PLO außenpolitisch an Boden gewonnen hatte, zeigte sich, als ihr im Oktober 1974 eine arabische Gipfelkonferenz in Rabat das Recht zur Vertretung aller Palästinenser übertrug. Jordanien widersprach allerdings, da es sich allein für die Westbank zuständig sah, deren Bewohner nach wie vor jordanische Staatsbürger waren. Dort blieben größere Unruhen aus. Anders war die Situation im Gazastreifen, dessen Bewohner sich seit sechs Jahren von Ägypten abgeschnitten sahen, keinen jordanischen Rückhalt hatten und ihre Unzufriedenheit mit der israelischen Besatzung deutlich zeigten. Zu einer Kooperation der Westbank mit dem Gazastreifen kam es jedoch noch nicht.

Arafat forderte am 13. November 1974 in der Nahostdebatte der UN-Vollversammlung die Regelung der Palästinafrage und des Flüchtlingsproblems. Der PLO-Führer griff in seiner Rede den Zionismus als „menschenfeindlich" an und rief die Regierungen und Völker auf, „sich gegen alle zionistischen Bemühungen zu stemmen, Juden zur Auswanderung und zur Usurpation palästinensischer Erde" zu bewegen.[1] Noch niederschmetternder war für Israel die Palästinaresolution der UN-Vollversammlung vom 22. November 1974, die, wenngleich mit acht Gegenstimmen bei 37 Enthaltungen angenommen, die Rückkehr der geflohenen Palästinenser in ihre Heimat und ihr Eigentum forderte und das palästinensische Volk als eine „Hauptpartei bei der Errichtung eines gerechten und dauerhaften Friedens im Nahen Osten" anerkannte.[2] Eine weitere Entschließung brachte am gleichen Tag der PLO die Rechte eines ständigen Beobachters in der UNO ein, was sonst nur für Staaten üblich war. Die PLO, die noch immer mit ihrer *Charta* von 1968 die Vernichtung Israels forderte, war damit auf dem Weg zur weltweiten Anerkennung. In den folgenden Monaten konnte sie in zahlreichen Ländern Botschaften errichten oder wenigstens mit Vertretungen präsent werden. Abba Eban erklärte in Washington, dass für seine Regierung nicht die Haltung der UNO, sondern nur die der USA maßgeblich sei. Arafat konnte seine Respektierung in der Westbank und im Gazastreifen durchsetzen.

Aber Israel musste auch mit einer wachsenden Friedensbewegung im eigenen Land umgehen, deren Anhänger sich gegen den Krieg im Norden wandten und für einen

Ausgleich mit den arabischen Nachbarn eintraten. Hier waren die Worte von Nahum Goldmann nicht zu überhören. Goldmann war 1929 bis 1933 Vertreter der zionistischen Bewegung beim Völkerbund gewesen, während des Zweiten Weltkriegs Führer der amerikanischen Zionisten, 1949 Präsident des jüdischen Weltkongresses und von 1956 bis 1968 Präsident der zionistischen Weltorganisation. Der engagierte Zionist begründete 1975 in dem zunächst in Frankreich veröffentlichten Buch *Où va Israel*, das im gleichen Jahr in Deutschland unter dem Titel *Israel muss umdenken* erschien, die Notwendigkeit einer friedlichen arabisch-israelischen Koexistenz. Nach Goldmann war die israelische Politik, Sicherheit durch territoriale Positionen zu erlangen, veraltet und die Auseinandersetzung Israels mit der arabischen Welt à la longue aussichtslos. Er schlug vor, dass Israel für die Anerkennung durch die Araber die eroberten Gebiete zurückgeben sollte. Seine Darstellung erregte weltweites Aufsehen und konnte auch in Israel nicht einfach übergangen werden, wo der Ausgleich mit Ägypten als erster Schritt zu einer umfassenden Friedensregelung galt. Sadat aber lehnte eine über das erste Sinaiabkommen hinausgehende Regelung ab, solange Israel sich nicht aus allen besetzten Gebieten zurückgezogen habe. Israel war ernstlich daran interessiert, den Kriegszustand mit Ägypten zu beenden, und kündigte als Gegenleistung den Rückzug aus einigen arabischen Gebieten an. Doch das war für Sadat unzureichend. Er forderte, dass dieser Rückzug auch die Golanhöhen und die Westbank einschließen müsse. Gleiche Bedingungen stellte Syrien. Israel hatte in einem Stufenplan für die Nahostfriedensregelung eine Großzügigkeit in Gebietsrückgaben angekündigt, doch hatte es dabei in erster Linie nur den Sinai im Auge. Um seinen guten Willen zu dokumentieren, zog es schon im Juni seine Truppen im Westen der Halbinsel weiter als im Januar 1974 vereinbart zurück und reduzierte seine dahinter stationierten Panzer, seine Artillerie und die Truppen auf die Hälfte. Sadat gab daraufhin den seit zwei Jahren geschlossenen Suezkanal wieder für die internationale Schifffahrt frei und gestattete dem UN-Sicherheitsrat die Verlängerung des Mandats für die Friedensstreitkräfte auf dem Sinai.

Die PLO verfolgte mit Argwohn die ägyptisch-israelische Annäherung und bezeichnete sie erneut als Verrat an den Arabern. Ähnliche Stimmen waren auch aus arabischen Ländern zu vernehmen. Aber die Haltung Jordaniens und Saudi-Arabiens gaben Sadat die Gewissheit, dass er eine arabische Einheitsfront gegen seine Politik nicht zu fürchten hatte. Nur einzelne Gruppierungen versuchten ernsthaft, die Bemühungen zu torpedieren. In Madrid nahmen palästinensische Terroristen ägyptische Diplomaten als Geiseln, um die anstehende neue Sinaivereinbarung zu verhindern, mussten sie jedoch in Algier freilassen.

Die israelische Regierung erklärte, dass sie bei einem Entgegenkommen Ägyptens zur Überprüfung ihrer Position bereit sei. Die weiteren Vermittlungsbemühungen Henry Kissingers, Kurt Waldheims und des rumänischen Präsidenten Nicolae Ceaucescu blieben nicht ohne Erfolg. Am 4. September 1975 wurde in Genf ein weiteres Truppenentflechtungsabkommen, das *zweite Sinaiabkommen*, von Bevollmächtigten beider Konfliktparteien – wieder in Anwesenheit des Oberbefehlshabers der UN-Friedenstruppen – unterzeichnet. Beide Seiten schrieben darin fest, gegeneinander nicht zur Androhung oder zum Gebrauch von Gewalt oder militärischer Blockade zu greifen. Israel gab den militärisch bereits ausgedünnten Streifen im Westen der Halbinsel gänzlich frei, stimmte auch einer Verringerung der militärischen Präsenz in der Mitte des Sinai zu und war mit einem 5 bis 20 Kilometer breiten Streifen im Osten vor der ägyptisch-israelischen Grenze zufrieden. Libyen, Jordanien und Syrien sprachen sich gegen diese Regelung aus, offenbar, weil sie nicht zu Rate gezogen worden waren. Israel versprach zudem, die Erdölgebiete auf dem Sinai an Ägypten zurückzugeben, was auch bald darauf realisiert wurde. Im Anhang, der als Teil des Vertrags galt, wurde den USA die Errichtung von Frühwarnstationen auf dem Sinai eingeräumt. Artikel 8 des Abkommens betonte ausdrücklich, dass es sich noch nicht um ein endgültiges Friedensabkommen handele, jedoch „um einen bedeutsamen Schritt in Richtung auf einen gerechten und dauerhaften Frieden", und zwar in Übereinstimmung mit der Resolution 338 des UN-Sicherheitsrats.[3] Der PLO galt der Vertrag wieder als Verrat an der arabischen Sache.

Durch die *New York Times* wurde dann bekannt, dass mit dem Vertrag auch Geheimabsprachen verbunden waren, so z. B. eine großzügige Finanzhilfe der USA an Ägypten. Bedeutend war, dass, wenn Israel das Sinaiabkommen verletzen sollte, die USA sich mit der ägyptischen Regierung über ihr weiteres Vorgehen ins Einvernehmen setzen würden. Von einem Vorgehen gegen Israel war dabei nicht die Rede. Nach einer Veröffentlichung der *Washington Post* hatten die USA Israel versprochen, dessen Verteidigungspotenzial aufrechtzuerhalten und seine Streitkräfte mit F-15- und F-16-Kampfflugzeugen sowie modernen Bodenraketen auszustatten. Zudem versprachen die USA, die PLO nicht ohne israelische Zustimmung anzuerkennen.

Der Vertrag war ein deutlicher Erfolg Kissingers, der damit, was in Paris mit Genugtuung vermerkt wurde, die Sowjetunion aus dem ägyptisch-israelischen Teil des Nahostkonflikts ausgeschlossen hatte. Allerdings sprach sich Sadat in Washington für eine Teilnahme der Palästinenser an einer weiteren Nahostkonferenz aus und verlangte von den USA Wohlwollen gegenüber der PLO und ihrem Recht auf einen eigenen Staat. Die USA aber lehnten eine Wiederaufnahme der Nahostkonferenz mit Teilnahme der PLO entschieden ab, was gewiss auf eine Einwirkung der israelischen Regierung zurückzuführen war. Nach diesem Abkommen sah Außenminister Peres die Zeit reif für weitere Friedensverhandlungen. Doch ein Verhandeln mit der PLO kam für ihn nicht in Betracht, wohl aber mit einer gewählten Vertretung des palästinensischen Volkes, die nichts mit der PLO zu tun habe. Das war natürlich eine illusorische Forderung. Die PLO galt, besonders wegen ihrer Verflechtung mit der Fatah, in Israel weiterhin als Terrororganisation.

Der Rückhalt Israels in den USA wurde deutlich, als im Januar 1976 der UN-Sicherheitsrat eine Nahostdebatte einschließlich der Frage der Palästinenser ansetzte und dabei die Teilnahme der PLO wünschte. Israel weigerte sich, an dieser Debatte teilzunehmen. Nach einem Resolutionsentwurf sollte das palästinensische Volk in die Lage versetzt werden, sein „unabdingbares nationales Recht der Selbstbestimmung auszuü-

ben, darin eingeschlossen das Recht, einen unabhängigen Staat in Palästina, konform
der UN-Charta, zu gründen"[4]. Auch das Rückkehrrecht der Palästinenserflüchtlinge
war angesprochen. Doch die USA brachten mit ihrem Veto den Entwurf zu Fall, und
zwar mit der Begründung, die PLO sei kein Staat und verneine das Lebensrecht Israels. Ministerpräsident Rabin musste in Washington jedoch erfahren, dass die US-
Regierung bereit war, das palästinensische Begehren nicht gänzlich zu negieren. Außerdem musste Israel dem weltweiten Gewinn der PLO an diplomatischem Boden, selbst
in den USA, entgegentreten. Dabei war der Frieden mit Ägypten vordringlich, zumal
dieses Land damit aus der arabischen Front herausbrach.

Ministerpräsident Rabin erklärte vor beiden Häusern des US-Kongresses, dass er bereit sei, arabische Führer zu jeder Zeit an jedem beliebigen Ort zu Friedensverhandlungen zu treffen. Israel werde dabei weiter gehen als den halben Weg, um den Erfolg sicherzustellen. Hauptsächliches Hindernis für den Frieden seien ja nicht territoriale
oder Grenzfragen, sondern es sei die Weigerung bestimmter Araberstaaten, die
Existenz Israels anzuerkennen. Das bedeutete, dass Israel mit einem arabischen Staat,
der bereit war, seine Existenz anzuerkennen, eine Vereinbarung treffen könne. Ein
deutlicher Wink an Ägypten, das wegen seiner Nachgiebigkeit gegenüber Israel zunehmend in Gegensatz zu anderen arabischen Staaten geriet. So musste es z. B. im Juni
1976 seine Beziehungen zu Syrien abbrechen, da es in Damaskus zu antiägyptischen
Ausschreitungen gekommen war.

Je mehr die PLO ihr Stellung ausbauen konnte und ihre Zuständigkeit für alle Palästinenser – wo auch immer – beanspruchte, umso mehr verübten palästinensische
Gruppierungen Terrorakte in ihren Gastländern, um auf ihre Ansprüche aufmerksam
zu machen. Ein Höhepunkt dieses Terrorismus war im Juni 1976 die Entführung einer
israelischen Linienmaschine auf ihrem Flug von Paris nach Tel Aviv nach Entebbe in
Uganda, um damit in Israel inhaftierte Terroristen freizupressen. Die Maschine hatte
248 Passagiere an Bord, davon 70 Israelis und 34 Juden anderer Länder. Die drei Ent-
führer wurden von einem vierten Terroristen, einem Deutschen, unterstützt. Auch die
Entführung der deutschen Lufthansa-Maschine *Landshut* nach Mogadischu im folgenden Jahr trug eine deutliche palästinensische Handschrift.

Auch in Jordanien gab es eine Reihe von Terrorakten. Doch der Staat mit seiner
überwiegend palästinensischen Bevölkerung ging mit den Terroristen nicht zimperlich
um. Im September 1976 wurden drei Angehörige der palästinensischen Guerillatrup-
pen 'Schwarzer Juni', die versucht hatten, in ein Luxushotel einzudringen und Geiseln
zu nehmen, auf einem Platz gehenkt und stundenlang der Öffentlichkeit zur Schau gestellt. Zwei Monate später drang wiederum ein Terroristenkommando des 'Schwarzen
Juni' in das Hotel *Jordan Intercontinental* in Amman ein und nahm zehn Personen als
Geiseln. Doch die jordanische Regierung reagierte sofort mit dem Einsatz einer Spezia-
leinheit, sodass die Guerillas gar keine Forderungen mehr stellen konnten. Drei Männer des vierköpfigen Kommandos wurden erschossen.

Der Weg nach Camp David 1977/78

Israel verfolgte mit Sorge den zunehmenden Einfluss der PLO. Im Juni 1977 sprachen sich sowohl die Commonwealth-Konferenz als auch der Europäische Rat für das Recht des palästinensischen Volkes auf ein „homeland" aus. Der englische Begriff „homeland" bedeutet nicht souveräner Staat. Es war unverkennbar, dass auch in den USA mehr und mehr vom Recht der Palästinenser auf einen eigenen Staat gesprochen wurde. Israel sah sich gezwungen, dem weltweiten Trend Rechnung zu tragen. Yitzhak Rabin sprach gegenüber dem US-Präsidenten Jimmy Carter im November 1976 vom Recht der Palästinenser auf ein eigenes „homeland". Das war für Carter Veranlassung, kurz darauf die drei Grundelemente der US-Nahostpolitik darzulegen, nämlich vollständiger Friede, sichere Grenzen und ein „homeland" für die Palästinenser. Carter nahm also den Begriff Rabins auf, was für die Israelis insofern bemerkenswert war, als der Prozess der Errichtung ihres Staates ja auch mit der Anerkennung eines „homeland" begonnen hatte. Israels neuer Regierungschef Menachem Begin wandte sich daraufhin in seiner Regierungserklärung im Juni 1977 an die Staatschefs Jordaniens, Ägyptens und Syriens und erklärte seine Bereitschaft, mit ihnen, wo auch immer, die Schaffung eines Friedens zu erörtern. Sadat erwiderte, dass, wenn Israel weiteres Entgegenkommen zeige, es künftig eines der Nahostländer sein könne. Und genau das war ja das eigentliche israelische Interesse. Folglich erklärte Begin auch seine Bereitschaft zur Teilnahme an einer neuen Genfer Konferenz, die von den USA und der Sowjetunion auf der Grundlage der UN-Resolutionen 242 und 338 einberufen werden sollte. Washington und Moskau schienen Anfang Oktober 1977 dazu bereit. Doch da erklärte Moshe Dayan als Israels neuer Außenminister, dass ein Verhandeln mit der PLO für seine Regierung nicht in Betracht komme und dass man diese Organisation in Genf nicht sehen wolle. Auch könne es kein Verhandeln über einen Palästinenserstaat geben. Die israelische Regierung billigte formal diese Erklärung. Washington allerdings insistierte, auf der Genfer Nahostkonferenz die Palästinenserfrage auf die Tagesordnung zu setzen. Das Exekutivkomitee der PLO ließ daraufhin aus Beirut verlauten, dass man auf einer Teilnahme an allen Verhandlungen als gleichberechtigter Partner bestehe. In einem künftigen Abkommen müsse die Bildung eines unabhängigen palästinensischen Staates in Westjordanien und im Gazastreifen verankert sein. Auf dieser Basis war allerdings eine weitere Annäherung zwischen Kairo und Jerusalem nicht möglich.

Sadat trug dem Rechnung und reiste Ende Oktober 1977 nach Rumänien, um Staatspräsident Ceaucescu um Vermittlung zwischen sich und Begin zu bitten. Dem gleichen Zweck diente eine geheime Reise Dayans nach Rabat. Tatsächlich blieben die Vermittlungsbemühungen Ceaucescus und des Königs Hassan II. von Marokko nicht ohne Erfolg. Auch der Schah des Iran war eingeschaltet. Nun war die Bereitschaft Begins und Sadats, Direktgespräche zu beginnen, unverkennbar. Da richtete Israels Regierungschef am 11. September 1977 in englischer Sprache einen Appell an das ägyptische Volk. Ergreifend waren darin die folgenden Worte: „Lassen Sie uns zueinander sagen, und lassen Sie es einen unausgesprochenen Schwur zwischen beiden Völkern Ägyptens und Israels sein: nie mehr Krieg, nie mehr Blutvergießen, nie mehr Bedrohung. Lassen Sie uns nicht nur Frieden schließen; lassen Sie uns auch den Weg der Freundschaft, der aufrichtigen und produktiven Zusammenarbeit beschreiten. Wir können einander helfen. Wir können das Leben unserer Nationen besser, leichter, glücklicher machen."[5]

Die sichtbare Annäherung zwischen Kairo und Jerusalem machte die Forderung nach Wiedereinberufung der Genfer Nahostkonferenz überflüssig, und damit wurde auch die Frage einer Teilnahme der PLO gegenstandslos. Sadat erklärte einen Tag nach Begins Appell seine Bereitschaft, vor der Knesset in Israel seinen Standpunkt zu einer Nahostfriedensregelung darzulegen. Die Knesset billigte Begins formelle Einladung an den ägyptischen Präsidenten, und dieser nahm sie trotz harter Kritik arabischer Regierungen – besonders des Irak, Syriens und Libyens – an, doch offenbar im Einvernehmen mit den Königen von Marokko und Saudi-Arabien. Sadat traf am 19. November 1977 in Jerusalem ein, nahm am folgenden Vormittag an einem Festgottesdienst in der Al-Aksa-Moschee teil, besuchte danach die heiligen Stätten der Christen, den Juden und Moslems heiligen Felsendom und schließlich Jad Waschem, das Mahnmal der jüdischen Opfer des Nationalsozialismus. Der Empfang in Jerusalem war überwältigend. Die Bevölkerung säumte die Straßen, jubelte dem Ägypter zu, Kinder schwenkten ägyptische Fähnchen. Tief beeindruckt trat Sadat am Nachmittag vor die Knesset.

Es war kein unterwürfiger und um Frieden bettelnder Präsident, der hier vor den Abgeordneten und der Regierung stand (siehe Dokument 10 auf Seite 167). Wohl betonte Sadat seine Bereitschaft, Frieden herbeiführen zu wollen, und sprach sich dafür aus, dass Israel in Frieden und Sicherheit leben könne und alle Garantien erhalte, die ihm die Verwirklichung der zwei Ziele ermöglichten, nämlich Frieden und Sicherheit. Damit hatte er die Herzen der Zuhörer gewonnen und konnte auf seine Forderungen nach einem Friedensvertrag dringen: der Rückzug Israels aus den arabischen Territorien, die es mit Waffengewalt besetzt halte, und schließlich auch der Rückzug aus dem arabischen Jerusalem. Sadat schloss seine Ansprache mit der Wiederholung klarer Ansprüche, darunter auch die Realisierung der fundamentalen Rechte des palästinensischen Volkes einschließlich des Rechts zur Errichtung seines eigenen Staates.[6] Es war seine Aufrichtigkeit, die der Versammlung Respekt einflößte, der in den Erwiderungen Begins und des Oppositionsführers Shimon Peres zum Ausdruck kam. Sadat, Begin und Peres waren sich einig, die Ära der gegenseitigen Feindschaft zu beenden. Nach diesen Reden war deutlich, dass der Abschluss eines israelisch-ägyptischen Friedensvertrags nur eine Frage der Zeit war. Begin forderte seinen Gast sogar auf, kein Thema von den künftigen Verhandlungen auszunehmen und volle Offenheit walten zu lassen.

Bis zu einem Friedensvertrag zwischen beiden Staaten hatten Begin und Sadat noch etliche Hürden zu überwinden. Am 2. Dezember 1977 traten in Tripolis (Libyen) die Staatspräsidenten von Algerien, Libyen, Syrien, Vertreter der Regierungen des Irak, des Südjemen und PLO-Chef Arafat zusammen. Die Vertreter des Irak verließen jedoch die Konferenz, da nicht alles nach ihren Wünschen verlief. Die Ziele dieser „Ablehnungsfront" waren vor allem, eine israelisch-ägyptische Aussöhnung zu vereiteln, die Beziehungen zur ägyptischen Regierung einzufrieren und die Frage der Mitgliedschaft Ägyptens in der Arabischen Liga zu überprüfen. Die Führer der Palästinenserorganisationen einschließlich der PLO verabschiedeten ein *Dokument der Einheit*, dessen wesentliche Forderungen waren:

– Ablehnung der UN-Resolutionen 242 und 338,
– Bildung eines palästinensischen Staates „in einem beliebigen Teil des Territoriums Palästinas",
– Ablehnung eines Friedens mit Anerkennung Israels,
– Boykottmaßnahmen gegen das Regime Sadat.[7]

Noch vor Ablauf des Jahres traf Menachem Begin, begleitet von Außenminister Moshe Dayan und Verteidigungsminister Ezer Weizmann, mit Anwar as-Sadat in Ismailia zusammen, wobei die „Schaffung einer umfassenden Friedenslösung für den Nahen Osten" als Ziel formuliert wurde. Sadat schnitt dabei die Notwendigkeit der Lösung der palästinensischen Frage an, welche er „die Crux des ganzen Problems"[8] nannte. Begin erwiderte, dass die PLO, da sie zur Vernichtung Israels entschlossen sei, an künftigen Verhandlungen nicht teilnehmen könne. Ein Sprecher der PLO hatte zuvor die Ermordung Sadats angekündigt, wenn der ägyptisch-israelische Friedensprozess fortgesetzt werde.

In den nächsten Monaten galt es, die israelischen und ägyptischen Friedensbedingungen abzustimmen. Beide Seiten mussten erkennen, dass Kompromisse notwendig waren. Als im Februar 1978 in Nikosia (Zypern) der Chefredakteur der Kairoer halbamtlichen Zeitung *Al Aram*, Omar as-Siabi, ermordet wurde und die PLO als Auftraggeber galt, obwohl sie sich von dem Vorgang distanzierte, erklärte Sadat, forthin nicht mehr die Interessen der Palästinenser zu vertreten.

Nach intensiven Vermittlungsbemühungen des US-Außenministers Cyrus R. Vance nahmen im August Begin und Sadat eine Einladung Carters zu einem Dreiertreffen an. Die Gipfelkonferenz trat am 5. September 1978 in Camp David, dem Feriensitz des amerikanischen Präsidenten, zusammen und drohte zunächst zu scheitern. Erst nach zähen Einzelverhandlungen mit den Parteien konnte Carter ein Ergebnis erreichen. Der wesentliche Kompromiss lag in Folgendem: Sadat wünschte die Auflösung der israelischen Siedlungen auf dem Sinai. Dazu war Begin nicht bereit. Sadat erwiderte, dass es ja genüge, wenn Begin dem Anfang der Auflösung der Siedlungen zustimme. Begin zögerte ein wenig, stimmte aber dann zu unter der Voraussetzung, dass Sadat dafür jene Passagen des Vertragswerks aufgebe, die das Prinzip der Arabischen Liga, die PLO sei alleinige Vertreterin der Palästinenser, enthielten. Damit war Sadat schließlich, wenn auch schweren Herzens, einverstanden. Nach zwei Wochen hatte man sich auf zwei Rahmenabkommen geeinigt, die die Grundsätze beider Seiten für einen endgültigen Vertrag und das zeitliche Vorgehen bis zum Vertragsschluss festlegten.

Im ersten Rahmenabkommen versprachen Ägypten und Israel, sich über die Bildung einer Selbstverwaltungsbehörde im Westjordanland und Gazastreifen zu verständigen.

An den Verhandlungen dazu sollten außer den Delegationen Ägyptens, Israels und Jordaniens Palästinenser von der Westbank und aus dem Gazastreifen oder andere Palästinenser teilnehmen. Damit war eine Teilnahme der PLO als Organisation ausgeschlossen. Die Autonomie sollte den Gebieten nach einer fünfjährigen Übergangszeit zugestanden werden. Israel hatte seine Streitkräfte daraus zurückzuziehen und in „bestimmte" Sicherheitszonen zu verlegen. Der zweite „Rahmen für den Abschluss eines Friedensvertrags zwischen Ägypten und Israel" sah den Rückzug Israels aus dem Sinai in Etappen und die Auflösung der israelischen Siedlungen auf dem Sinai vor.[9] Ein umfangreicher Briefwechsel zwischen Begin und Carter einerseits und Sadat und Carter andererseits ging auf die in den Rahmenvereinbarungen ausgeklammerten, ungeregelten Fragen ein.[10] Sadat betonte, dass Jerusalem „integraler Bestandteil der Westbank sei und daher unter arabische Souveränität kommen müsse", während Begin erwiderte, Jerusalem sei nach einem Beschluss der Knesset von 1967 „eine unteilbare Stadt" und „die Hauptstadt des Staates Israel". Carter berief sich auf die von den USA in den Nahostdebatten des Juni 1967 eingenommene Haltung, nach der ein Rückzug der Israelis auf die Grenzen des 4. Juni 1967 erforderlich sei. Das war für Israel unzumutbar, und es forderte die Herstellung anerkannter Grenzen auf dem Verhandlungsweg. Sadat betonte auch die Notwendigkeit einer Rücksichtnahme auf die Haltung Jordaniens. Begin bekräftigte seinerseits noch einmal die Ablehnung der PLO als Verhandlungspartner.

Die „Ablehnungsfront" beschloss daraufhin in Damaskus – diesmal mit Beteiligung des Irak – den Abbruch der wirtschaftlichen und politischen Beziehungen zu Ägypten, sprach sich für die Verlegung des Hauptquartiers der Arabischen Liga von Kairo aus und bildete ein gemeinsames Militärkommando. Sie erhielt die Unterstützung der Sowjetunion, die ihrerseits die Vereinbarungen von Camp David schärfstens verurteilte. Ein folgender Versuch der Arabischen Liga, eine Isolierung Ägyptens in der gesamten arabischen Welt herbeizuführen, scheiterte am Widerstand des konservativen Lagers, besonders Saudi-Arabiens. Die ägyptische Regierung wurde aufgefordert, alle bisherigen Vereinbarungen rückgängig zu machen und keine Aussöhnung mit den „zionistischen Feinden" herbeizuführen.

Nachspiel

Einen wesentlichen Konfliktstoff bildeten das Jerusalemproblem und die israelischen Siedlungen im Westjordanland. Beide Seiten rückten von den im Briefwechsel vertretenen Positionen nicht ab. Der arabische Anspruch auf Ostjerusalem wurde von amerikanischer Seite nicht zurückgewiesen. Was die Siedlungen anbelangte, so bestand die israelische Regierung darauf, dass diese für alle Zeiten bestehen bleiben sollten, ungeachtet des künftigen Status dieser Gebiete. Begin stand unter dem Druck der Siedler und der mitregierenden nationalreligiösen Partei. Doch sollte sichergestellt werden, dass von diesen Siedlungen keine Bedrohung der palästinensischen Bevölkerung des Gebiets ausgehen könne.

Wesentlich war, dass die Verhandlungen zu einer Verpflichtung für beide Seiten führten, sich auf einen Zeitplan zur Regelung der Verhältnisse in den besetzten Gebieten zu einigen. Sadat forderte, dass in den Vertrag eine verbindliche Vereinbarung über die künftigen Verhandlungen zur endgültigen Befriedung der Nahostregion aufgenommen würde. Begin lehnte jedoch einen festen Zeitplan ab, auf dem Sadat allerdings glaubte bestehen zu müssen. Doch setzte sich die israelische Seite durch. Sie lehnte die Unterzeichnung des durch einen Notenaustausch inhaltlich veränderten Vertragsentwurfs ab. Auch setzte Israel die Aufnahme eines Passus in den Vertrag durch, der die Sicherheit und Gewissheit eines friedlichen Verhaltens Ägyptens auch im Falle eines Konflikts zwischen Israel und anderen arabischen Staaten festlegte. Hierdurch sah Israel die Gefahr eines solchen Konflikts erheblich verringert.

Begin und Sadat erhielten gemeinsam den Friedensnobelpreis für 1978. Bei dessen Verleihung am 10. Dezember in Oslo beteuerte Begin die Sehnsucht Israels nach Sicherheit und Frieden und warb um Verständnis für seine Haltung. Sadat kam nicht persönlich nach Oslo, sondern ließ sich vertreten. Das wurde als Zeichen dafür gedeutet, dass der ägyptische Staatspräsident an der Möglichkeit eines baldigen Friedensvertrags mit Israel zweifelte.

Im Februar 1979 setzten neue amerikanische Vermittlungsbemühungen ein. Durch die Revolution im Iran schien eine Israel sichernde Befriedung des Nahen Ostens dringender als je zuvor. Verwies doch die iranische Revolutionsregierung die israelische Botschaft im März außer Landes, während die neue Regierung des Ayatollah Khomeini Arafat empfing und die PLO eine Vertretung in Teheran eröffnen ließ. Für Washington kam es nun darauf an, Sadat nicht in das arabische Lager zu treiben. Das Versprechen großzügiger Wirtschaftshilfe für Ägypten und gleichzeitige Garantien für Israel (Öllieferungen, Errichtung israelischer Luftstützpunkte im Negev, amerikanischer Schutz im Falle einer Vertragsverletzung) taten ihre Wirkung.

Nun stimmte Israel einem festen Zeitplan für die Verhandlungen über das Schicksal der Westbank zu und erklärte sich bereit, den Gazastreifen nach Inkrafttreten des Vertrags zu räumen. Sadat stimmte, dem Wunsch Israels folgend, der Aufnahme diplomatischer Beziehungen nach Ratifikation des Vertrags zu. Damit waren die wesentlichen Differenzen, die bislang dem endgültigen Vertrag entgegengestanden hatten, beseitigt. Sadat allerdings musste hinnehmen, dass Israel in der Frage der Unteilbarkeit Jerusalems hart blieb und Begin noch wenige Tage vor Unterzeichnung des Vertrags vor der Knesset erklärte, dass es in Judäa, Samaria und Gaza niemals einen palästinensischen Staat geben werde.

Am 26. März 1979 wurde in Washington das Vertragswerk feierlich von Begin, Sadat und Carter unterzeichnet. Durch die Unterschrift Carters wurde die amerikanische Regierung Garant für die Durchführung und Einhaltung des Vertrags. Der amerikanische Präsident hatte von nun an in allen israelisch-palästinensische Fragen betreffenden Vorgängen ein gewichtiges Wort. Die Präambel hielt fest, worin sich Begin und Sadat seit Sadats Rede in der Knesset einig waren, dass es sich nicht nur um eine Regelung des Verhältnisses zwischen beiden Ländern handele, sondern um einen Vertrag, der einen bedeutenden Schritt zu einem umfassenden Frieden in der Region darstellte, und dass die anderen arabischen Parteien zu Verhandlungen über den Prozess des Friedens eingeladen werden sollten, was allerdings Utopie blieb. Für Ägypten galt der Krieg als beendet mit der Festlegung der Grenzen. Ägypten musste nur den Gazastreifen abtreten. Israels Räumung des Sinai sollte in zwei Etappen bis zum April 1982 erfolgen. Verpflichtungen aus der Charta der Vereinten Nationen sollten Vorrang vor solchen aus dem Vertrag haben.

Zu dem Vertrag gehörten drei Anhänge. Der erste regelte die Räumung des Sinai in zwei Phasen bis zum April 1982, enthielt Bestimmungen über die militärische Luftfahrt und Schifffahrt sowie die Errichtung von Frühwarnsystemen. Die Parteien vereinbarten ein gemeinsames Kontrollsystem zur Einhaltung der Vertragsvereinbarungen und die gegenseitige Achtung von Kriegsgedenkstätten. Anhang 2 enthielt eine Karte zur Räumung des Sinai. Anhang 3 legte die Grundsätze für die künftigen Beziehungen zwischen Ägypten und Israel fest, wie sie zwischen zwei Staaten normalerweise üblich sind.[11]

Zwei amerikanisch-israelische Memoranden befassten sich einseitig mit dem amerikanischen Beistand für Israel im Falle einer Verletzung des Vertrags durch Ägypten und mit dem Schutz gegen einen ägyptischen Angriff auf Israel. Ein weiteres Memorandum zur israelischen Ölversorgung sicherte amerikanische Lieferungen zu, sofern der Bedarf Israels durch Käufe in Ägypten nicht gedeckt werden könne.

Ein gemeinsamer Brief Begins und Sadats an Carter trug dem ägyptischen Verlangen nach einem Zeitplan für die Verhandlungen über den Status der Westbank Rechnung. Sie sollten nach Austausch der Ratifikationsdokumente zum Friedensvertrag eröffnet werden und innerhalb eines Jahres abgeschlossen sein. Dann sollte eine Übergangsperiode von fünf Jahren folgen, während der gemäß den Vereinbarungen von Camp David verfahren werden sollte. An allen Verhandlungsschritten hatte die Regierung der USA teilzunehmen. Damit nahmen die USA Einfluss auf alle Regelungen, die die künftigen Beziehungen zwischen Israel und Palästina beschrieben. Begin und Sadat erhielten einen gleich lautenden Brief Carters, der die Garantie der Vereinigten Staaten für die Einhaltung des Vertrags durch beide Seiten enthielt. Den USA wurde das Recht der Luftüberwachung zugestanden.

Am Tag nach der Unterzeichnung des Vertrags trat die Arabische Liga in Bagdad zu einer Konferenz zusammen. Um dem drohenden Ausschluss aus der Liga zuvorzukommen, erklärte Ägypten, dass seine Mitgliedschaft ruhe. Die Liga beschloss einstimmig ein vollständiges Wirtschaftsembargo gegen Ägypten und die sofortige Abberufung ihrer Botschafter aus Kairo. Begins Besuch in Kairo Anfang April 1979 belegte jedoch Sadats Entschlossenheit, unbeeindruckt von dem Vorgehen der übrigen arabischen Staaten, den eingeschlagenen Weg fortzusetzen. Arafat hatte versucht, die Unterzeichnung des Friedensvertrags durch massive Drohungen zu verhindern, und am 12. März laut *AP Beirut* erklärt: „Carter, Begin und Sadat sollten wissen, dass wir alles in Brand setzen werden. Carter sollte wissen, dass dieses Gebiet das Gebiet von Vulkanen ist, ja, das Gebiet von Vulkanen wie des Öls. Der iranische Vulkan war der Anfang, und die Araber werden bald ihren Vulkan zur Explosion bringen […] Sadat sollte wissen, dass er vernichtet werden wird. Er wird dem nicht entgehen. Jeder, der das palästinensische Volk betrügt, wird vernichtet werden. Unser Volk wird fortfahren, die Fackel der Revolution mit Strömen von Blut in Brand zu halten, bis die ganze besetzte Heimat befreit ist […] nicht nur ein Teil von ihr." Nach der Unterzeichnung des Vertrags drohte Arafat mit Aktionen gegen alle Länder, die Ägypten und Israel unterstützen.

Tatsächlich wurde Präsident Sadat am 6. Oktober 1981 während einer Militärparade von mehreren Attentätern ermordet. Zu der Tat bekannte sich eine 'Unabhängige Organisation für die Befreiung Ägyptens' in Beirut. Bemerkenswert ist, dass damals auch die PLO ein Hauptquartier in Kairo hatte. Präsident Hosni Mubarak setzte die Politik seines Vorgängers unbeirrt fort, und er fand darin die Unterstützung der USA wie auch der Europäischen Gemeinschaft, nicht zuletzt der Bundesrepublik Deutschland. Seit 1983 zeichnete sich zunehmend ein gemeinsames Vorgehen Mubaraks mit dem jordanischen König Hussein ab. Arafat zeigte sich jetzt gelegentlich bemüht, diesen Prozess zu unterstützen, besonders seit er seine letzten großen Basen im Libanon verloren hatte. Ab 1985 entstand eine „Gegen-PLO", die von PFLP-Chef Habbasch geführte und den Terrorismus bejahende 'Nationale Errettungsfront', die von Teheran unterstützt wurde.

Anmerkungen

[1] *Archiv der Gegenwart* 1974, S. 19119 f.
[2] Ebd., S. 19121.
[3] *Archiv der Gegenwart* 1975, S. 19680.
[4] *Archiv der Gegenwart* 1976, S. 19976.
[5] *Archiv der Gegenwart* 1977, S. 21376.
[6] Tophoven, Rolf, *Der israelisch-arabische Konflikt,* S. 105 f. Vollständig in: *Archiv der Gegenwart* 1977, S. 21378 ff, auch in *Europa-Archiv* 1978, Folge 4, D 100.
[7] *Archiv der Gegenwart* 1977, S. 21446 f., und in: *Europa-Archiv* 1978, Folge 4, D 115 ff.
[8] *Archiv der Gegenwart* 1978, S. 21528.
[9] Wortlaut beider Verträge in *Archiv der Gegenwart* 1978, S. 22768; Zusammenfassung in: Timm, Angelika, *Israel,* S. 198.
[10] Vollständiger Wortlaut des Briefwechsels in: *Archiv der Gegenwart* 1978, S. 22078.
[11] *Archiv der Gegenwart* 1979, S. 22519 ff.

VIII. Im Schatten von Camp David

Vertragserfüllung und Gegensätze

Die Räumung des Sinai vollzog sich nicht reibungslos. Nach dem ägyptisch-israelischen Friedensvertrag sollte die Räumung der seit 1967 israelisch besetzten Halbinsel in zwei Phasen erfolgen: die westlichen zwei Drittel innerhalb von neun Monaten und ein östlicher, sich von Sharm el-Sheikh im Süden bis zum Mittelmeer im Norden erstreckender, bis zu 40 Kilometer breiter Streifen erst in einem Zeitraum von drei Jahren, um Israels Sicherheitsinteressen Rechnung zu tragen. Der Likud-Block versuchte vergeblich, die endgültige Räumung aufzuschieben. Im April 1982 war sie vertragsgemäß abgeschlossen. Die ägyptisch-israelische Staatsgrenze entsprach der des früheren britischen Mandatsgebiets. Ausnahme war der Gazastreifen, der israelisch besetzt blieb und dem Westjordanland gleichgestellt wurde. Die von Israel und Ägypten vorgesehene separate Autonomie des Gazastreifens ließ sich wegen des Widerstands der einheimischen Stadtverwaltungen nicht durchsetzen. Sie zogen eine Gleichstellung mit der Westbank vor. Die ägyptisch-israelisch-amerikanischen Verhandlungen über die Autonomie der Westbank und des Gazastreifens führten zu keinem Ergebnis, weil in Camp David darüber keine Einigung erzielt worden war. Die unterschiedlichen Positionen lassen sich wie folgt umreißen:
- Ägypten forderte nach der vorgesehenen Übergangsperiode den Rückzug Israels aus Gaza und dem Westjordanland einschließlich Ostjerusalem.
- Für Israel bedeutete Autonomie nicht Souveränität. Es wollte einem selbstständigen Palästinenserstaat nicht zustimmen, da dieser, solange die PLO als alleinige Vertreterin des palästinensischen Volkes galt, eine tödliche Gefahr darzustellen schien.
- Für Israel war Jerusalem unteilbar und Hauptstadt seines Landes. Israel forderte, dass seine Streitkräfte für die Sicherheit im Westjordanland zuständig blieben, während nach ägyptischer Auffassung ihre Stationierung von der Zustimmung der künftigen palästinensischen Selbstverwaltung abhängen sollte.
- Die USA erstrebten eine Lösung für das palästinensische Volk und die Sicherheit Israels. Sie wollten die arabischen Staaten für eine Anerkennung Israels gewinnen und Israel für eine Beteiligung der Palästinenser an den Verhandlungen. Israel war für eine Teilnahme der Palästinenser, lehnte aber die PLO als Gesprächspartner ab.

Planung und Bau weiterer israelischer Siedlungen in den besetzten Gebieten haben die Verhandlungen wiederholt stark belastet. Begins unflexible Haltung hatte noch 1979 den Rücktritt des Außenministers Dayan und im folgenden Jahr den des Verteidigungsministers Weizmann zur Folge. Begin wurde in seiner Haltung immer wieder durch Terroraktionen von Freischärlern der PLO bestärkt, die vom südlichen Libanon aus operierten. Auch das Jerusalem-Gesetz und die Annexion der Golanhöhen durch

Israel im Dezember 1981 wirkten sich auf die Verhandlungen ungünstig aus. Kaum ein Israeli möchte Ostjerusalem aufgeben und die Golanhöhen sind für Israels Sicherheit von entscheidender Bedeutung.

Ein Rückblick zur Jerusalemfrage. Die Knesset hatte bald nach dem Unabhängigkeitskrieg ihren Sitz nach Westjerusalem verlegt und im Januar 1953 förmlich beschlossen: „Jerusalem war, ist und bleibt Israels Hauptstadt." Nachdem im Sechstagekrieg das bis dahin jordanisch verwaltete Ostjerusalem erobert worden war, legte die Knesset in drei Gesetzen die Wiedervereinigung Jerusalems fest. Das Gebiet Jerusalems wurde von 38 auf 108 Quadratkilometer erweitert. Der Zugang zu den Heiligen Stätten wurde garantiert. Die christlichen Kirchen behielten m, ihre Sonderrechte, die ihnen während des Osmanischen Reichs gewährt worden waren. Eine moslemische Verwaltung war für den Felsendom, die Al-Aksa- und die anderen Moscheen zuständig. Die arabischen Bewohner Ostjerusalems behielten die vollen Bürgerrechte der Stadt, blieben aber formell jordanische Staatsbürger. 1980 bestand die Bevölkerung Jerusalems aus etwa 295 000 Juden und etwa 117 000 Arabern. Mit dem Gesetz vom 30. Juli 1980[1] erhielt Jerusalem verfassungsrechtlich den Status der Hauptstadt Israels.

Artikel 1 lautete: „Das vereinigte Jerusalem ist in seiner Gesamtheit die Hauptstadt Israels." Nach Artikel 2 wurde es Sitz des Präsidenten des Landes, der Knesset, der Regierung und des Obersten Gerichtshofs. Artikel 3 garantierte die Sicherung der Heiligen Stätten gegen Beschädigung und die Zugangsmöglichkeit für alle Religionen. Der letzte Artikel betraf die wirtschaftliche Sonderstellung Jerusalems und die Förderung durch die Regierung. Sie sollte sich forthin auf dieses Gesetz gegenüber palästinensischen Ansprüchen auf Ostjerusalem berufen, obwohl es international auf Kritik stieß. So bestritt das US-Außenministerium die völkerrechtliche Bedeutung des Gesetzes und auch das französische Außenministerium ließ verlauten, das Gesetz verstoße gegen das Völkerrecht und die UN-Resolutionen.[2]

Im Januar 1982 veröffentlichte die israelische Regierung ein *Dokument zur Palästinenserautonomie*.[3] Es sicherte freie Wahlen für die Gemeindeverwaltungen zu. Zur Wahrnehmung der Autonomie sollte ein Verwaltungsrat aus 13 Vertretern, entsprechend den 13 Verwaltungsbereichen, gewählt werden. Die Wahlen sollten nach der Einigung auf ein Verfahren stattfinden. Nach Bildung des Verwaltungsrats sollte Israel die Militärregierung und seine Zivilverwaltung zurückziehen, die Streitkräfte sollten auf bestimmte Sicherheitsbereiche konzentriert werden. Zwischen den autonomen Gebieten und Israel sollte Bewegungsfreiheit herrschen. Dieses Dokument war gemäß Camp David als Übergangsregelung zu verstehen.

Wie die USA, so sind auch die Länder der Europäischen Gemeinschaft daran interessiert, die arabisch-palästinensischen Forderungen mit dem israelischen Streben nach Sicherheit in Einklang zu bringen. Am 10. Oktober 1979 sprachen die Außenminister Ägyptens und Israels vor dem Europarat. Nach Boutros Ghali (Ägypten) habe auch Europa Verantwortung für die Nahostkrise, und ihm komme eine dreifache Aufgabe zu: „Erstens, die Rolle der Palästinenser zu schützen; zweitens, das Trauma der Israelis

zu besänftigen, und drittens, die innerarabischen Spannungen nicht zu verschärfen."
Moshe Dayan (Israel) wandte sich entschieden gegen Tendenzen in Europa zur Anerkennung der PLO: „Die dies von uns verlangen, kennen die wahre Natur der PLO
nicht. Besonders Europa mit seinen historischen Erfahrungen müsste sich der Tatsache
bewusst sein, dass hasserfüllte Ideologien in die praktische Politik einfließen können."
Europa sollte eine Art „Marshallplan" für die wirtschaftliche Zusammenarbeit mit dem
Nahen Osten ins Auge fassen.[4]

Dayans Ausführungen waren eine Reaktion auf die Erklärungen der Außenminister
der EG vom 26. März und 22. Juni 1979, die sich für eine Teilnahme von Vertretern des
palästinensischen Volkes an den Verhandlungen und die legitimen Rechte der Palästinenser einschließlich ihres Rechts auf Heimatland ausgesprochen hatten. Das war eine
vorsichtige Formulierung. Doch dann folgte die Nahosterklärung der EG-Gipfelkon-
ferenz in Venedig vom 13. Juni 1980. Die Gemeinschaft stützte sich darin auf die Ent-
schließungen 242 und 338 des UN-Sicherheitsrats und forderte die Anerkennung „des
Existenzrechts und des Rechts auf Sicherheit aller Staaten der Region einschließlich Israels sowie Gerechtigkeit für alle Völker, das die Anerkennung der legitimen Rechte des
palästinensischen Volkes beinhaltet".[5] Es trug den Forderungen Israels und denen der
Araber Rechnung, wenn es in der *Erklärung von Venedig* hieß, dass alle „Länder der Region das Recht" haben sollten, „innerhalb anerkannter und garantierter Grenzen in
Frieden zu leben". Allerdings wurde die Beteiligung der PLO an den Verhandlungen gefordert, die Änderung des Status von Jerusalem missbilligt, von Israel die Beendigung
territorialer Besetzungen gefordert und die Siedlungspolitik kritisiert.

Ministerpräsident Begin reagierte sehr heftig. Er verwies darauf, dass die Fatah, eine
Kampfgruppe der PLO, gerade zuvor die Befreiung ganz Palästinas und die Liquidierung des „Zionistischen Wesens" – womit Israel gemeint war – gefordert hatte. Der Ministerpräsident verglich die *Erklärung von Venedig* mit dem Ergebnis der Konferenz
von München, wo im Oktober 1938 die Regierungschefs der europäischen Großmächte vor Hitlers Forderungen kapituliert hatten – über die Köpfe der Tschechen hinweg.
„Jeder Mensch guten Willens und jede freie Person in Europa, die diese Dokumente
studieren, werden in ihnen eine Münchener Kapitulation sehen, die zweite in unserer
Generation, vor totaler Erpressung und einer Ermutigung für alle Elemente, die das
Abkommen von Camp David unterminieren und den Friedensprozess im Nahen Osten
scheitern lassen wollen."[6]

Die Abhängigkeit vom Öl aus dem Nahen Osten und auch andere wirtschaftliche
Verflechtungen zwangen die europäischen Länder, arabischen Forderungen Gehör zu
schenken. Auch erwuchs eine moralische Pflicht aus der Tatsache, dass die Nahostfrage
ein Erbe des europäischen Imperialismus ist. Dabei stellte sich die Frage, ob die PLO
wirklich berechtigt war und ist, allein für die Palästinenser zu sprechen. Jedenfalls standen die europäischen Länder, auch bei guten Beziehungen zur arabischen Welt, dafür
ein, dass das jüdische Volk nach allen Leiden frei von Furcht seinen Staat erhalten und
weiterentwickeln kann.

Sommer 1982 – Katastrophe im Libanon

Der Libanon war seit 1958, nach dem von amerikanischen Truppen beendeten Bürgerkrieg, ein Unruheherd geblieben, in dem die auf regionalen Gegensätzlichkeiten basierende konfessionelle Zergliederung (maronitische Christen, schiitische und sunnitische Moslems, Drusen) eine wesentliche Rolle spielte. Die starke Unterrepräsentation der Moslems in Wirtschaft, Verwaltung und im Bildungswesen hatte einen konfessionell geprägten Klassengegensatz geschaffen. Schon 1948/49 hatten etwa 170 000 Palästinenser im Libanon Zuflucht gefunden, und ihre Zahl war durch den Junikrieg und besonders 1971, nachdem König Hussein die PLO-Basen im Jordantal zerschlagen hatte, auf über 300 000 angestiegen. Sie füllten zum großen Teil die Flüchtlingslager im Südlibanon, die zu Stützpunkten und Ausbildungsstätten der Guerillaorganisationen und Ausgangspunkten für Operationen gegen Nordisrael wurden. Dies hatte Gegenschläge des israelischen Militärs zur Folge. Nach dem Oktoberkrieg 1973 schlossen sich die extremistischen Palästinenserverbände mit der libanesischen Linken zusammen und wurden zum Staat im Staat, der über Syrien, Irak und Libyen mit sowjetischen Waffen versorgt wurde. Ein Schwergewicht lag östlich und südlich des Flusses Litani. Um der drohenden Gefahr zu begegnen, stellten die Christen Milizen auf, die mit westlichen Waffen versorgt wurden. Im April 1975 brach ein brutaler Bürgerkrieg aus, dem Tausende von Menschen und ganze Dörfer und Städte zum Opfer fielen. Die Hauptstadt Beirut, einst das blühende „Genf des Nahen Ostens", wurde zu einer Stadt der Trümmer, in der die Bombenanschläge und Geiselnahmen terroristischer Gruppierungen nicht abrissen. Auf der einen Seite kämpften in erster Linie Palästinenserverbände, verbunden mit der moslemischen Linken, auf der anderen Seite christliche Milizen. Als sich der Krieg auf den Ostlibanon ausweitete, ließ Syriens Staatschef Assad im Juni 1976 Truppen einmarschieren, die bis ins Gebiet südlich von Beirut vordrangen und den wesentlichen Teil einer für die Aufrechterhaltung der Ordnung verantwortlichen Friedensstreitmacht im Libanon bildeten, ohne jedoch die Lage im Land stabilisieren zu können. Die Palästinenserbasen südlich des Litani blieben weiterhin eine ernste Bedrohung Israels.

Am 11. März 1978 landete eine palästinensische Gruppe, von Tyros kommend, bei Tel Aviv und verübte einen Anschlag auf einen israelischen Bus. Dabei fanden 41 Personen den Tod. Daraufhin rückten israelische Truppen in den südlichen Libanon ein, um hier die Basislager der Palästinenser zu zerschlagen. Schließlich musste Israel das Gebiet einer UN-Friedenstruppe überlassen. Die Palästinenser hatten zunächst eine bedeutende Machtbasis verloren. Im südlichen Libanon, einem stark christlich geprägten Gebiet von etwa 15 Kilometer Breite entlang der israelischen Grenze, rief Oberst Said Haddad ein „Freies Libanon" aus, das von der von Israel abhängigen südlibanesischen Armee (SLA) kontrolliert wurde. Den Palästinensern gelang es, die libanesische Küste von Tyros bis Beirut unter ihre Kontrolle zu bringen und wiederum einen Staat im Staat zu bilden, wobei sie sich wenig um die Belange der libanesischen Bevölkerung

kümmerten. Israel führte einen unerbittlichen Luftkrieg gegen die Palästinenserstel-
lungen, und die PLO-Guerillas beschossen israelische Siedlungen in Nordgaliläa mit
Katjuscha-Raketen. Ein im Juli 1981 ausgehandelter Waffenstillstand war nicht von
Dauer.

Die PLO unterhielt in Westbeirut ihre bedeutendste Kommandozentrale. Beirut war
zugleich die Zentrale der terroristischen Untergrundorganisation der PLO, nämlich der
PFLP. Die Verflechtung der PLO mit dem internationalen Terrorismus war offenbar.
Vom Juli 1981 bis zum Juni 1982 war eine erschreckend steigende Zahl von Terror-
anschlägen gegen israelische Politiker und Institutionen in den westeuropäischen
Hauptstädten zu verzeichnen. Stark heimgesucht wurden zunächst Rom und Wien. Die
Ziele waren Botschaften, Konsulate oder Büros der El-Al. Im Januar 1982 explodierte
eine Bombe in einem jüdischen Restaurant in Berlin. 24 Personen wurden verletzt, ein
Baby getötet. Im April des gleichen Jahres wurde ein israelischer Diplomat vor seinem
Haus in Paris ermordet. Im Juni wurde Israels Botschafter in London durch Schüsse
schwer verletzt. Für Israel standen ohne Zweifel Palästinenserorganisationen dahinter.
Der Anschlag in London war für Israel Veranlassung, am 4. und 5. Juni schwere Luft-
angriffe gegen die Palästinenserbasen im Libanon zu fliegen. Dabei kam es zu is-
raelisch-syrischen Luftkämpfen.

Die israelische Regierung konnte sich nun trotz Missbilligung der USA sowie europäischer und arabischer Staaten mit dem Plan eines Feldzugs in den Libanon durchsetzen. Sie gab dazu folgende Erklärung ab: „Das Kabinett hat den Beschluss gefasst, die
israelischen Verteidigungskräfte anzuweisen, die gesamte Zivilbevölkerung von Galiläa
aus dem Schussbereich der Terroristen herauszuholen, die sich zusammen mit ihren
Kommandos und Stützpunkten im Libanon konzentrieren. Der Name der Kampagne
lautet 'Frieden für Galiläa' (Shalom hagalil). Im Lauf der Verwirklichung dieses Beschlusses sollte die syrische Armee nicht angegriffen werden, es sei denn, sie greift unsere Streitkräfte an. Der Staat Israel strebt weiterhin die Unterzeichnung eines Frie-
densvertrages mit dem unabhängigen Libanon in Verbindung mit der Aufrechterhaltung seiner territorialen Integrität an."[7]

Am 6. Juni 1982 überschritten die israelischen Truppen unter der Führung von Verteidigungsminister Ariel Sharon die libanesische Grenze, erreichten drei Tage später die
Straße Damaskus–Beirut und unterbanden damit die Verbindung zwischen Syrien und
der libanesischen Hauptstadt. Vergeblich rief Arafat aus seinem Befehlsbunker in Westbeirut die arabischen Staatschefs zur Hilfe auf. Er und seine Kämpfer waren in Westbeirut von Sharons Truppen eingeschlossen, für einen Widerstand fehlten ihm jedoch
die Mittel sowie die Unterstützung der libanesischen Bevölkerung. Nach der vom US-
Sonderbotschafter Philip Habib vermittelten Regelung hatten die PLO-Streitkräfte
Westbeirut zu verlassen. Eine internationale Friedenstruppe, bestehend aus amerikanischen, italienischen und französischen Einheiten, überwachte die Entwaffnung der
Kämpfer. 2500 Soldaten verließen den Libanon auf dem Landweg, 8500 mit griechi-
schen Schiffen auf dem Seeweg. Sie alle wurden auf Tunesien, Algerien, Jordanien,

Syrien, den Jemen und den Irak verteilt. Der PLO-Führer schlug mit einigen hundert Getreuen in Tunis sein neues Hauptquartier auf.

Doch dann wurde am 14. September 1982 der pro-israelisch eingestellte designierte Präsident Béshir Gemayel ermordet. Daraufhin richteten christliche Milizen in den Palästinenserlagern von Sabra und Shatila vor Beirut ein unvorstellbares Blutbad an, bei dem nach einigen Berichten 700, nach anderen bis zu 3000 Männer und Frauen ermordet wurden. Die israelischen Truppen nahmen mit der Begründung, die Ordnung aufrechterhalten zu müssen und PLO-Kämpfer hielten sich noch in der Stadt verborgen, Westbeirut ein, mussten aber dann auf amerikanisches Verlangen die Stadt für die UN-Sicherheitstruppen räumen. Eine Untersuchung über die Vorgänge in Sabra und Shatila kam zu dem Ergebnis, dass Sharon das Massaker hätte verhindern können und dass es ihm daher mit anzulasten war. Er musste als Verteidigungsminister zurücktreten. Dies wurde in den USA und im arabischen Lager als Erleichterung empfunden, da Sharon als „Haupthindernis" für eine Befriedung galt. Doch blieb er als Minister ohne Ressort Mitglied der Regierung. Nördlich von Tripoli hatten sich 5000 Kämpfer der Fatah und PLO halten können. Sie bekämpften sich untereinander und terrorisierten die Bevölkerung. Arafat musste aus Tunis anreisen und auch diese Verbände aus dem Libanon führen, was er nur unvollständig erledigte.

Der Libanon blieb eine ernste Bedrohung Israels. Die aus Resten der Milizen, linksorientierten Moslems, wenigen Drusen und vor allem zurückgebliebenen Palästinensern gebildete Hisbollah verfügte bald über Stützpunkte in der Küstenregion und im Grenzgebiet vor dem von der SLA kontrollierten Sicherheitsstreifen. Immer wieder erfolgten Übergriffe und Raketenangriffe auf Nordisrael sowie starke Vergeltungsangriffe der israelischen Luftwaffe. Syrien spielte die Rolle einer Schutzmacht des Libanon. In der israelischen Bevölkerung stießen in den folgenden Jahren die Interventionen im Libanon auf immer stärkeren Widerstand. In Tel Aviv kam es zu großen Friedensdemonstrationen.

Die PLO-Führung wollte den Ausgang des Libanon-Debakels nicht als Niederlage hinnehmen und erklärte, dass der bewaffnete Kampf das einzige Mittel zur Befreiung Palästinas sei und daher fortgesetzt werde. Arafat erklärte in einer Abschiedsbotschaft an seine Kämpfer: „Beirut hat ein Wunder an Heldentum vollbracht und unter den schwierigsten Umständen, die die arabische Nation jemals erlebt hat, ein Beispiel dafür gegeben, wie man einer Herausforderung entgegentritt."[8] Eine beachtliche Zahl von PLO-Kämpfern konnte sich der Ausweisung in andere arabische Länder entziehen und in die Westbank und den Gazastreifen entkommen, wo sie den Widerstandsgeist schürten. Ein enger Mitarbeiter Arafats ließ erklären, dass die PLO in jedem arabischen Land über militärische Präsenz verfüge, die wichtigste sei die in den besetzten Gebieten. Diesen galt nun auch Arafats vordringliche Aufmerksamkeit.

Lösungsvorschläge

Nach den Massakern von Sabra und Shatila war in der Weltöffentlichkeit zunehmende Kritik an Israel und Mitleid für die Palästinenser zu bemerken. Sharon, noch Verteidigungsminister, sah sich veranlasst, nach Washington zu reisen, um hier die Wogen zu glätten. US-Präsident Reagan hielt zur Herbeiführung eines Friedensprozesses einen Kurswechsel beider Seiten für erforderlich. Unmittelbar nach der Abreise Sharons wandte er sich am 31. August 1982 an die Öffentlichkeit mit einer Nahostrede, die er mit folgenden Worten einleitete: „Ich rufe Israel auf, klarzustellen, dass die Sicherheit, die es fordert, nur durch einen echten Frieden erreicht werden kann. Durch einen Frieden, der Großmut, Weitblick und Mut erfordert. Ich rufe das palästinensische Volk auf, einzusehen, dass seine eigenen politischen Hoffnungen unlösbar mit der Anerkennung von Israels Recht auf eine sichere Zukunft verbunden sind."9

Dann schlug der Präsident eine Übergangsperiode von fünf Jahren vor, in der freie Wahlen zur Bildung einer autonomen palästinensischen Regierung und damit zur Gründung eines palästinensischen Staates führen sollten. Dieser Staat sollte keine Bedrohung der Sicherheit Israels darstellen. In dieser Zeit würden die USA die Verwendung weiterer Landstriche zum Zwecke der Besiedlung nicht unterstützen, denn jede weitere Siedlungstätigkeit sei für die Sicherheit Israels in keiner Weise erforderlich und verringere nur das Vertrauen der Araber darauf, dass ein endgültiges Ergebnis frei und fair ausgehandelt werden könne. Eine Föderation des Westjordanlands und des Gazastreifens mit Jordanien bilde „die beste Möglichkeit für einen dauerhaften, gerechten und beständigen Frieden". Damit war ein früherer Plan wieder aufgenommen. König Hussein zeigte sich dafür aufgeschlossen. Doch die israelische Regierung hatte solche Worte Reagans nicht erwartet, reagierte hart und betonte, dass das Siedlungsrecht ein jüdisches Recht sei, „das einen integralen Bestandteil unserer nationalen Sicherheit bietet". Es werde daher keinen Stop für Siedlungen geben. Eine palästinensische Souveränität in Judäa, Samaria und im Gazastreifen könne nicht akzeptiert werden. Auch könne eine palästinensisch-jordanische Föderation, wenn von der Sowjetunion unterstützt, zu einer großen Gefahr für Israel werden, das niemals einer derartigen Regelung zustimmen werde. Reagans Vorschläge stünden im Widerspruch zum Camp David-Abkommen.10 Die amerikanische Regierung musste zurückstecken und ließ verlauten, dass die Errichtung eines palästinensischen Staates in Judäa, Samaria und dem Gazastreifen eine Illusion sei.

Manche arabischen Regierungen hatten dem Abenteuer der PLO im Libanon nicht sehr wohlwollend gegenüber gestanden und waren über den Ausgang der Kontroverse erleichtert. Aber sie hielten es für angebracht, Israel auch in die Schranken zu weisen, ohne dessen Anspruch auf Anerkennung seiner Existenz und Sicherheit weiterhin zu bestreiten.

Ein Gipfeltreffen der arabischen Staatschefs und Monarchen in Fes (Marokko) verabschiedete am 9. September 1982 die folgenden Forderungen, die künftig als Charta von Fes galten11:

„1. Rückzug Israels aus allen im Jahr 1967 besetzten arabischen Gebieten einschließlich El Kuds (Jerusalem).

2. Entfernung der von Israel nach 1967 errichteten Siedlungen.

3. Garantie der Freiheit des Gottesdienstes und der Ausübung religiöser Riten für alle Religionen an den heiligen Stätten.

4. Bekräftigung des Rechts des palästinensischen Volkes auf Selbstbestimmung und Ausübung seiner unverletzlichen und unveräußerlichen Rechte unter der Führung der PLO, seiner einzigen und rechtmäßigen Vertretung, und auf eine Entschädigung all jener, die nicht zurückkehren möchten.

5. Unterstellung des Westjordanlands und des Gazastreifens unter die Aufsicht der UNO für eine Übergangszeit, die einige Monate nicht überschreitet.

6. Schaffung eines unabhängigen palästinensischen Staates mit El Kuds (Jerusalem) als Hauptstadt.

7. Der Sicherheitsrat garantiert den Frieden zwischen allen Staaten in dem Gebiet einschließlich des unabhängigen palästinensischen Staates.

8. Der Sicherheitsrat garantiert die Beachtung dieser Grundsätze."

Die *Charta* wurde von israelischer Seite als „Kriegserklärung der Arabischen Liga" zurückgewiesen, wenngleich der 7. Grundsatz eine Bereitschaft zur Anerkennung Israels in sicheren Grenzen erkennen ließ. Der sowjetische Partei- und Staatschef Breschnew stellte sich weitgehend hinter die *Charta*.

Arafat kümmerte sich nach dem Abzug aus Beirut wenig um die PLO und war bemüht, seine persönliche Stellung durch diplomatische Aktivitäten aufzuwerten. Schon auf dem Rückweg von Beirut machte er in Athen Station und ließ sich von der dortigen Regierung empfangen. Zwei Wochen später sprach er in Rom vor der Interparlamentarischen Union, einer Vereinigung von Parlamentariern vorwiegend aus den Ländern der Dritten Welt, des Ostblocks und der arabischen Staaten. Er klagte Israel in heftigen Worten an. Auf heftige Kritik der israelischen Regierung stieß die Tatsache, dass Arafat auch vom italienischen Staatspräsidenten und dessen Außenminister empfangen wurde und sogar im römischen Parlament sprechen durfte – mehr noch, dass er am folgenden Tag eine Audienz bei Papst Johannes Paul II. hatte. Die israelische Regierung sprach von ihrer Enttäuschung darüber, dass der Heilige Stuhl „eine Person, die eine Mörderorganisation anführt"[12], empfangen habe. Der Papst rechtfertigte danach in einer Generalaudienz auf dem Petersplatz seine Haltung u. a. mit den Worten: „Vor einigen Monaten, bei dem sonntäglichen Angelusgebet am 4. April, habe ich es gewagt, diese konkrete Frage zu stellen: 'Ist es irreal, nach so vielen Enttäuschungen zu wünschen, dass eines Tages diese beiden Völker, jedes die Existenz und die Realität des anderen anerkennend, den Weg finden mögen, der sie zu einer gerechten Lösung führt, in der beide Seiten in Frieden, in eigener Würde und Freiheit leben, wobei sie sich gegenseitig das Pfand der Toleranz und der Wiederversöhnung geben?' Heute werfe ich diese Frage mit noch mehr Kraft auf. Jeder Rückgriff auf den Krieg, auf Gewalt und auf alle Formen des bewaffneten Kampfs müssen aufgegeben werden." Er schloss seine Rede

mit dem Satz: „Am Ende dieses beschwerlichen Friedensweges für die Wiederversöh-
nung und die Begegnung zwischen unterschiedlichen Völkern sehe ich im Geist einen
Leuchtturm, der alle zur Verständigung und zur Liebe auffordert: die heilige Stadt von
Jerusalem."[13]

Das war eine klare Aufforderung an beide Seiten, der die israelische Regierung nicht
widersprechen konnte. In seiner Jagd nach diplomatischen Erfolgen suchte Arafat nach
immer neuen Möglichkeiten, um die Aufmerksamkeit der Weltöffentlichkeit zu erlangen. Nach dem Tod Breschnews im November ließ er eine Erklärung veröffentlichen,
dass das palästinensische Volk dem Parteichef sein Eintreten für die Schaffung eines
unabhängigen Staates nie vergessen werde. Als er erfuhr, dass Erich Honecker auf einer
anstehenden Nahostreise Zypern, Syrien und Kuwait besuchen würde, eilte Arafat in
den Golfstaat, um hier dem DDR-Chef zu begegnen, der ein „Zusammenwirken gegen
die imperialistischen Pläne im Nahen Osten"[14] versprach. Die DDR-Medien schenkten
dieser Begegnung besondere Aufmerksamkeit. Auch in den westeuropäischen Staaten
stießen die palästinensischen Forderungen auf immer stärkeren Widerhall. Bei einem
Staatsbesuch in Kairo betonte der französische Staatschef Mitterand das Recht des
palästinensischen Volkes, „einen Staat zu gründen, dessen Rahmen und Form es selbst
bestimmt"[15]. Während eines Treffens im Dezember wollte er den jordanischen König
zu einer engeren Zusammenarbeit bewegen, schien aber von seiner Zurückhaltung
nicht begeistert.

Die Erste Intifada

Im Februar 1983 tagte in Algier der Palästinensische Nationalrat (PNC), das Exilparla-
ment der Palästinenser. Die PLO-Führung wünschte Verhandlungen der arabischen
Staaten, der beiden Supermächte und Europas für eine politische Lösung, und zwar
Verhandlungen mit ihrer eigenen Beteiligung. Das kam jedoch für Israel nicht in Betracht.

Im September 1983 trat Begin zurück. Auch unter seinen Nachfolgern entspannte
sich die Situation nicht. Die Zahl der gewalttätigen Auseinandersetzungen in den besetzten Gebieten stieg täglich an. Auf die palästinensischen Demonstrationen folgten
Reaktionen des israelischen Militärs. Immer häufiger kam es zu Schusswechseln zwischen bewaffneten Palästinensern und israelischen Soldaten. Arafat, König Hussein
und der ägyptische Staatspräsident Mubarak bemühten sich um Verhandlungen. Der
syrische Staatschef Assad und sein libyscher Kollege Khadafi kämpften gegen die Achse
Amman-Kairo. Unter dem Vorsitz Khadafis wurde ein 'Panarabisches Kommando der
revolutionären Kräfte' gegründet, das zur „Beseitigung des zionistischen Gebildes Israel" aufrief. Die Führungen von Fatah und PLO hatten schon vom Libanon aus in den
palästinensischen Gebieten ein Netz von Mitarbeitern aufgebaut, auf das sie sich nun
von Tunis aus verstärkt stützten. Als bedeutendste Widerstandsbewegung in den Palästinensergebieten fungierte die Fatah, die durch die Unzufriedenheit mit der zuneh-

menden Arbeitslosigkeit großen Zulauf besonders junger Männer erhielt. Alle Gewaltakte in den besetzten Gebieten – von welcher Widerstandsgruppe sie auch ausgeführt
sein mochten – waren in den Augen der israelischen Regierung von der PLO gelenkt.
Israelische Kampfflugzeuge verübten unter Missachtung des Völkerrechts am 1. Oktober 1985 einen schweren Luftangriff auf das PLO-Hauptquartier in Tunis. Dabei fanden 56 Palästinenser und 15 Tunesier den Tod. Der UN-Sicherheitsrat verurteilte den
Vorgang scharf, der zur Zunahme der Widerstandsaktivitäten in der Westbank und im
Gazastreifen beitrug.

Nun erklärte König Hussein, dass sein Land die UN-Resolution 242, die Existenz
Israels und sein Recht, in Frieden und Sicherheit zu leben, anerkenne. Während der
neue israelische Regierungschef Peres noch 1985 erklärt hatte, nur mit Palästinensern,
die nicht der PLO angehörten, verhandeln zu wollen, ließ er Anfang 1986 die Bereitschaft erkennen, mit Arafat selbst zu verhandeln, sofern dieser die Resolution 242 und
Israels Existenz anerkenne sowie den Terrorismus einstelle. Doch Arafat lehnte die UN-
Resolution weiterhin ab und verlangte von den USA die Anerkennung der palästinensischen Selbstbestimmung im Rahmen einer jordanisch-palästinensischen Föderation.
König Hussein aber, der sich nicht durch Freundschaft mit Arafat belasten wollte, kündigte die Zusammenarbeit mit der PLO-Führung auf.

Seit Ende der siebziger Jahre war in den besetzten Gebieten die Unzufriedenheit mit
der israelischen Militär- und Zivilverwaltung ständig gewachsen. Eine Ursache dafür
war, dass die Israelis unter Anwendung der noch von der Mandatsverwaltung erlasse-
nen Gesetze die Kontrolle der palästinensischen Bevölkerung von Jahr zu Jahr verstärkte, was den Widerstandsgeist förderte. Bedeutender noch war die israelische Siedlungspolitik mit der Enteignung fruchtbarer Böden. Dabei spielte die Wasserversorgung eine
besondere Rolle. Sie lag in den besetzten Gebieten zu 80 Prozent in israelischer Hand
und nur zu 20 Prozent in palästinensischer Verfügung. Israelische Siedler konnten drei-
mal soviel Wasser verbrauchen wie Palästinenser. Nach Helga Baumgarten waren
„israelische Siedlungen gleichsam wasserstrategisch angelegt"[16].

Hinzu kam die zunehmende Arbeitslosigkeit, denn die Verdienstmöglichkeiten bei
den Israelis wurden geringer und die Möglichkeit zur Arbeitsmigration in die Golfstaaten fiel aus. Die aus einem Lager bei Nablus hervorgegangene Jugendorganisation
'Shabiba' wurde für die Jugendlichen der Westbank zum Vorbild im Kampf mit Steinen und Molotow-Cocktails gegen Militärpatrouillen und israelische Institutionen.
Einschränkungen der Bewegungsfreiheit steigerten die Verbitterung der Bevölkerung.
Attentate von PFLP-Kommandos und israelische Vergeltungsschläge häuften sich. Gewalttätige Auseinandersetzungen nahmen zu. Daran konnte auch die „harte Hand"
der neuen israelischen Regierung unter Yitzhak Shamir (ab 1986) wenig ändern. Im
November 1987 wurden durch ein Selbstmordkommando der PFLP sechs israelische
Soldaten getötet, woraufhin eine israelische Patrouille zwei palästinensische Studenten erschoss. Danach war die Bevölkerung der besetzten Gebiete 1987 zum Aufstand
bereit.

In dieser Situation wurde auf arabischer Seite die Stimmung durch zwei Äußerungen angeheizt. Zum einen hatte der Generalsekretär anlässlich des von der UNO veranstalteten Tages der Solidarität mit dem palästinensischen Volk die Anerkennung der legitimen Rechte des palästinensischen Volkes gefordert. Zum anderen kündigte der Leiter der Siedlungsabteilung der zionistischen Weltorganisation an, dass bis zum Ende des Jahrhunderts bis zu 1,5 Millionen weitere Juden nach Israel einwandern würden und dass sich im Westjordanland das Verhältnis von jüdischer zu arabischer Bevölkerung in Richtung 40:60 verschieben solle. Am 40. Jahrestag der Abstimmung über die Teilung Palästinas kam es in den besetzten Gebieten zu sehr heftigen Auseinandersetzungen zwischen bewaffneten Palästinensern und israelischen Sicherheitskräften mit Toten und Verletzten auf beiden Seiten. Im Dezember 1987 stieß an der nördlichen Grenze des Gazastreifens bei Erez ein israelischer Lastwagen mit einem palästinensischen Kleinbus zusammen. Dabei starben vier Männer und weitere wurden verletzt. Nach Ansicht der Bevölkerung war das ein Racheakt für einen Mord, der wenige Tage zuvor in Gaza an einem Israeli verübt worden war. Das entsprach zwar nicht dem Sachverhalt. Dennoch führte der Zwischenfall zu einer Eskalation der Unruhen, der stärksten seit 20 Jahren. Am folgenden Tag, dem 7. Dezember 1987, war der ganze Gazastreifen im Aufstand. Er breitete sich schnell auf die Westbank aus und galt als „Intifada", als Befreiung von der Herrschaft Israels. Zunächst ging es darum, in der Bevölkerung die Bereitschaft zum Ungehorsam gegenüber der Besatzungsmacht zu wecken. Es handelte sich um einen durchaus spontanen und nicht zentral gelenkten, aber alle Bevölkerungsschichten erfassenden Aufstand, also um eine Entladung des aufgestauten Volkszorns. Die linksorientierten Gruppierungen – DFLP, PFLP und die Kommunistische Partei – hatten sich Anfang des Jahres zu einer Einheitsfront zusammengeschlossen und schürten mit Flugblättern den Aufstand in der Bevölkerung. Die Fatah gewann besonders die Mittelschicht dafür. Die Zusammenstöße zwischen palästinensischen Jugendlichen und israelischen Soldaten häuften sich.

Die vielfach vertretene Auffassung, dass die Erste Intifada im Gegensatz zur Zweiten gewaltfrei verlief, da die Aufständischen unbewaffnet waren, übersieht, dass das Werfen von Steinen auf israelische Soldaten und von Brandfackeln und Molotow-Cocktails auf Fahrzeuge und in Gebäude nicht Gewaltfreiheit bedeutet – auch nicht das Anzünden von Autoreifen und das Errichten von Straßenbarrikaden. Die israelische Armee, für die Verteidigungsminister Yitzhak Rabin zuständig war, reagierte bald mit unangemessener Härte. Häuser, deren Besitzer im Verdacht antiisraelischer Handlungen standen, wurden zerstört, Hunderte von Palästinensern verhaftet, zum Teil von Militärgerichten zum Tode verurteilt und zum größeren Teil in den Südlibanon deportiert.

Die PLO-Führung hatte mit dem Ausbruch der Intifada nichts zu tun, verfolgte aber die Vorgänge genau und glaubte dadurch ihre geschwächte Position stärken zu können. Arafat bot zur Beilegung der Krise Gespräche mit der israelischen Regierung an. Doch für diese kam die PLO als Gesprächspartner nicht infrage. Während Außenminister Peres Verhandlungen bejahte, forderte Ministerpräsident Shamir ein Vorgehen, das die

Palästinenser in Todesangst versetzen sollte. Die PLO müsse von ihrer *Charta*, die die Auflösung Israels forderte, abrücken und jeglichem Terror endgültig abschwören. Das PLO-Exekutivkomitee verurteilte das Vorgehen der israelischen Armee als „Verbrechen am palästinensischen Volk". Die Unruhen kosteten allein bis zum 23. Dezember 1987 auf palästinensischer Seite 21 Tote, 158 Verletzte und auf israelischer Seite 50 Verletzte.

Der UN-Sicherheitsrat missbilligte unter Enthaltung der USA das harte israelische Vorgehen, doch Israels UN-Botschafter Benjamin Netanjahu warf dem Sicherheitsrat vor, die Unruhen damit nur anzuheizen. Der Protest sei eine Einmischung in die inneren Angelegenheiten des Staates. Der im Januar von palästinensischer Seite ausgerufene Generalstreik traf die Wirtschaft Israels hart, denn besonders im Raum Tel Aviv war man auf die Arbeitskräfte der im Gazastreifen lebenden Palästinenser angewiesen. Arafat bot aus Bagdad Direktgespräche mit den Israelis an und stellte in Aussicht, Israel anzuerkennen. Die PLO war jedoch für die israelische Regierung noch immer kein Verhandlungspartner. Als im April 1988 Arafats Stellvertreter Abul Jihad in Tunis ermordet wurde – wofür ein israelisches Geheimkommando verdächtigt wurde –, steigerten sich die Unruhen in den besetzten Gebieten. Ein Ende der Intifada war nicht abzusehen. Erst ab Herbst 1989 verlor sie, nach einem Höhepunkt, durch innere Streitigkeiten und das harte Durchgreifen der israelischen Sicherheitskräfte an Bedeutung, bis sie im Frühjahr 1990 als beendet gelten konnte.

Eine besondere Rolle spielte während und seit der Intifada die Hamas, eine im Sommer 1988 vom Führer der Muslimbruderschaft Scheich Ahmad Yassin neu gegründete islamistisch orientierte Bewegung. Israel unterstützte sie zunächst als Gegengewicht zur PLO und Fatah, musste dann aber feststellen, dass sie zu einer Bedrohung der Siedler in der Westbank wie im Gazastreifen wurde und in der Bevölkerung mit der PLO um Geltung konkurrierte. Der schwer behinderte Ahmad Yassin wurde von der Besatzungsmacht verhaftet und 1989 für acht Jahre in einem israelischen Gefängnis inhaftiert, eine Zeit, in der seine Organisation wuchs und sich neben der PLO zur bedeutenden Vertreterin antiisraelischer Politik entwickelte (siehe Dokument 11 auf Seite 168).

Vergebliche Ausrufung des Palästinenserstaates

Im Juni 1988 löste König Hussein das Westjordanland aus seinem Königreich und dies aus zwei Gründen: Einerseits brauchte er so nicht mehr mit Unsummen das besetzte Gebiet zu unterstützen, um Institutionen, ehemalige Beamte und Angestellte zu besolden, und andererseits schien damit die Gefahr eines Übergreifens der Intifada auf die palästinensische Bevölkerung seines Landes gebannt. Um dem Schritt einen antipalästinensischen Anstrich zu nehmen, übertrug er der PLO das Gebiet und kündigte die Gründung eines palästinensischen Staates an. Der Vorgang wurde von der PLO-Führung und den Trägern der Intifada als großer Erfolg begrüßt. Wenige Tage später übernahm die PLO-Führung formell die Zuständigkeit für die Westbank und den Gazastreifen und bezeichnete ihre Organisation als einzige Vertretung für das palästinensische Volk sowohl in den besetzten Gebieten als auch in der Diaspora mit Jerusalem als ungeteilter Hauptstadt. Das konnte die Israelis wenig beeindrucken. Stärker beeindruckte sie, dass der oberste Militärrat der PLO den Aufbau militärischer Schlagkraft und die Versorgung mit Waffen forderte. In der Nacht zum 15. Oktober 1988 rief Arafat in einer Sitzung des Palästinensischen Nationalrats in Algier den Palästinenserstaat mit folgenden Worten aus: „Ausgehend von den Resolutionen der arabischen Gipfelkonferenzen und der internationalen Legitimität, wie sie in den Beschlüssen der Vereinten Nationen seit 1947 verkörpert wird, und in Ausübung der Rechte des palästinensischen Volkes auf Selbstbestimmung, politische Unabhängigkeit und Souveränität über sein Land, proklamiert der palästinensische Nationalrat im Namen Gottes und im Namen des palästinensischen Volkes die Gründung des Staates Palästina auf seinem palästinensischen Boden mit Jerusalem als Hauptstadt."[17]

In der folgenden Woche erkannten die Regierungen von 50 Ländern, darunter alle Araberstaaten, den neuen vermeintlichen Staat an. Da jedoch die USA, die westeuropäischen Länder und selbst die Sowjetunion keine Anerkennung folgen ließen, blieb Arafats Aktion ohne internationale Bedeutung. Beachtenswert war, dass die Proklamation implizit den Verzicht auf das historische Palästina außerhalb der besetzten Gebiete und damit die Anerkennung der Grenzen Israels, abgesehen von Jerusalem, einschloss. Dass in Algier die wichtigsten Organisationen der Palästinenser teilgenommen hatten, brachte Arafat eine breitere Anerkennung, und er konnte als führende palästinensische Persönlichkeit in der Westbank und im Gazastreifen gelten. Nach seiner Meinung sollte die Bildung einer provisorischen Regierung folgen, seine Einschätzung, man sei einer Lösung sehr nahe und befinde sich in der letzten Etappe des Marsches, war aber doch zu viel des Optimismus. Die israelische Regierung erklärte, dass ein Friede zwischen Israel und seinen Nachbarn nicht durch eine einseitige Erklärung erreicht werden könne, und Shimon Peres argumentierte, dass ein Staat vier Merkmale aufweisen müsse: Unabhängigkeit, ein Volk, ein Territorium und eine Regierung. Die Palästinenser hätten keines davon. Nur die Aberkennung des Staatsvolkes war in der Argumentation strittig, denn das über die Welt verstreute Judentum hatte sich ja mit dem Aufkommen des Zionismus auch als ein Volk begriffen.

Arafat hatte im ersten Satz der Proklamation die Bereitschaft erkennen lassen, die schon 1949 vorgesehene Zweistaatenlösung zu akzeptieren, und er sprach sich für Friedensverhandlungen einer internationalen Konferenz unter Führung der UNO aus. Daran sollte die PLO als „legitimer Repräsentant des palästinensischen Volkes, gleichgestellt mit den anderen Parteien, teilnehmen"[18]. Solches aber stand für die israelische Regierung nicht zur Diskussion. Die amerikanische Regierung lehnte eine Mitgliedschaft der PLO in der UNO ab mit der Begründung, dass sie dort bereits den Beobachterstatus habe. Die UNO berief für eine Palästinenserdebatte eine Vollversammlung ein, an der auch Arafat teilnehmen sollte. Doch die amerikanische Regierung verweigerte ihm das Einreisevisum. Daraufhin verlegte die UNO die Vollversammlung nach

Genf. Der PLO-Chef sprach hier, wie er ausdrücklich betonte, bereits als Vorsitzender der provisorischen Regierung des Staates Palästina. Er distanzierte sich von jeglichem Terrorismus und forderte erneut die Einberufung einer internationalen Friedenskonferenz für den Nahen Osten auf der Grundlage der UN-Resolutionen 242 und 338, die er damit explizit anerkannte. Das besetzte Land sollte vorübergehend mit internationalen Truppen unter UN-Kontrolle gestellt werden, die den Abzug der Israelis überwachen sollten. Ein Ausschuss würde in Übereinstimmung mit Parteichef Gorbatschow und Präsident Mitterand die Konferenz vorbereiten. Dieser Vorschlag sollte den Widerstand der USA und Israels überwinden. Nach Arafat war die PLO bereit, eine umfassende Regelung aller arabisch-israelischen Konfliktparteien, einschließlich der Staaten Palästina und Israel und dessen anderer Nachbarstaaten, herbeizuführen. Der Staat Palästina war damit für Arafat schon ein Fait accompli. An die Vertreter Israels, die zuvor demonstrativ den Sitzungssaal verlassen hatten, waren die Worte gerichtet: „Ich komme zu Ihnen im Namen meines Volkes und biete Ihnen meine Hand, damit wir einen wahren Frieden schließen können, einen auf Gerechtigkeit basierenden Frieden."[19] Das erinnerte an Nassers Worten vor der Knesset elf Jahre zuvor. Doch Arafats Worte stießen bei den Israelis auf taube Ohren, da er gleichzeitig den Rückzug aus allen 1967 besetzten Gebieten einschließlich Ostjerusalems sowie den Abbau der Siedlungen forderte. Für die Israelis waren damit die Bedingungen Washingtons für einen Dialog mit der PLO nicht erfüllt. Die PLO war für Shamir weiterhin eine terroristische Bewegung zur Vernichtung Israels. Deshalb konnten Verhandlungen mit ihr nicht in Betracht kommen. In einer Pressekonferenz am folgenden Tag wiederholte Arafat seine Ablehnung des Terrorismus „in allen seinen Formen" und forderte die Anerkennung des Rechts auf gesicherte Grenzen aller Konfliktparteien einschließlich der Staaten Palästina und Israel. Ein palästinensischer Staat könne Palästinensern und Israelis Frieden bringen.

Doch die Israelis blieben ablehnend. Shamir sprach die Hoffnung aus, dass auch die USA sich entsprechend verhalten würden, denn deren UN-Botschafter Walters hatte sich in Genf entgegenkommender gezeigt mit dem Hinweis, dass die Palästinenser Israel anerkennen würden. Israel müsse sich aber auf die Notwendigkeit territorialer Kompromisse und die Berücksichtigung der politischen Rechte der Palästinenser einstellen. Beide Seiten müssten zu Kompromissen bereit sein. Präsident Ronald Reagan gab in den letzten Wochen seiner Amtszeit seine bisher einseitige Haltung auf und ließ in einer Erklärung veröffentlichen, dass die Befreiungsfront die UN-Resolutionen 242 und 338 des Sicherheitsrats akzeptiere, das Existenzrecht Israels anerkenne und sich vom Terrorismus losgesagt habe. Damit wären die Bedingungen der USA für einen Dialog erfüllt. Außenminister George Shultz sollte über seinen Botschafter in Tunis Gespräche mit der PLO aufnehmen, die allerdings beweisen müsse, dass ihre Abwendung vom Terrorismus umfassend und von Dauer sei. Zu der Wende Reagans hatten Vermittlungen Mubaraks, König Fahds von Saudi-Arabien und möglicherweise auch ein Einwirken Michail Gorbatschows beigetragen. Jedenfalls hatte die US-Regierung damit de facto die PLO als Verhandlungspartner anerkannt.

In einer Pressekonferenz war allerdings Arafat der Frage nach der Gültigkeit der *Charta* von 1968 geschickt ausgewichen. Das war für die Israelis wieder Anlass zum Vorwurf, die Versicherungen Arafats könnten nicht ernst gemeint sein. Arafat hatte zwar 1989 in Paris die *Charta* als unbedeutend ('caduc') bezeichnet. Sie war dennoch ein Dokument, an das sich alle Mitglieder der PLO gebunden fühlen konnten oder mussten und das seine Gültigkeit nicht durch den Widerruf eines Manns verlor. Die israelische Hartnäckigkeit in dieser Frage hatte daher Berechtigung. Präsident George Bush wünschte nun auch von der israelischen Regierung Nachgiebigkeit. Shamir legte daraufhin einen Friedensplan vor, den er allerdings auf Druck der Rechten zurückziehen musste, was zu einer Spannung zwischen Jerusalem und Washington führte. Erneut vermittelte Mubarak und stellte dabei den Begriff „Land für Frieden"[20] in den Raum, woraufhin Baker ein eigenes Programm vorlegte. Danach sollten in Kairo Gespräche zwischen den Palästinensern und Israelis stattfinden. Für Israel barg dies die Gefahr, dabei könnte die PLO zu Wort kommen. Es lehnte Bakers Vorschlag ab und wirkte auch entsprechend auf die amerikanische Regierung ein. Ein versuchter palästinensischer Terrorakt im Juni 1990 gab den Anlass, den Dialog mit der PLO abzubrechen. Für Präsident Bush war am Vorabend des Golfkriegs das Wohlwollen Israels wichtiger als das der Palästinenser, war doch Arafat dabei, enge Beziehungen mit Saddam Hussein einzugehen, der die israelische Position im Nahen Osten bedrohte.

Anmerkungen

[1] *Archiv der Gegenwart* 1980, S. 23754.

[2] Ebd., S. 23755.

[3] Informationen des Staates Israel, Bonn, September 2000.

[4] Krautkrämer, Elmar, *Israel und Nahost*, S. 125.

[5] *Archiv der Gegenwart* 1980, S. 23613.

[6] Ebd., S. 23629.

[7] Archiv der Gegenwart 1982, S. 25686.

[8] Ebd., S. 25926.

[9] Ebd., S. 25927.

[10] Ebd., S. 25928.

[11] Ebd., S. 25923.

[12] Ebd., S. 29950.

[13] Ebd., S. 29950f.

[14] Ebd., S. 26060.

[15] Ebd., S. 25158.

[16] Baumgarten, Helga, *Arafat*, S. 122.

[17] Baumgarten, Helga, *Palästina*, S. 305. Der nach dem Dichter Mahmud Darwisch verlesene Zusatz in: Tophoven, Rolf, *Der israelisch-arabische Konflikt*, S. 78.

[18] Baumgarten, Helga, *Arafat*, S. 143f.

[19] ebd., S. 144; auch in: *Archiv der Gegenwart* 1982, S. 32844.

[20] Baumgarten, Helga, *Arafat*, S. 120.

IX. Die „Oslo-Verträge" – Frieden oder Unterwerfung

Geheimverhandlungen

Im 1990 ausgebrochenen Golfkrieg standen Ägypten, Syrien, Saudi-Arabien und die Golfstaaten auf amerikanischer Seite, Jordanien und die PLO auf der Seite von Saddam Hussein, denn sie erhielten seit geraumer Zeit finanzielle Unterstützung aus dem Irak. Arafat beging den Fehler, öffentlich seine Freundschaft mit Saddam Hussein zu bekunden. Das entsprach der Einstellung der palästinensischen Bevölkerung, machte es aber Amerikanern und Israelis leicht, den PLO-Führer als Haupt des Terrorismus zu brandmarken. Die PLO hatte seit Ende der 1980er-Jahre erheblich an Terrain verloren: außenpolitisch, seit der amerikanische Präsident den Dialog mit ihr abgebrochen hatte, und auch innenpolitisch unter den Palästinensern. Viele waren enttäuscht über das Ausbleiben weiterer politischer Erfolge Arafats und wandten sich der Hamas zu, die auf dem Weg war, die PLO zu überrunden und sich im Widerstand gegen die israelische Siedlungspolitik stärker zu profilieren. Gleichzeitig billigte ein großer Teil der palästinensischen Bevölkerung den pro-irakischen Kurs des PLO-Chefs. Das fand im Januar 1991 im Jubel über die vom Irak auf Israel abgeschossenen Scud-Raketen Ausdruck. In dieser Situation waren Arafats Bemühungen, diplomatisch an Boden zu gewinnen, sowohl bei den Amerikanern als auch in Europa aussichtslos. Die PLO befand sich auf einem politischen Tiefpunkt. Auch die auf amerikanischer Seite stehenden arabischen Länder hatten ihre Unterstützung eingestellt.

Da bot sich Saddam Hussein als „Helfer in der Not" an. Er forderte von den USA als Gegengabe für einen Rückzug aus Kuwait den Rückzug der israelischen Armee aus dem palästinensischen Gebiet und dem Libanon. Präsident Bush wies dieses „linkage" (Koppelung oder Junktim) entschieden zurück, stellte jedoch in Aussicht, sich nach dem Ende des Golfkriegs vordringlich der israelisch-palästinensischen Frage zu widmen. Zur Realisierung dieses Versprechens berief er im Oktober 1991 in Madrid eine Nahostfriedenskonferenz ein. Israels Ministerpräsident Shamir musste seinen Widerstand gegen eine Teilnahme der PLO aufgeben, da deren Vertreter auf eine eigene Delegation verzichteten und sich dafür in die jordanische Delegation einreihten. Zudem konnte sich Shamir die Gunst des US-Präsidenten nicht verscherzen, denn sein Land war auf den von den USA zugesagten Kredit von 10 Millionen Dollar zur Finanzierung der unvorhergesehenen Einwanderungen aus der Sowjetunion dringend angewiesen.

Die unter der Schirmherrschaft der USA und der Sowjetunion stehende Konferenz von Vertretern des Libanon, Syriens, Jordaniens und der Palästinenser aus der Westbank und dem Gazastreifen, auf Bedingung Israels jedoch nicht aus Jerusalem, tagte am 31. Oktober und am 1. November 1991 in Madrid. Anlässlich ihrer Eröffnung

machte Shamir aus seiner Ablehnung der Palästinenser keinen Hehl und bestritt das
Recht der PLO auf internationale Anerkennung mit der Begründung, sie sei von ihrem
Ziel der Vernichtung Israels nicht abgerückt, obwohl Arafat dies anlässlich seiner
Staatsproklamation versprochen hätte. Die Rede des Leiters der palästinensischen De-
legation, Haidar abd al-Shafi, war demgegenüber auffallend versöhnlich und von der
Vision einer künftigen Zusammenarbeit von Israelis und Palästinensern geprägt. Ge-
schrieben war sie in Rücksprache mit Arafat von dessen Vertrauter Hanan Ashrawi,
Politologin an der Bir Zeit-Universität, die später in der Autonomiebehörde Arafats
Kultusministerin werden sollte. Al-Shafi konnte daher guten Gewissens erklären, dass
seine Worte den Ansichten Arafats entsprächen. Es ging den Palästinensern vorrangig
darum, auch in künftigen Friedensverhandlungen als gleichberechtigte Partner auftre-
ten zu können. Die Konferenz führte zu keinem Ergebnis, und George Bush bestand
darauf, die Verhandlungen in Washington fortzusetzen. Hier gelang es den Palästinensern, separate Verhandlungen mit den Israelis aufzunehmen, die allerdings auch zu keinem konkreten Erfolg führten und sich bis in den Sommer 1993 hinzogen.

In dieser Situation schaltete sich Hanan Ashrawi ein. Sie nahm mit ihrem jüdischen
Kollegen Yair Hirschfeld von der Universität Haifa, der mit dem stellvertretenden israelischen Außenminister Jossi Beilin bekannt war, Kontakt auf und schickte ihn nach
London, wo er vom einflussreichen Leiter der Wirtschaftsabteilung der PLO, Abu Ala
(eigentlich Ahmed Queira), empfangen wurde. In London hatte die PLO einen Teil
ihres beachtlichen Vermögens angelegt. Zu diesem Gespräch des israelischen Professors
mit dem Bankier Arafats stieß der norwegische Sozialwissenschaftler Larsen, der über
den norwegischen Industriellen Jens P. Heyerdahl Kontakt zum norwegischen Außenminister Johann Jorgen Holst hatte. Dieser unterhielt gute Beziehungen sowohl zur israelischen Regierung als auch zur PLO. Aus dieser Begegnung entstanden geheime Verhandlungen zwischen israelischen und palästinensischen Unterhändlern in Oslo,
wovon weder die amerikanische Regierung noch die israelischen und palästinensischen
Delegationen in Washington informiert wurden. Für die Israelis entstand in Oslo insofern eine unerwartete neue Situation, als die Palästinenser sich auffallend zurück-
haltend verhielten, besonders was die Frage des Abbaus der Siedlungen betraf.

Die erste Verhandlungsrunde fand im Januar 1993 statt, auf der einen Seite Yair Hirschfeld und Ron Pundik, Kollege von Hirschfeld in Haifa, auf der anderen Seite Abu Ala, Hassan Assfur und Mahmud al-Kurd von der PLO. Gelenkt wurden diese Gespräche von Shimon Peres' Stellvertreter Jossi Beilin einerseits und von Arafat und seinem Mitarbeiter Mahmud Abbas in Tunis andererseits. Als die Verhandlungen in guter Atmosphäre verliefen und Fortschritte brachten, schaltete sich Außenminister Peres selbst ein und unterrichtete auch Rabin, der mit den Vorgängen einverstanden war. Peres entsandte nun Uri Savir, Generaldirektor in seinem Ministerium, und seinen Rechtsberater, den Juristen Joel Singer, nach Oslo. Damit verfügte die israelische Delegation über zwei ausgezeichnete Juristen, denen die Palästinenser, zumal sie Schwierigkeiten mit dem Englischen als Verhandlungssprache hatten, nicht gewachsen waren. Singer brachte ein fertig entworfenes und juristisch ausgefeiltes Grundlagenabkommen mit, das die israelische Oberhoheit über die künftig autonomen palästinensischen Gebiete sichern sollte. Die Palästinenser hatten Mühe, die entscheidenden Punkte abzuschwächen, selbst als sie vom norwegischen Außenminister unterstützt wurden. Sie standen mit Arafat in telefonischer Verbindung und suchten ihn wiederholt in Tunis auf, doch sie hatten es schwer, da der PLO-Chef (zu) viel Nachgiebigkeit zeigte und unbedingt einen Vertrag mit Rabin schließen wollte: „gleichgültig wie klein es [das palästinensische Gebiet] auch sein mochte, auf dem er einen Ministaat mit einer palästinensischen Flagge, einem roten Teppich, einem Präsidialamt und einer Staatskarosse gründen konnte."[1] Daher pfiff er zu harte Unterhändler gelegentlich zurück.

Nachteilig für die Palästinenser war auch, dass die Israelis durch Abhörvorrichtungen über alle zwischen Tunis und Oslo geführten Gespräche und somit Arafats Wünsche und vor allem seine Bereitschaft zum Entgegenkommen informiert waren. Das israelische Interesse an einer Vereinbarung war durch die weltweite Kritik an den Luftangriffen im Libanon, worunter die dortige Zivilbevölkerung in erster Linie litt, aber auch durch die zunehmende Friedensbewegung im eigenen Land bedingt. Die Israelis boten den Palästinensern als ersten Schritt die Räumung des Gazastreifens und dessen Anerkennung als palästinensisches Gebiet an. Doch Arafat forderte dazu noch Jericho, um einen Stützpunkt in der Westbank zu haben. An Jericho hatte Rabin wenig Interesse, da es von der vorgesehenen stärkeren Neubesiedlung des Westjordanlands ohnehin ausgenommen war. Von Bedeutung war, dass die Palästinenser jetzt die schon im *Camp David-Abkommen* von 1978 vorgesehene begrenzte Autonomie der Westbank und des Gazastreifens akzeptierten, was bislang vom PLO-Chef immer abgelehnt worden war. Die Verhandlungen waren gelegentlich turbulent, wenn die Palästinenser von Singer Änderungen in seinem Dokument wünschten. Aber der Jurist aus Jerusalem war über ihre Lage und die Haltung ihres Chefs in Tunis gut informiert, sodass die Palästinenser letztlich „über den Tisch gezogen"[2] werden konnten.

Am 23. August 1993 hatten sich beide Seiten in Oslo auf eine gemeinsame *Prinzipienerklärung* geeinigt, in welcher der weitere Ablauf der Verhandlungen und die Schritte zur Errichtung einer palästinensischen Autonomie und deren Ausdehnung und Grenzen festgelegt wurden. Die Erklärung entsprach eher den israelischen als den palästinensischen Vorstellungen, doch Arafat hatte zu allem sein Plazet gegeben. Die Vereinbarung musste bei ihrer Veröffentlichung volle Legalität haben. Deshalb war zuvor die gegenseitige Anerkennung Israels und der PLO erforderlich. Zu den Verhandlungen kam Peres selbst nach Oslo, wo der Briefwechsel zwischen Arafat und Rabin vom 9. und 10. September (siehe Dokument 12 auf Seite 169) vorgelegt wurde. Peres vertrat dabei Rabins Forderung, dass Arafats 1988 abgegebene Erklärung zur *Palästina-Charta* nicht ausreiche, dass diese vielmehr aufgehoben oder entscheidend verändert werden müsse. Arafat, der das Ergebnis der Verhandlungen nicht aufs Spiel setzen wollte, war damit einverstanden und gab im Briefwechsel mit Rabin die entsprechende Zusicherung. Rabins Antwort fiel knapp und erhaben aus. Nach Abschluss der Geheimverhandlungen informierte Peres in Washington Außenminister Warren Christopher, der allerdings über geheime Kanäle schon etwas erfahren hatte. Die Amerikaner zeigten sich überrascht, wollten aber den Erfolg des Durchbruchs für sich verbuchen und bestanden daher auf einem Abschluss der Verhandlungen in Washington.

Nachdem die gegenseitige Anerkennung Israels und der PLO erfolgt war, wurde der in Oslo fertig ausgehandelte Vertrag in allen seinen Teilen am 13. September 1993 in Washington von Rabin und Arafat sowie Clinton als Garant unterzeichnet. Rabin und Arafat mussten sich auf der Wiese vor dem Weißen Haus vor laufenden Kameras die Hände schütteln, was Arafat mit mehr Begeisterung als Rabin tat. „Bill Clintons Pose entsprach der eines römischen Kaisers, der zwei verfeindete Vasallen durch ein Ritual und Huldigung zum Gehorsam bringt."[3]

Die „Prinzipienerklärung" („Oslo I") und das „Gaza-Jericho-Abkommen"

Bei der *Prinzipienerklärung* handelte es sich noch nicht um ein Autonomieabkommen, sondern um die Festlegung der Grundsätze für das Verhältnis zwischen Israel und den Palästinensern in einer fünfjährigen Interimsphase, an deren Ende ein Abkommen über den endgültigen Status des Gazastreifens und des Westjordanlands stehen sollte. Daher ist die offizielle Bezeichnung auch *Grundsatzerklärung über die Übergangsregelung für die Autonomie* (siehe Dokument 13 auf Seite 169). Darin waren vier Phasen vorgesehen:

1. Ein Abkommen über die palästinensische Selbstverwaltung im Gazastreifen und in dem Gebiet von Jericho, verbunden mit dem Rückzug der israelischen Streitkräfte aus diesen Gebieten;
2. vorbereitende Übertragung von Befugnissen aus verschiedenen administrativen Bereichen an palästinensische Vertreter im Westjordanland;
3. ein umfassendes Interimsabkommen über die Wahl eines palästinensischen Rats, über dessen Struktur und Befugnisse, den Abzug der israelischen Verteidigungsstreitkräfte aus festgelegten Gebieten, Gewährleistung der öffentlichen Ordnung und

inneren Sicherheit durch eine eigene palästinensische Polizei. Die Verhandlungen über dieses Interimsabkommen sollten umgehend in Angriff genommen werden.

4. Spätestens zu Beginn des dritten Jahres der Übergangsphase sollten Verhandlungen über den endgültigen Status zwischen Israel und den Palästinensern aufgenommen werden, die zu einem verbindlichen Abkommen beider Seiten führen sollten. Die Verhandlungen sollten sich auch auf die bisher ausgeklammerten Punkte erstrecken (Jerusalem, Flüchtlinge, Siedlungen, Sicherheitsregelungen, Grenzen, Beziehungen und Zusammenarbeit mit anderen Nachbarn) sowie auf weitere Fragen von gemeinsamem Interesse. Dieser endgültige Status sollte fünf Jahre nach dem ersten Schritt, das heißt nach dem Abkommen über die Autonomie von Gaza und Jericho, am 4. Mai 1999 wirksam werden.

Ministerpräsident Rabin stellte vor Unterzeichnung der Erklärung fest, dass Jerusalem die historische und ewige Hauptstadt des jüdischen Volkes sei, was, obwohl es der palästinensischen Auffassung nicht entsprach, in den folgenden Verhandlungen und Verträgen nicht mehr geändert werden konnte. Für die Sicherheit der Israelis im Westjordanland und im Gazastreifen, für die israelischen Siedlungen in diesen Gebieten sowie für den Transit auf den Straßen hatte Israel verantwortlich zu bleiben. Die palästinensische Autonomie war also recht begrenzt.

Zur Durchsetzung der Grundsatzerklärung hatten Rabin und Arafat erhebliche Widerstände zu überwinden. In Israel gab es Demonstrationen von Friedensgruppen zur Unterstützung Rabins, aber auch der nationalistischen Parteiungen, die die Autonomie der besetzten Gebiete ablehnten. In der PLO kündigten radikale Gruppierungen Widerstand an. Arafat erhielt Morddrohungen, und die Intifada wurde fortgesetzt, wobei es zu etlichen Ausschreitungen Jugendlicher gegen israelische Siedlungen und Soldaten kam.

Ein besonderer Vorfall sollte jedoch den Fortgang des Friedensprozesses ernsthaft gefährden. In Hebron erschoss am 25. Februar 1994 der aus den USA eingewanderte Arzt Baruch Goldstein, ein extremistischer Siedler, wahllos 29 in der Ibrahim-Moschee betende Moslems. Dies hatte weltweit eine für Israel schädliche Reaktion zur Folge. Präsident Clinton verurteilte das Verbrechen auf das Schärfste und sprach den Familien der Getöteten und Verletzten sein tiefes Mitgefühl aus. In der israelischen Regierung sprach man von der Tat eines „ „hirnverbrannten Psychopaten"[4], und auch Ministerpräsident Rabin nannte die Sache „ein abscheuliches Verbrechen eines verwirrten Einzeltäters"[5].

Die PLO verlangte eine Sitzung des Weltsicherheitsrats, rief einen dreitägigen Generalstreik aus und brach die laufenden Verhandlungen für das *Gaza-Jericho-Abkommen* in Taba ab. Ministerpräsident Rabin entschuldigte sich persönlich bei Arafat, beschwor ihn aber, den Friedensprozess fortzusetzen. Obwohl eine Serie von gegenseitigen Gewalttätigkeiten folgte, hatten die Bemühungen der amerikanischen, israelischen und der ägyptischen Regierung um Schadensbegrenzung eine Rückkehr Arafats an den Verhandlungstisch zur Folge.

Am 4. Mai 1994 konnte in Kairo als erster Schritt der Umsetzung der Grundsatzerklärung das *Gaza-Jericho-Abkommen* unterzeichnet werden. Es sah den Abzug der
israelischen Streitkräfte aus dem Gazastreifen und aus dem Gebiet um Jericho innerhalb von 21 Tagen und den sofortigen Beginn der Freilassung palästinensischer Gefan-
gener vor. Zudem übertrug es wesentliche Befugnisse der israelischen Zivilverwaltung
auf eine palästinensische Behörde, die so genannte 'Palestinian Authority', später 'Palestinian National Authority' (PNA), die zum Exekutivorgan der Palästinenser in den
künftig autonomen Gebieten wurde und verpflichtet war, feindselige Akte gegen die
Israelis zu unterbinden. Für die Sicherheit der jüdischen Bürger und Siedlungen blieb
jedoch die israelische Armee zuständig. Den Palästinensern sollte Justiz und Gerichts-
barkeit unterstehen, die sich jedoch nicht auf jüdische Siedlungen oder israelische Bürger erstrecken durfte.

Außerdem behielt sich Israel das Recht vor, Truppen in die Gebiete zu entsenden,
wenn die palästinensischen Behörden nicht in der Lage sein sollten, Angriffe auf jüdische Siedlungen oder Israelis zu verhindern. Ein Anhang, in Frankreich ausgehandelt,
regelte die wirtschaftlichen Beziehungen und insbesondere Fragen zu Im- und Export,
Währungspolitik und in Israel beschäftigten palästinensischen Arbeitskräften und rela-
tivierte somit die künftige Autonomie. Arafat hatte damit – wie schon im Interimsabkommen – die Fortsetzung des Besatzungsrechts akzeptiert. Vielleicht glaubte er, den
Weg zu einem Frieden beschritten zu haben, oder es ging ihm darum, seinen inzwischen gewonnenen Ruf als „Friedensengel" nicht zu schwächen.

Präsident Mubarak hatte für die Unterzeichnung in Kairo eine große Zeremonie mit
über 2000 geladenen Gästen, darunter zwanzig Botschaftern, arrangiert. Im letzten
Augenblick drohten die Verhandlungen wegen Uneinigkeit über das Gebiet um Jericho
zu scheitern. Arafat forderte die Stadt mit sehr weitem Umland und verweigerte auf offener Bühne die Unterzeichnung. Auch Rabin, der nur die Stadt Jericho mit ihren
Randgebieten zuzubilligen bereit war, verhielt sich entsprechend. Mubarak vermittelte,
beide Seiten fügten handschriftliche Bemerkungen hinzu, und die Sache kam zu einem
guten Ende.

Erweiterung der Autonomie

Nach der Grundsatzerklärung hätte das *Gaza-Jericho-Abkommen* schon am 13. Dezember 1993 paraphiert werden sollen, doch konnte der Plan nicht eingehalten werden.
Dies war auf Gegensätze zwischen der israelischen Regierung und der PLO-Führung
sowie Gewalttätigkeiten von Palästinensern und militanten israelischen Siedlern in den
besetzten Gebieten zurückzuführen. Extremistische Palästinensergruppen bekämpften
sich untereinander, und besonders abscheulich waren die häufigen „Hinrichtungen" so
genannter Kollaborateure.

Trotz des Abkommens blieb die Stimmung in der Westbank und noch mehr im Gazastreifen explosiv, zumal Verordnungen und Gesetze der Besatzungszeit in Kraft blie-

ben und die israelischen Siedlungen als unantastbare Exklaven galten. Arafat betrachtete die Sache als guten Anfang, verließ am 12. Juli 1994 Tunis und nahm in Gaza seinen Regierungs- und Familiensitz. Zudem kündigte er die Streichung der Passagen in der *Palästina-Charta* an, die die Beseitigung Israels forderten. Eine von der PLO aufgebaute Polizei übernahm ihre Aufgaben. In den Augen der Hamas waren der PNA-Chef und die Autonomiebehörde ein Instrument der Besatzungsmacht. Auch Rabin sah sich in Israel Vorwürfen wegen zu großen Entgegenkommens ausgesetzt.

Außenminister Peres und Arafat unterzeichneten am 29. August 1993 in Erez an der nördlichen Grenze des Gazastreifens ein *Abkommen über das Ausmaß der palästinensischen Autonomie im Gazastreifen wie im gesamten Westjordanland*. Die Palästinenser erhielten damit größere Zuständigkeit in den bislang der Militärverwaltung obliegenden Bereichen Erziehung, Gesundheit, Tourismus, Sozialwesen und Steuern. Auch die judikative Kompetenz der lokalen Behörden wurde erweitert, wenngleich ihre Verordnungen und Gesetze innerhalb von 30 Tagen von der israelischen Regierung bestätigt werden mussten. Reisen von Palästinensern zwischen dem Gazastreifen und dem Westjordanland blieben beschränkt und von Israel kontrolliert. Die Benutzung der Grenzübergänge vom Gazastreifen nach Ägypten sowie vom Gebiet um Jericho nach Jordanien wurde einvernehmlich geregelt.

Trotz aller Anfeindungen gingen Rabins Außenminister Peres und Arafat den eingeschlagenen Weg weiter. Sie unterzeichneten am 13. Oktober 1993 die *Deklaration von Oslo*, in der es um Eindämmung von Gewalt und interne Diskussionen strittiger Fragen, wie zum Beispiel zu Jerusalem, ging. Die Wirkung der ausländischen Mittel für den wirtschaftlichen Aufbau der Autonomiegebiete wurde dadurch gemindert, dass die PLO ein enormes Vermögen im Ausland hortete und ein Großteil der Gelder in dunklen Kanälen versickerte. Der PLO-Chef umgab sich mit Sicherheitsdiensten, die ihn von der Bevölkerung abschirmten, sodass er einen diktatorischen Regierungsstil pflegen konnte. Ein demokratisches Staatswesen stand so nicht in Aussicht.

Am 14. Oktober 1994 erhielten Yitzhak Rabin, Shimon Peres und Yassir Arafat in Oslo den Friedensnobelpreis dafür, dass sie sich gegen alle Widerstände für einen Frieden in Nahost eingesetzt hatten. Die Auszeichnung wurde später als zu voreilig verliehen gewertet, da die Bemühungen nicht von Erfolg gekrönt waren. Rabin wird heute von der israelischen Regierung und Bevölkerung als Politiker des Friedens in ehrenvoller Erinnerung gehalten. Wegen seiner Ermordung gilt er seit 1995 geradezu als Märtyrer. Auch nach Verleihung des Nobelpreises hörten allerdings die Gewalttaten nicht auf. Zwei Sprengstoffattentate von Selbstmördern am 22. Januar 1996 hatten den Tod von 20 israelischen Soldaten und 62 Verletzte zur Folge. Die Verantwortung für die Vorfälle übernahmen die Hamas und der islamische Jihad, die sich nicht an die Abkommen Arafats mit den Israelis gebunden fühlten. Trotz der Massaker machte der Friedensprozess seine Fortschritte.

Das Interimsabkommen zwischen Israel und der PLO – „Taba-Vertrag" oder „Oslo II"

Am 2. Februar 1995 kamen in Kairo Präsident Mubarak, König Hussein, Rabin und Arafat zusammen und wenige Tage später ihre Außenminister in Washington, sodass die Weiterführung des Friedensprozesses gesichert schien. Peres und Arafat einigten sich bis August im ägyptischen Badeort Taba auf ein weiteres, auf die Oslo-Verhandlungen gestütztes Abkommen, das dann am 28. September 1995 als *Oslo II* von Rabin und Arafat in Washington unterzeichnet wurde und als der bedeutendste Vertrag im Nahost-Friedensprozess galt.

Mit dieser aus über 300 Seiten bestehenden Vereinbarung sollte die im *Gaza-Jericho-Abkommen* (siehe Seite 106) vorgesehene Übergangszeit fünf Jahre später, also am 5. Mai 1999, beendet sein. Bis zu diesem Termin sollte eine demokratisch gewählte Selbstverwaltung, der 'Palästinensische Rat', die internen Angelegenheiten der Palästinenser regeln. Das aus 82 Mitgliedern bestehende Gremium sollte Exekutiv- und Gesetzgebungsbefugnisse bekommen, jedoch nicht für die Außenbeziehungen zuständig sein. Nach der Einsetzung des Rats sollten die israelischen Streitkräfte umgruppiert werden. Danach würde die palästinensische territoriale Zuständigkeit den Gazastreifen und das Westjordanland umfassen. Die aus dem Besatzungsrecht fließenden Vorbehalte blieben bestehen.

Das Westjordanland wurde in drei Regionen (siehe Karte 6 auf Seite 109) aufgeteilt:

– Zone A umfasste die sechs Städte Djenin, Nablus, Tulkarem, Kalkilia, Bethlehem und Ramallah. Für Hebron als siebente Stadt sollte wegen des Schutzes der dort lebenden Israelis eine besondere Regelung getroffen werden. Die israelischen Streitkräfte würden weiterhin an Orten und Straßen präsent sein, um die Bewegungsfreiheit der Israelis zu gewährleisten.

– In Zone B lagen die palästinensischen Städte und Dörfer im Westjordanland, in denen knapp 70 Prozent der palästinensischen Bevölkerung leben. Hier sollte der Rat dieselbe Zuständigkeit wie im Gebiet A erhalten, Israel hingegen behielt sich die Zuständigkeit für Sicherheit, den Schutz seiner Bürger und den Kampf gegen den Terrorismus vor.

– In Zone C lagen die kaum palästinensisch bevölkerten, mit jüdischen Siedlungen durchsetzten Gebiete. Hier behielt Israel die Zuständigkeit für Sicherheit und öffentliche Ordnung. Der freie Zugang zu den heiligen Stätten war in allen drei Gebieten garantiert.

Eine Anzahl von Bestimmungen regelte die israelisch-palästinensische Zusammenarbeit im Kampf gegen den Terrorismus. Die palästinensische Polizei war verpflichtet, Personen, die der Verübung von Terrorakten und Gewalt verdächtig waren, zu verfolgen und zu verhaften. Für Kernbereiche wie Umwelt, Wirtschaft, Technologie, Wissenschaft und Förderung der Beziehungen zwischen beiden Völkern war eine israelisch-palästinensische Zusammenarbeit vorgesehen. Das galt im Besonderen für die Verteilung der Wasserressourcen.

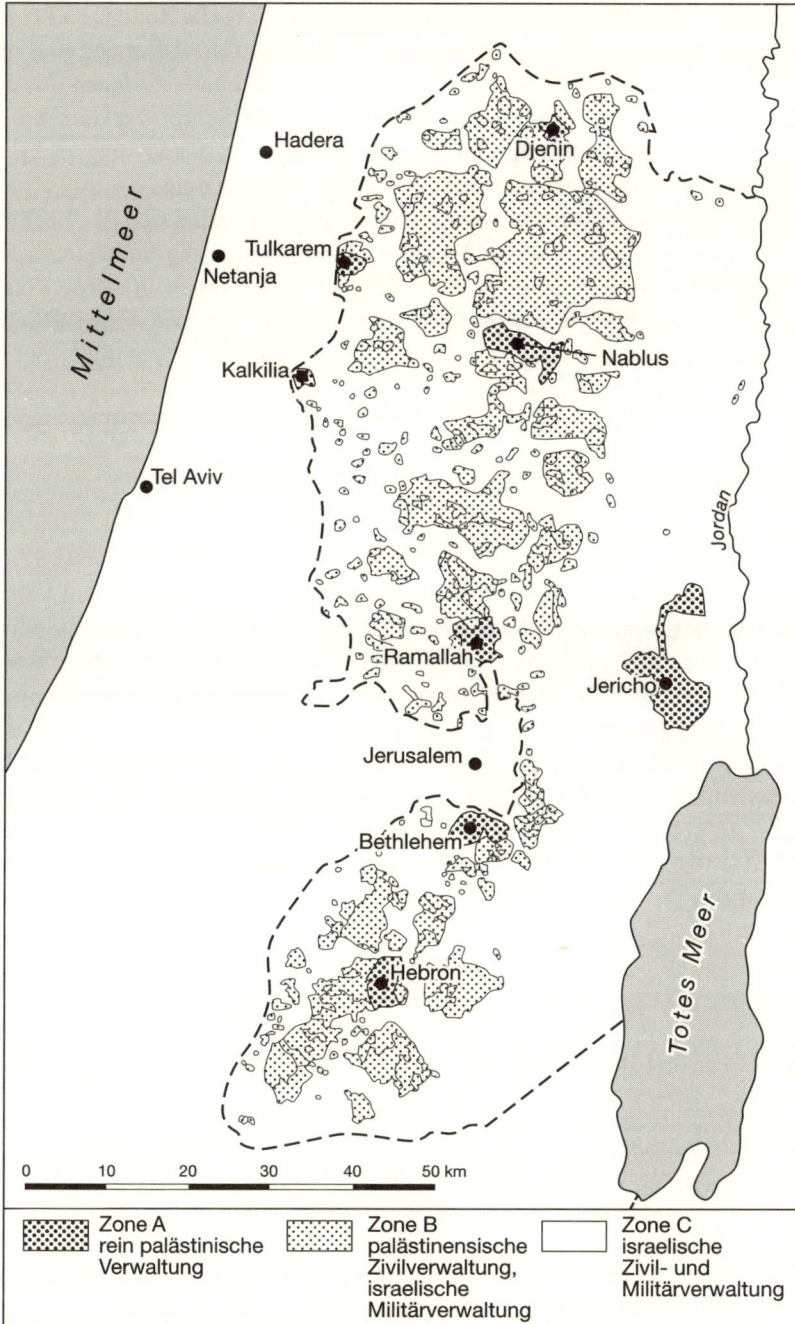

Karte 6: Die Zerstückelung der Westbank nach Oslo II

Zone A enthielt 3,5 Prozent des palästinensischen Gebiets, die Zone C 73 Prozent der Westbank. Hier war ein Teil bereits israelisches Staatsland für Siedlungen und militärische Institutionen. Die Zone B ließ sich wegen der israelischen Siedlungen und Straßen prozentual nicht genau berechnen. Das palästinensische Gebiet war damit nicht zusammenhängend, sondern bestand aus einer Vielzahl von „Inseln" unterschiedlicher Größe, die durch israelische Straßen voneinander getrennt waren.

Die palästinensische Autonomie blieb beschränkt, weil Israel sich das Recht vorbehielt, im Falle der Gefährdung seiner Sicherheit das Interimsabkommen außer Kraft zu setzen. Von einer Staatsgründung nach der Übergangszeit war keine Rede. Das Rückkehrrecht von Flüchtlingen war nicht vorgesehen, wurde auch von der israelischen Regierung verworfen. Mit diesem Abkommen war Israels Stellung gegenüber der künftigen Autonomiebehörde und ihres Territoriums gesichert.

Die wichtigsten Widerstandsgruppen der Palästinenser lehnten den Vertrag ab, forderten die Fortsetzung der Intifada und sagten Arafat den Kampf an. Aber auch Rabin hatte Mühe, die Knesset zur Annahme des Vertrags zu bewegen. Oppositionsführer Netanjahu sah im Abzug der israelischen Streitkräfte aus den autonomen Gebieten eine „unermessliche Gefahr für den jüdischen Staat"[6] und erhielt von Rabin die Antwort, dass das israelische Militär jederzeit wieder in der Westbank präsent sein könne, was den Besatzungsstatus faktisch erhielt. Wie ernst es aber Rabin mit seiner Friedenspolitik war, belegt sein Ausspruch, dass das Blutvergießen so lange weitergehen werde, wie Israel seine Herrschaft über die Palästinenser nicht beendet habe. Extreme Siedler nannten Rabin „Hochverräter und Handlanger der Mörderbande PLO". Arafat wurde von der israelischen Regierung für den Fortgang der Unruhen in den Autonomiegebieten verantwortlich gemacht und zur Verhinderung der Anschläge und Verfolgung ihrer Drahtzieher aufgefordert. Aber er hatte die radikalen Gruppen weder innerhalb noch außerhalb der PLO genügend unter Kontrolle. Zudem ist es fraglich, wie er zu den Aktivitäten dieser Gruppen wirklich stand.

Anmerkungen

[1] Elias, Abel S., *Dieser Frieden heißt Krieg*, S. 27.
[2] Ebd., S. 5.
[3] Watzal, Ludwig, *Feinde des Friedens*, S. 59.
[4] Ebd., S. 87.
[5] *Archiv der Gegenwart* 1994, S. 38689.
[6] *Archiv der Gegenwart* 1995, S. 40408.

X. Die Regierung Netanjahu

Verschärfung des politischen Klimas

Oslo II war am 6. Oktober 1995 von der Knesset mit der knappen Mehrheit von 61 zu 59 Stimmen angenommen worden – durchaus nicht ohne Tumulte. Zwei Abgeordnete erhoben sich mit Regenschirmen, um damit an Chamberlain und die Münchener Konferenz von 1938 zu erinnern. Am gleichen Abend demonstrierten Tausende auf dem Zionsplatz in Jerusalem; Rabin wurde als Puppe in SS-Uniform herumgetragen. Der aggressivste Redner auf dem Podium war Benjamin Netanjahu, der ankündigte, Rabin würde „als der Premierminister in die Geschichte eingehen, der eine Armee palästinensischer Terroristen gegründet hat"[1]. Ein Plakat stellte Rabin in SS-Uniform mit Hakenkreuzbinde, am Galgen baumelnd, dar.

Einen Monat später, am Abend des 4. November 1995, fand in Tel Aviv eine Demonstration von 150 000 Friedensanhängern statt. Auf dem Podium stand Rabin und rief der Menge zu, dass Israel den Frieden wolle, und er legte seinen Arm um die Schultern Peres'. Als beide das Podium verlassen hatten, wurde Rabin von drei Pistolenschüssen aus nächster Nähe getroffen, an denen er eine Stunde später im Krankenhaus verstarb. Der Täter, ein junger Fanatiker der äußersten Rechten – wie sich später herausstellte, von einem Rabbi indoktriniert –, ließ sich widerstandslos festnehmen und war überzeugt, im Auftrag Gottes gehandelt zu haben.

Der Tote wurde vor der Knesset aufgebahrt und über eine Million Menschen erwiesen ihm die letzte Ehre. Zum Begräbnis kamen zahlreiche Staats- und Regierungschefs, darunter Präsident Mubarak, König Hussein, die Außenminister von Oman, Quatar, Tunesien und Marokko. Arafat musste auf Geheiß seiner Sicherheitskräfte fernbleiben. Clinton sprach am Grab zwei Worte: „Shalom haver" (Friede, Freund). Wie tief hatte *Oslo* das jüdische Volk gespalten. Die Knesset übertrug die Führung des Kabinetts Shimon Peres, der den Kurs Rabins fortsetzte.

Mit Beginn des Jahres 1996 änderte sich das politische Klima. Anlass dazu war, dass Anfang Januar in Gaza ein führender Terrorist der Hamas, Jehia Ajasch, bei der Explosion seines Mobiltelefons getötet wurde. Verantwortlich dafür war nach Ansicht der Palästinenser der israelische Geheimdienst. Im Gazastreifen kam es zu ausgedehnten Demonstrationen mit der Androhung blutiger Rache. Sprengstoffanschläge und Selbstmordattentate in Jerusalem und Askelon forderten bis Ende Februar 1996 27 tote und 80 verletzte Israeli. Weitere Anschläge auf israelischem Gebiet folgten, wobei sogar einmal der Attentäter in israelischer Uniform auftrat. Die Verantwortung dafür lag meistens bei den Kampfbrigaden der Hamas. Israel musste 1000 Soldaten zur Sicherung der Bushaltestellen abstellen. Es riegelte die Autonomiegebiete ab und ließ zehn Übergangsstellen mit starken Sicherheitskontrollen zu. Ein Angebot der Hamas an die

israelische Regierung, alle Gewaltakte einzustellen, wenn Israel die Verfolgung der
Hamas und ihrer Brigaden aufgebe und den Anführer der Bewegung, Scheich Achmed
Yassin, freilasse, wurde von Außenminister Barak abgelehnt. Er drohte eine militärische
Intervention im Westjordanland an. Dies fand jedoch nicht statt, weil Israel im Liba-
non mit seinen Operationen gegen die Hisbollah sehr gebunden war, ohne jedoch die
Struktur der ca. 3000 Mitglieder umfassenden Organisation entscheidend schwächen
zu können.

Am 20. Januar 1996 fanden in den Autonomiegebieten die Wahlen zum Palästinensischen Rat statt. Die Wahlbeteiligung lag bei 80 Prozent. Von 88 Sitzen gingen 50 an
die Fatah, die damit die größte Fraktion stellte. Arafat wurde mit 87,1 Prozent der
Stimmen zum Präsidenten gewählt und war damit als Chef der Autonomiebehörde zugleich Chef ihres Legislativrats. Dieser Rat hatte ein begrenztes Mitspracherecht in den
Bereichen Wirtschaft, lokale und regionale Verwaltung, Gesundheit und Erziehung
sowie bei der Polizei. Am 25. April hob der Palästinensische Nationalrat mit überwie-
gender Mehrheit die israelfeindlichen Passagen der *Palästina-Charta* auf. Damit hatte
Arafat eine immer wieder erhobene Forderung Israels erfüllt. PFLP, DFLP und Hamas
verurteilten diesen Schritt. Die israelische Arbeitspartei beschloss, aus ihrem Parteipro-
gramm die Ablehnung eines Palästinenserstaates zu streichen. Arafat hoffte, dass Palästina in den nächsten drei Jahren souverän werde und kündigte wieder einmal die Ausrufung der Unabhängigkeit an. Doch Ministerpräsident Peres lehnte dies im Hinblick
auf den Autonomieprozess und die Verpflichtungen aus den *Oslo*-Verträgen ab.

Aus den Neuwahlen am 29. Mai 1996 ging Benjamin Netanjahu vom Likud-Block
als Sieger hervor. Er zeigte sich an einer Fortsetzung der Friedenspolitik wenig interessiert. Im Juli nahm er den schärfsten Hardliner des Likud, Ariel Sharon, als Infrastruk-
turminister in sein Kabinett auf. Dieser hatte zuvor eine Ausweitung seiner Zuständig-
keiten durchgesetzt, die ihn zum mächtigsten Mann der Regierung machte. Zu seinen
Aufgaben gehörten der Bau und die Finanzierung jüdischer Siedlungen im Westjordanland, außerdem verfügte er über Kompetenzen in der Außen- und Verteidigungs-
politik. Im Oktober 1998 wurde er Außenminister.

Die Verhandlungen über den Endstatus hatten noch unter der Regierung Rabin/
Peres in Taba begonnen und sollten im Mai 1999 zum Vertrag führen. Doch der Regierungswechsel 1996 änderte das politische Klima. Netanjahu hob den von Rabin ver-
hängten Siedlungsstopp auf und forcierte den Bau von Wohnungen für neue Siedler.
Arafat rief zum Generalstreik und zum gemeinsamen Gebet in der Al-Aksa-Moschee
auf. Darauf reagierte Netanjahu mit einer tagelangen Abriegelung der Palästinensergebiete. Arafat ließ daraufhin demonstrativ 72 militante Islamisten frei, die er im Zusammenhang mit Bombenattentaten hatte festnehmen lassen, und forderte eine Verstärkung der Intifada. Damit galt er für Israel als verantwortlich dafür, dass die Hamas
und der islamische Jihad die Fortsetzung des Kriegs verkündeten. In der Folge kam es
zu Terroranschlägen in Jerusalem, Tel Aviv und anderen jüdischen Städten. Ein wesent-
licher Streitpunkt blieb Jerusalem. Arafats Vorschlag, Jerusalem zur gemeinsamen

Hauptstadt beider Nationen zu machen, war für die israelische Regierung nicht akzeptabel. Auf scharfe Kritik der Palästinenser stieß der von der israelischen Regierung betriebene Bau einer Siedlung an der Ostgrenze Jerusalems. Damit sollte der Ring jüdischer Siedlungen um die Stadt geschlossen werden. Für die Palästinenser war das ein Beleg dafür, dass ihnen nun auch Ostjerusalem als Hauptstadt des künftigen Staates vorenthalten werden sollte. Dazu kam der Streit um die Übergabe von Hebron.

In der zweiten Junihälfte 1996 sprach sich ein Gipfeltreffen von 22 Staaten der Arabischen Liga – ohne den Irak – für eine Fortsetzung des Friedensprozesses aus. Präsident Mubarak erklärte, der Friede könne „ nur durch den vollständigen israelischen Abzug von den Golanhöhen und aus dem Libanon sowie durch die Erfüllung der politischen, legitimen Selbstbestimmungsrechte des palästinensischen Volkes und seines Rechtes auf Errichtung eines unabhängigen Staates erreicht werden"[2]. Das blieb auch in Washington nicht ohne Eindruck. Aber Netanjahu lehnte den von Clinton vorgeschlagenen Verzicht auf Ausweitung der israelischen Siedlungen ab und ließ den Termin für den Abzug der israelischen Armee aus Hebron offen. Er betonte, dass es ihm nicht mehr vorrangig um „Land gegen Frieden" sondern um die „Sicherheit Israels" gehe.[3] Clinton brachte am 4. September Netanjahu und Arafat zu einem Gespräch zusammen. Wiederum musste Premierminister Netanjahu sich sagen lassen, dass der Ausbau von Siedlungen in den Palästinensergebieten die Spannungen verschärfe. Aber er konnte wegen der Stimmung im Weißen Haus die Mahnungen übergehen, denn im Kongress hatte seine harte Haltung Zustimmung gefunden.

In dieser gespannten Atmosphäre ließ Netanjahu am 25. September 1996 einen 488 Meter langen Fußgängertunnel eröffnen, der direkt vom Platz vor der Klagemauer zur Via Dolorosa führt. Das war mit Rücksicht auf die Moslems mehrmals verschoben worden, denn nach deren Ansicht entweihte dieser Tunnel die heiligen Stätten des Tempelbergs, obwohl der Tunnel, in vorchristlicher Zeit als Teil eines Bewässerungssystems entstanden, nur die Herodianische Stützmauer berührte. Die Palästinenser empfanden den Vorgang als Provokation, und die darauf folgenden Auseinandersetzungen hatten ein seit Jahrzehnten nicht erlebtes Ausmaß. Es kam zu Feuergefechten zwischen palästinensischer Polizei und israelischen Truppen. Die Unruhen griffen auf andere Städte des Westjordanlands über. Unter den im Ganzen 70 Toten waren 14 israelische Soldaten. Der Aufstand hatte in erster Linie psychologische Ursachen und war sachlich nicht recht begründet. Aber die Angelegenheit war ein Funke zur Zündung des längst gefüllten Pulverfasses und gab den Palästinensern Gelegenheit, ihre Wut darüber zu zeigen, dass alle Gespräche und Treffen der letzten Jahre sie nicht weiter gebracht hatten. Netanjahu musste zugeben, dass die Folgen der Tunnelöffnung voraussehbar gewesen waren und dass man damit durchaus hätte warten können.

Erwartung und Enttäuschung – Hebron

Der Abzug der israelischen Truppen aus den sechs Städten der im Interimsabkommen genannten Zone A war Ende des Jahres 1995 abgeschlossen; nur die Sonderregelung für Hebron stand noch aus. Sie war unter der Regierung Peres nach Protestaktionen israelischer Siedler aufgeschoben worden. Netanjahu forderte nun Nachverhandlungen über das *Interimsabkommen* als Voraussetzung für eine Regelung für Hebron. Er berief sich darauf, dass – da nach der Tunnelöffnung palästinensische Polizisten auf Israelis geschossen hatten – der *Oslo II*-Vertrag neu überdacht werden müsse. In Hebron lebten 450 jüdische Siedler und 100 000 Araber. Die Siedler waren militärisch geschützt, manche verhielten sich auch arrogant, scheuten nicht vor Schikanen der Palästinenser zurück, hatten aber auch Racheakte für das Goldsteinmassaker zu fürchten.

Die USA bestanden auf der Übergabe von Hebron. Nach einer Gipfelkonferenz in Washington mit Clinton, Netanjahu, Arafat und König Hussein am 1. und 2. Oktober 1996 wurden in Anwesenheit von US-Vermittler Dennis Ross in Erez die Verhandlungen aufgenommen. Netanjahu erhielt von den USA die Zustimmung, dass die israelische Seite Ausmaß und Art der Umgruppierung der Streitkräfte in den besetzten Gebieten allein bestimmen könne. Nach langen, durch Israels Siedlungspolitik immer wieder stockenden Verhandlungen war Ende Dezember eine Vereinbarung in Sicht. Da schoss am 1. Januar auf dem Marktplatz in Hebron ein jüdischer Siedler auf einen Palästinenser und verletzte dabei sieben Menschen. Das zeigte, dass im Hebronabkommen auch die Sicherheit der Palästinenser geregelt werden musste. Netanjahu war auch zur Fixierung des Zeitpunkts der Umsetzung bereit. Schließlich kam es am 15. Januar zur Paraphierung des *Hebron-Protokolls*, das am 17. Januar 1997 in Jerusalem unterzeichnet wurde.

Danach hatte die israelische Armee mindestens zehn Tage nach der Unterzeichnung 80 Prozent des Territoriums der Stadt – als Sektor H 1 bezeichnet – zu räumen und der palästinensischen Selbstverwaltung zu übergeben. In den restlichen 20 Prozent, dem Sektor H 2 und eigentlichen Stadtkern, in dem 450 Siedler und 20 000 Palästinenser lebten, blieben über 1000 israelische Soldaten stationiert. Den Palästinensern wurde eine Polizeitruppe mit 400 Mann zugestanden, die mit 200 Pistolen und 100 Gewehren ausgerüstet sein durften. Sie sollten auch für die Sicherheit der heiligen Stätten zuständig sein. Das Protokoll betonte, dass die Stadt nicht geteilt sei, was nicht korrekt war.[4] Dennoch war mit der Regelung für Hebron die im Interimsabkommen festgelegte Verpflichtung Israels, die als Sektor A bezeichneten sieben Städte des Westjordanlands der PNA zu übergeben, erfüllt – wenngleich mit zehnmonatiger Verspätung. Der Chef der israelischen Sicherheitskräfte im Westjordanland kündigte an, sein Hauptquartier nach Hebron zu verlegen, das auf diese Weise Basis für gegebenenfalls notwendige militärische Operationen im Westjordanland werden sollte.

Die Knesset billigte das *Protokoll*. Rechtsextreme Gruppierungen warfen Netanjahu vor, mit der Vereinbarung sein Volk und Land verraten zu haben. Ihn erwarte das gleiche Schicksal wie Yitzhak Rabin. Auch Arafat wurde von extremistischen Palästinen-sern bedroht. Gerade deswegen bezeichnete er das *Protokoll* als großen Erfolg und pro-klamierte offiziell Hebron zur „befreiten Stadt". Nach seiner Meinung hatten die Palästinenser durch dieses *Protokoll* mit dem ganzen israelischen Volk Frieden geschlossen. Aber das entsprach nicht den Tatsachen.

Anfang 1998 legten Netanjahu und sein Außenminister Sharon fest, welche Gebiete der Westbank keineswegs zurückgegeben werden sollten. Das betraf vorrangig das Ge-biet von Groß-Jerusalem und den Grenzstreifen entlang des Jordans mit den Militär-basen und Verbindungsstraßen zwischen den Siedlungen. Das kam natürlich für die Palästinenser nicht in Betracht, zumal dafür die vollständige Annullierung der *Palästi-na-Charta* gefordert wurde.

Ein Treffen von Arafat und Netanjahu am 10. Februar 1997 in Erez über die weitere Umsetzung des Interimsabkommens war von gegenseitigen Vorwürfen geprägt. Netan-jahu warf der PNA vor, mutmaßliche Attentäter nicht ernsthaft zu verfolgen. Nach Arafat betrieb die israelische Regierung eine bewusste Verzögerung der Umsetzung von *Oslo*. Er bestand auf einer Einstellung der Siedlungsaktivitäten, der Errichtung des Transportkorridors zwischen Gaza und dem Westjordanland sowie der Genehmigung des palästinensischen Flughafens. Einen verbindlichen Zeitplan für den Abzug der Is-raelis konnte er nicht durchsetzen. Netanjahu war auch nicht daran interessiert, einen souveränen palästinensischen Staat entstehen zu lassen. Schon vor dem *Hebron-Proto-koll* hatte er erklärt, dass er nur ein kleines palästinensisches Staatswesen mit einge-schränkter Souveränität akzeptieren werde.

Nach dem Treffen von Erez gab es bis zum Herbst des Jahres 1998 keine direkten Ge-spräche zwischen den Gegnern. Vielmehr kam es zu einer neuen Krise. Ende März 1998 wurde in Ramallah der militärische Führer der Hamas, Mohjeddin Shariff, er-schossen und seine Leiche anschließend durch die Detonation einer Autobombe zerfetzt. Shariff galt als Nachfolger des 1996 getöteten Jehia Ajasch und als Hauptver-antwortlicher für die Sprengstoffattentate. In den Städten der Westbank kam es zu Massendemonstrationen mit neuen Schwüren blutiger Rache, woraufhin Netanjahu ankündigte, Verhandlungen über einen weiteren Truppenabzug auszusetzen. Da rief Mitte Mai Arafat zur Gründung eines souveränen Palästinenserstaates auf, und er nannte als Datum dafür den 4. Mai 1999, da dann die Fünfjahresfrist des Interims-abkommens abgelaufen sei. Doch er musste wegen der Drohung Netanjahus, dann weitere Gebiete des Westjordanlandes zu annektieren und damit die *Oslo*-Verträge zu umgehen, davon absehen.

Hebron blieb die von den israelisch-palästinensischen Auseinandersetzungen mit am stärksten betroffene Stadt. Schon im April 1998 kam es hier zu blutigen Ausei-nandersetzungen israelischer Sicherheitskräfte mit Palästinensern. In Straßenschlach-ten wurden zwei Personen getötet und 100 weitere verletzt. Eine zweite Welle der Gewalt forderte bis Mitte Juli 1998 rund 300 verletzte Palästinenser und 18 verletzte israelische Soldaten.

Die israelische Regierung konnte sich bei ihren Vorwürfen fortgesetzter palästinensischer Gewalttätigkeiten auf Ereignisse stützen, die zum Teil an Hinterhältigkeit kaum zu übertreffen waren. So verletzte am 9. Januar die Explosion von in Abfallbehältern verborgenen Sprengsätzen zwölf Menschen in der Nähe einer Fußgängerzone in Tel Aviv. Am 21. März kamen bei einem Terroranschlag in einem Café drei Israelinnen ums Leben und es wurden 61 Menschen verletzt. Aktionen des israelischen Geheimdienstes Mossad kamen ebenfalls ans Licht. Sie hatten jedoch bei weitem nicht das Ausmaß und die Folgen der palästinensischen Attentate. Die israelische Siedlungspolitik allerdings schürte die palästinensische Gewaltbereitschaft. Eine besondere Rolle spielte dabei der Bau der Siedlung Har Homa im Osten Jerusalems, womit der israelische Siedlungsring um die Stadt geschlossen war. Am 31. Juli sprengten sich zwei Selbstmordattentäter auf dem Jehuda-Markt in Jerusalem in die Luft. Dabei wurden 16 Menschen getötet und mehr als 170 verletzt. Die Hamas übernahm, wie schon bei vorangegangenen Anschlägen, die Verantwortung. Israel suspendierte formal den Friedensprozess und riegelte die besetzten Gebiete ab. Arafat nannte das wieder eine Kriegserklärung und kündigte eine neue Intifada an, wenn die Strafmaßnahmen nicht aufgehoben würden. Am 4. September zündeten drei Selbstmordattentäter in einer belebten Einkaufsstraße Jerusalems drei Bomben und rissen dabei vier Menschen in den Tod. Zweihundert Personen wurden zum Teil schwer verletzt.

Trotz dieser Vorfälle forderte Clinton Ende September 1998 Arafat und Netanjahu auf, den Friedensprozess am Leben zu halten. Die folgenden Washingtoner Gespräche führten jedoch nicht aus der Sackgasse. Durch Vermittlung von Dennis Ross kam es am 8. Oktober 1999 zu einer Begegnung zwischen Arafat und Netanjahu in Erez, der ersten seit acht Monaten. Beide einigten sich, die Gespräche wieder aufzunehmen. Schließlich trafen Mitte Oktober Arafat und Netanjahu mit Clinton und seiner Außenministerin auf der Wye-Plantation in Maryland zusammen. Über die neuntägigen Verhandlungen drang wenig nach außen. Den neuen Vorschlag der Amerikaner, dass Israel 13 Prozent des Westjordanlands an die PNA abtreten solle, lehnte Netanjahu ab. Er forderte die systematische Bekämpfung des Terrorismus in den besetzten Gebieten, die Entwaffnung und Festnahme mutmaßlicher Extremisten und ihre Auslieferung an Israel. Für ihn hatten die israelischen Sicherheitsbelange Priorität. Er drohte am 21. Oktober, die Konferenz zu verlassen, wenn die Palästinenser seine Forderungen nicht binnen 24 Stunden annehmen würden. Fast drohte die Konferenz zu scheitern. Hinzu kam, dass am 21. Oktober bei einem Attentat in der israelischen Stadt Beersheba 64 Menschen verletzt worden waren. Der Attentäter war ein Palästinenser aus einem Dorf bei Hebron, der eine Handgranate in eine wartende Menschenmenge am Busbahnhof und eine weitere in einen voll besetzten Bus geworfen hatte. Wiederum bekannte sich die Hamas zu der Tat und feierte den Attentäter als Held. Netanjahu wurde von Jerusalem zum Abbruch der Verhandlungen aufgefordert, und nur die Intervention Bill Clintons und Madeleine Albrights bewogen ihn, davon abzusehen. Am 23. Oktober 1998 wurde von Netanjahu und Arafat im Beisein von Clinton und König

Hussein im Weißen Haus in Washington das *Wye-River-Memorandum* unterzeichnet, das unter dem Motto stand „Land gegen Sicherheit".

Das Dokument legte einen neuen Rückzugsplan der Israelis in drei Stufen fest, wobei die letzte erst in den Endverhandlungen geregelt werden sollte. Israel sollte entsprechend der schon dem *Hebron-Protokoll* beigefügten amerikanischen Konzession allein nach Sicherheitserwägungen über die den Palästinensern zu übergebenden Gebiete entscheiden. Das war ein Blankoscheck. Ein Positivum für die Palästinenser jedoch war, dass die Eröffnung des Flughafens bei Gaza und der Bau eines Hafens sowie einer Verbindungsstraße zwischen dem Gazastreifen und der Westbank vorgesehen waren. Arafat, der unbedingt seinen Zielen näher kommen wollte, machte gute Miene und verpflichtete sich, zusammen mit Israel und den USA den Terrorismus zu bekämpfen.

Das *Memorandum* erfüllte die Friedenswünsche der Welt mit großer Hoffnung. Präsident Clinton gab dem mit folgenden Worten Ausdruck: „Die Menschen auf der ganzen Welt sollten sich über das, was heute erreicht worden ist, freuen. Die politischen Führer und diejenigen, die mit ihnen zusammenarbeiten, haben einen langen Weg zurückgelegt. Das israelische und das palästinensische Volk, deren bittere Rivalität in diesem Jahrhundert soviel Leid für beide Seiten gebracht hat, sind der Erfüllung des Abkommens von Oslo wieder einen Schritt näher gekommen. Sie sind dem Tag näher gekommen, an dem sie friedlich als wirkliche Nachbarn leben können, mit Sicherheit, Wohlstand, Selbstbestimmung, Zusammenarbeit und letztendlich, so Gott will, echter Freundschaft."[5]

Für Arafat war der 23. Oktober 1998 ein wichtiger und glücklicher Tag. Von nun an gebe es kein Zurück mehr zu Gewalt und Konfrontation. Auch Netanjahu zeigte sich voller Optimismus. Zwar sprach er sich für den Abschluss der Endverhandlungen bis zum 4. Mai 1999 aus, lehnte jedoch weiterhin einen unabhängigen Palästinenserstaat ab, was schon mit Rücksicht auf die Forderungen der Opposition notwendig war. In Arafats Bereich waren die Hamas wie die anderen extremistischen Gruppen weit davon entfernt, das *Wye-River-Memorandum* zu billigen. So konnte der PLO-Chef auch weitere Terrorakte nicht verhindern. Clintons Besuch der Autonomiegebiete Ende 1998 stimmte Arafat noch optimistisch, denn nachdem er dem Präsidenten die inzwischen vom Zentralrat der PLO abgeänderte *Palästina-Charta* vorlegte, aus der alle die Existenz des jüdischen Staates bedrohenden Passagen entfernt waren, sprach er vom Recht des palästinensischen Volkes auf Freiheit. Doch weitere schwere Auseinandersetzungen im Westjordanland und in Ostjerusalem sowie Palästinenseranschläge waren für die israelische Regierung Veranlassung, den weiteren Truppenabzug und die Umsetzung des *Wye-River-Memorandums* auszusetzen, zumal Arafat bei seiner Forderung nach einem eigenen Staat mit der Hauptstadt Jerusalem blieb. Am 15. Dezember 1999 fand am Grenzübergang Erez ein Dreiertreffen von Clinton, Arafat und Netanjahu statt, der erklärte, dass die Israelis nur dann weiteres Land räumen würden, wenn die Palästinenser ihre Verpflichtungen aus dem *Wye-River-Memorandum* erfüllt hätten und auf die Ausrufung eines Staates verzichteten. Eine entsprechende Antwort blieb

Arafat schuldig, der stattdessen die Konferenz vorzeitig verließ. Damit war das *Wye-River-Memorandum*, das zunächst so hoffungsvoll erschien, faktisch gescheitert.

In Israel warf ein bevorstehender Klimawechsel erste Schatten voraus. Am 8. November fand in Tel Aviv eine Gedenkveranstaltung für den zwei Jahre zuvor ermordeten Rabin statt, die sich zu einer großen Demonstration für den Friedensprozess entwickelte und sich gegen Netanjahu wandte, dessen Stellung in der Regierung immer schwächer wurde. Durch die Verluste im Kampf gegen die Hisbollah wurden die Stimmen für die Beendigung des Kriegs im Libanon immer lauter, und das führte auch zur Kritik am Vorgehen in den Palästinensergebieten.

Die letzten Wochen

In den letzten Monaten der Regierung Netanjahu kam der Friedensprozess nicht voran. Die bekannten gegenseitigen Vorwürfe prägten das Klima. Während sich der ehemalige Ministerpräsident Peres für die Bildung eines Palästinenserstaates aussprach, lehnte Außenminister Sharon einen solchen Schritt ab, bevor Arafat nicht stärkere Beweise seines Friedenswillens erbracht habe. Netanjahu schloss sich dem an, die Streichung der israelfeindlichen Passagen aus der *Palästina-Charta* schien ihn wenig zu beeindrucken. Der Rückzug der israelischen Armee aus dem Westjordanland kam nicht recht voran. Plötzlich vertrat Netanjahu auch den Standpunkt, dass die UN-Resolution 242 nur für Staaten, nicht aber für Organisationen wie die PLO zu gelten habe. Da Clinton Arafat bat, auf einseitige Schritte zu verzichten, beschloss im April 1999 der Zentralrat der PLO, die Proklamation eines unabhängigen Palästinenserstaates auf die Zeit nach den israelischen Wahlen zu verschieben. Für Netanjahu war das nicht genug. Er warnte Arafat, die Proklamation auch dann zu unterlassen, denn sie würde die *Oslo*-Verträge hinfällig machen und eine friedliche Einigung über den Endstatus des Autonomiegebiets sei dann nicht mehr möglich. Hier wäre zu fragen, ob die Schaffung eines Palästinenserstaates wirklich ein Ziel der *Oslo*-Verträge war.

Als auf einem Gipfeltreffen der Europäischen Union im März 1999 in Berlin das Recht der Palästinenser auf einen eigenen Staat betont wurde, sprach Netanjahu der EU das Recht auf Mitsprache ab und warf ihr eine einseitige Position für die Palästinenser vor. Sie hätte ihre Rolle als ehrliche Vermittlerin im Nahostkonflikt verspielt. Viele europäische Länder seien in den Holocaust verwickelt gewesen, weswegen sie nicht die Gründung eines Staates fordern dürften, der eine Gefahr für Israel sei. Das war geradezu eine Instrumentalisierung des Holocaust für israelische Interessen.

Wie sehr die israelische Position in den USA unterstützt wurde, zeigte sich darin, dass Clinton im Kongress aufgefordert wurde, jegliche einseitige Erklärung, die die Gründung eines Palästinenserstaates unterstützen könnte, zu unterlassen. Eine von der UN-Generalversammlung verabschiedete Resolution, in der die Siedlungspolitik Israels verurteilt wurde, lehnten die USA und Israel ab. Arafat bereiste daraufhin die europäi-

schen Staaten und warb um Unterstützung. Nicht ohne Erfolg, denn eine internationale Geberkonferenz in Frankfurt versprach Arafat für 1999 insgesamt 770 Millionen
Dollar für Wirtschaftsprojekte. Deutschland stellte allein 140 Millionen Mark zur Verfügung und war damit das wichtigste Geberland für Arafat. Der deutsche Außenminister Joschka Fischer mahnte allerdings Israel und die Palästinenser, sich unbedingt an
die sich aus dem *Wye-River-Abkommen* ergebende Verpflichtung „Land gegen Sicherheit" zu halten.

Die verstärkten Hisbollah-Angriffe im Südlibanon machten der israelischen Regierung zu schaffen. Der Krieg im Libanon wurde noch unbeliebter, da er zu viele Opfer
forderte. Syrisch-israelische Friedensgespräche führten wegen der gegensätzlichen Auffassung über die Räumung der Golanhöhen nicht zum Ziel. An einen Rückzug aus
dem Libanon knüpfte die israelische Regierung Sicherheitsgarantien als Bedingungen,
auf die der Libanon nicht einging. Die israelische Armee war hier in diesen Monaten
stärker gebunden als je zuvor. Ein Kurswechsel der Regierung schien bald unabwend-
bar. Die Kritik an Netanjahu nahm im Kabinett, in der Knesset und in der gesamten
Bevölkerung zu, und der Ministerpräsident sah sich an die Wand gedrückt und innen-
wie außenpolitisch isoliert.

Anmerkungen

[1] Watzal, Ludwig, *Feinde des Friedens,* S. 64.
[2] *Archiv der Gegenwart* 1996, S. 41169.
[3] Ebd., S. 41222.
[4] Vgl. Elias, Adel S. *Dieser Frieden heißt Krieg,* S. 266 ff. Durch eine „Sektorengrenze" wurde
Hebron faktisch doch geteilt.
[5] *Archiv der Gegenwart* 1998, S. 43129.

XI. Camp David 2000 und Taba

„Wye-River-Memorandum II" – „Sharm el-Sheikh-Protokoll"

Bei den Wahlen am 17. Mai 1999 erhielt Ehud Barak 56 Prozent der Stimmen und Netanjahu 44 Prozent. Der Regierungswechsel wurde in Washington, den arabischen und europäischen Staaten und selbst in Israel als Erleichterung empfunden. Viele glaubten, dass eine neue Zeit beginne und nun der Friedensprozess wieder in Gang komme. Barak zeigte auch Bereitschaft, mit dem PLO-Chef zu verhandeln, der aus Furcht vor einer syrisch-israelischen Vereinbarung sein Entgegenkommen zeigte. Barak besuchte die Staatschefs Ägyptens und Jordaniens sowie Präsident Clinton in Washington. Hier versprach er, bis zum November 2000 mit den Palästinensern zu einer endgültigen Vereinbarung und einem Rahmenabkommen mit Syrien und dem Libanon zu kommen. Clinton gewährte für den baldigen Truppenabzug der Israelis aus der Westbank eine Finanzhilfe von 1,2 Milliarden Dollar; damit war Barak bei den USA in der Pflicht. Am 11. Juli traf er am Grenzpunkt Erez mit Arafat zusammen und versprach die Umsetzung der bestehenden Verträge, auch des *Wye-River-Memorandums* vom Oktober 1998 mit der Übergabe von weiteren 13 Prozent des Westjordanlands an die Autonomiebehörde. Arafat nannte Barak einen Freund und Partner und war zur weiteren Zusammenarbeit gern bereit. Dann bat Barak ihn, einer unbedeutenden Aufschiebung eines Teils des anstehenden Truppenabzugs zuzustimmen, und fügte hinzu, er werde ohne Arafats Zustimmung nicht einseitig handeln. Dies zeigte das Interesse des neuen israelischen Regierungschefs am Friedensprozess. Arafat lehnte jedoch nach einer Bedenkfrist von zwei Wochen die Bitte ab und forderte sofortige Umsetzung von *Wye-River I.* Am 4. September 1999 unterzeichneten Arafat und Barak das zweite *Wye-River-Memorandum*, auch *Sharm el-Sheikh-Protokoll* genannt, und zwar – was der Sache ein besonderes Gewicht gab – in Gegenwart der amerikanischen Außenministerin Albright, des ägyptischen Präsidenten Mubarak und des jordanischen Königs Abdullah.

Nach diesem Abkommen sollte bis zum Januar 2000 der weitere Rückzug der Israelis aus vorerst elf Prozent des Westjordanlands in drei Phasen stattfinden und 348 palästinensische Gefangene aus israelischer Haft entlassen werden. Der Bau des Seehafens in Gaza und die Eröffnung von zwei Verbindungsrouten zwischen Gazastreifen und Westjordanland sollten sofort in Angriff genommen werden. Beide Seiten verpflichteten sich, bis zum Abschluss der Friedensverhandlungen auf einseitige Maßnahmen zu verzichten. Schon am 13. September 1999, dem siebten Jahrestag der Grundsatzvereinbarung von Oslo, sollte ein Rahmenabkommen mit Details für das Schlussabkommen vorliegen, das im September 2000 als völkerrechtlich verbindlicher Vertrag abzuschließen war. Damit würde der palästinensisch-israelische Konflikt beendet sein.

Weitere Einzelheiten wurden aus dem *Wye-River-Memorandum* übernommen. Barak gab folgende Erklärung ab: „Wir messen der Unterstützung Ägyptens bei der Wiederaufnahme des Friedensprozesses unter Präsident Mubarak große Bedeutung bei [...] Wir stehen an der Schwelle des 21. Jahrhunderts und eines neuen Millenniums. Die Menschen im Nahen Osten sind bereit für den Anfang einer neuen Ära. Ich glaube an eine Vision des Friedens und der Sicherheit, welche den Bedürfnissen aller Parteien gerecht wird und durch den Dialog, gegenseitigen Respekt und gutnachbarliches Verhalten erreicht wird. Ich bin davon überzeugt, dass es unsere Aufgabe ist – die Aufgabe der Vertreter aller Parteien – den Weg zu ebnen und unser Volk zum gemeinsamen Ziel zu führen, nämlich zu Frieden, Sicherheit und Wohlstand [...] Wir müssen die Gelegenheit nutzen und unseren Müttern, Vätern, Kindern und Enkelkindern zuliebe die Vision eines umfassenden Friedens zu einer dauerhaften Realität werden lassen."[1] Auch Arafat nannte das *Protokoll* „eine neue Etappe des Friedensprozesses". Aber er fügte hinzu: „Wir müssen alles in unserer Macht stehende tun, um uns den Endstatusverhandlungen auf der Grundlage der UN-Resolutionen 242 und 338 so schnell wie möglich zu nähern, die zur Gründung des unabhängigen palästinensischen Staates mit der Hauptstadt Jerusalem führen sollen."[2] Diese Forderung entsprach natürlich nicht Baraks Absichten.

Die israelische Regierung zeigte mit der umgehenden Freilassung von Gefangenen – darunter auch Mitgliedern extremistischer Organisationen – ihre Bereitschaft zur Umsetzung des Abkommens. Mitte Oktober kam es sogar zu einem Geheimtreffen zwischen Arafat und Barak, und mit der dann folgenden Eröffnung der Transitstraßen zwischen Gaza und der Westbank schienen die wesentlichen Streitpunkte ausgeräumt. Am 1. und 2. November 1999 trafen Barak und Arafat mit Clinton in Oslo anlässlich einer Gedenkfeier für Rabin zu Gesprächen zusammen, und das weitere Vorgehen wurde besprochen. Die Atmosphäre gab Anlass zu Optimismus. Tatsächlich begannen dann am 8. November in Ramallah die Schlussverhandlungen zwischen den Delegationen beider Parteien. Der Zeitplan, dass bis zum September 2000 der endgültige Vertrag verhandelt werden sollte, wurde nochmals bestätigt.

In weiteren Gesprächen zeigten sich wieder dunkle Wolken am Horizont, die alles Erreichte infrage stellen konnten. Der palästinensische Delegationsleiter forderte neben der Einstellung der israelischen Siedlungstätigkeit das Rückkehrrecht für die Flüchtlinge von 1947/48 und 1967. Das bedeutete die Rückkehr von 3,6 Millionen Palästinensern, die in den Nachbarländern Israels lebten. Für Barak kam das natürlich nicht in Betracht, um den Bestand Israels nicht zu gefährden. Über den Rückzug Israels aus den besetzten Gebieten gemäß den UN-Resolutionen 242 und 338 gab es keine Differenzen. Israel verfügte ja über eine Relativierung. Allerdings wurde die zweite der vorgesehenen drei Etappen für die Übergabe weiterer Westjordanlands leicht verschoben. Die Differenzen resultierten daraus, dass Israel kaum bevölkertes Land abtreten wollte, Arafat jedoch Gebiete verlangte, die von Palästinensern bewohnt wurden. Die Israelis konnten sich darauf berufen, dass es ihnen schon seit dem *Hebron-Protokoll* überlassen

war, welche Gebiete sie räumen würden, und Arafat musste das akzeptieren. Durch
diese Differenzen war die Atmosphäre, die Anfang November in London und in Oslo
geherrscht hatte, wieder getrübt. Die in Ramallah aufgenommenen Status-Endver-
handlungen waren insofern von einem zunehmend gespannten Verhältnis gekenn-
zeichnet, das auch Dennis Ross nicht entschärfen konnte, zumal Arafat Baraks Bitten
um Verschiebung der Rückzugstermine aufgrund innenpolitischen Drucks nicht nachgeben wollte. Auch die dann in Taba fortgesetzten Verhandlungen brachten keinen
Durchbruch.

Im Februar 2000 verhandelten in Moskau die Außenminister der USA, Russlands,
Israels, Jordaniens, Ägyptens und Vertreter der EU vergeblich über Möglichkeiten einer
Wiederaufnahme des Friedensprozesses. Arafat zeigte sich verärgert und unzugänglich,
weil Barak die im *Wye II* vorgesehene Übergabe von weiteren 6,1 Prozent des palästinensischen Territoriums mehrfach verschob. Nach einer Woge neuer Hisbollah-Angriffe auf den Norden des Landes flog die israelische Luftwaffe schwerste Angriffe gegen
den Libanon. Die Verhandlungen mit Syrien stockten, da Israel nicht bereit war, der
Forderung nach vollständiger Räumung der Golanhöhen zu entsprechen. Gleichzeitig
mit schweren Zusammenstößen zwischen palästinensischen Jugendlichen und israelischen Sicherheitsstreitkräften im Westjordanland verstärkte die Hisbollah ihre Angriffe. Um bei einem Vorgehen im Westjordanland den Rücken frei zu haben – wohl auch
um amerikanischen Wünschen zu entsprechen –, beschloss die israelische Regierung
die Räumung des Libanon in der ersten Julihälfte. Doch schon sechs Wochen vorher,
am 25. Mai, ließ Barak plötzlich und ohne Gegenleistung alle Positionen in der Sicherheitszone von der israelischen Armee räumen. Das galt später als großer Fehler. Arafat
glaubte, die Situation nutzen zu können und kündigte erneut die Ausrufung eines Palästinenserstaates an, doch Israel drohte, in diesem Fall militärisch einzuschreiten. Daraufhin gab Arafat sein Vorhaben auf.

Konferenz in Clintons Feriensitz Camp David

Präsident Clinton lud Barak und Arafat mit ihren Delegationen zu neuen Verhandlungen ein. Als Ort dafür wurde Camp David bei Washington gewählt, da hier 1978 der
Friede zwischen Israel und Ägypten zustande gekommen war. Die Verhandlungen fanden vom 11. bis zum 25. Juli 2000 statt. Um Druck auf die Delegierten von den Medien
und aus den Heimatländern auszuschließen, verfügte Clinton eine Nachrichtensperre
für die gesamte Dauer der Verhandlungen. Dadurch lässt sich der genaue Verlauf
schlecht rekonstruieren.

Schwerpunktmäßig gab es drei Probleme. Die palästinensische Seite bestand auf
dem Rückzug Israels auf die Grenzen von 1967, der Rückkehr und Entschädigung aller
Flüchtlinge seit 1948 und der Rückgabe des 1967 besetzten Ostjerusalem. Demgegenüber erschienen die Probleme der Siedlungen und des Jordangrabens vorerst zweitran-

gig. Ein Rückzug auf die Grenzen vom 4. Juni 1967 kam für Israel nicht in Betracht. Ein Jahr nach Camp David wurde von vielen Seiten behauptet, Israel habe damals den Palästinensern 95 Prozent ihres Territoriums zur Staatsbildung angeboten, was jedoch Arafat als unzureichend ablehnte und damit eine einmalige Chance verspielte. Die knappen Medienberichte über die Konferenz geben keinen Aufschluss über ein solches konkretes israelisches Angebot. So entsteht die Frage, wie die 95-Prozent-Legende entstand oder ob vielleicht etwas von der späteren Taba-Konferenz auf Camp David übertragen wurde. Seit November 2001 besteht darüber etwas mehr Klarheit. Der damalige israelische Außenminister Shlomo Ben-Ami war an den Verhandlungen maßgeblich beteiligt, hat Tagebuch geführt und wesentliche Einzelheiten daraus mehr als ein Jahr später preisgegeben. Diese Informationen wurden von der israelischen Botschaft in Deutschland veröffentlicht.[3]

Danach sind der Konferenz von Camp David bereits im Mai Geheimverhandlungen beider Delegationen in Stockholm vorangegangen. Von israelischer Seite wurde eine Landkarte mit dem Vorschlag für eine Landverteilung im Verhältnis 88 : 12 präsentiert. Der Palästinenserstaat sollte 88 Prozent des Westjordanlands mit dem Gazastreifen erhalten, die restlichen zwölf Prozent sollten unter israelische Souveränität kommen. Nach Ben-Ami ist die israelische Delegation diesem Vorschlag in Camp David strikt gefolgt, war jedoch intern bereit, den Anspruch zu gegebenem Zeitpunkt auf acht bis zehn Prozent zu reduzieren und den Palästinensern als Gegenleistung für die Annexionen zwei bis vier Prozent von israelischem Gebiet, im Ganzen also 92 bis 96 Prozent, anzubieten. Ein offizielles, israelisches Angebot in dieser Größenordnung ist für keinen Zeitpunkt der Konferenz belegt, und die palästinensische Seite war nicht bereit, von ihrer Forderung nach 100 Prozent abzugehen. Nach Ben-Ami gingen die Israelis davon aus, dass jede Seite Maximalforderungen an den Beginn der Verhandlungen stelle und dass man dann nach einem Kompromiss suche. Doch habe man vergeblich auf ein Gegenangebot Arafats gewartet, das diesen Weg dazu hätte öffnen können. Vielmehr weigerte sich der PLO-Führer konstant, auf den israelischen Vorschlag einzugehen. Natürlich waren ihm insofern die Hände gebunden, als während der Konferenz im Gazastreifen große Demonstrationen stattfanden, die Arafats Stellung im Falle von Konzessionen an die Israelis gefährdeten. Hatte doch auch der Hamas-Führer Scheich Yassin angekündigt, dass seine Organisation jede Vereinbarung ablehnen werde, die nicht alle palästinensischen Forderungen enthalte. Andererseits war auch Barak vom Likud-Führer Sharon aufgefordert worden, bei den Palästinensern keine zu großen Konzessionen zu machen, und wurde propagandistisch von der Rechten unter Druck gesetzt. So war auch Baraks Verhandlungsspielraum eingeengt, und die möglicherweise geheimen Erwägungen konnte er nicht preisgeben. Jedenfalls steht fest, dass es in Camp David von israelischer Seite nicht zu einem weiter reichenden Angebot gekommen ist. Möglicherweise wäre es zu einem besseren Angebot gekommen, wenn palästinensische Gegenangebote auf dem Tisch gelegen hätten. Aber das war nicht der Fall. Dennoch standen die 95 Prozent irgendwie im Raum. Denn Arafat hat der Legende nie widersprochen und 2002, als seine Lage sehr aussichtslos war, sich gegenüber dem US-Präsidenten Bush bereit gezeigt, auf Camp David und die 95-Prozent-Lösung zurückzukommen. Aber die Konferenz ist nicht an diesem Punkt gescheitert, sondern an der Jerusalemfrage.

Die seit 1949 erfolgte Teilung Jerusalems war 1967 durch die israelische Besetzung Westjordaniens aufgehoben worden. Israel hat dann die Stadtgrenzen weit nach Osten ausgedehnt und durch konsequente Siedlungspolitik seinen Bevölkerungsanteil in dem neuen Territorium von zehn Prozent zu Anfang der siebziger Jahre auf 50 Prozent 1993 erhöht. Gezielt wurde Ostjerusalem von einem israelischen Siedlungsring umgeben. Für die Israelis ist ein ungeteiltes Jerusalem als Hauptstadt ihres Staates das Ziel. Doch wurde es fraglich, ob man sich auf Dauer der palästinensischen Forderung nach Ostjerusalem als Hauptstadt des Palästinenserstaates widersetzen konnte.

In Camp David wurden mehrere Varianten zur Jerusalemfrage diskutiert. Sie führten zu keinem Ergebnis, da die palästinensische Seite auf dem ganzen Ostteil der Stadt bestand. Der jüdische Zugang zu den Heiligtümern auf dem Tempelberg sollte gewährleistet und die Klagemauer den Israelis belassen werden. Diese wollten den Palästinensern die Hoheit über Ostjerusalem und einige an die Stadt angrenzenden arabischen Siedlungen zugestehen, zwei größere Siedlungsblöcke innerhalb des Gebiets Westjerusalem jedoch eingemeinden. Das hätte eine klare Trennung nicht ermöglicht. Ben-Ami warf Arafat vor, er lehne nur ab, ohne zu einem Gegenvorschlag bereit zu sein, über den man hätte diskutieren können. Barak bot in einem letzten Angebot den Palästinensern 85 bis 90 Prozent von Ostjerusalem an. Diese bestanden jedoch auf 100 Prozent mit dem Argument, dass Ägypten, Jordanien und der Libanon das seit 1967 von Israel besetzte Land vollständig zurückerhalten hätten und dass dies auch für die Palästinenser gelten müsse. Arafat hat nach seiner Rückkehr von Camp David betont, dass er von seiner Forderung nach Rückgabe aller besetzten Gebiete – auch was Jerusalem anbelangt – nicht abgerückt sei, und sich dafür feiern lassen. Es stellte sich vorrangig die Souveränitätsfrage. Barak musste mit Rücksicht auf die Stimmung daheim an der faktischen Souveränität über Jerusalem und an der Unteilbarkeit der Stadt festhalten. Arafat hingegen konnte keine Vereinbarung treffen, die Israel auch nur eine Teilsouveränität über Ostjerusalem konzediert hätte. Auch das israelische Angebot, den Palästinensern die Zivilverwaltung über Ostjerusalem und Teile der Altstadt zu überlassen, in Sicherheitsfragen aber die volle Souveränität zu behalten, war für Arafat und seine Delegation nicht annehmbar. Sie waren zwar bereit, die Klagemauer und das jüdische Viertel der Altstadt Israel zu belassen, bestanden aber auf Ostjerusalem als Hauptstadt ihres künftigen Staates.

Was die Siedlungen im palästinensischen Gebiet anbelangte, so war Barak nicht bereit, sie aus der israelischen Hoheit zu entlassen. Auch gab er keine Zustimmung zur Auflösung der Siedlungen im Gazastreifen. Ein weiterer Streitpunkt war die israelische Forderung nach militärischen Stützpunkten im Jordangraben, die von palästinensischer Seite konsequent abgelehnt wurde.

In der Flüchtlingsfrage gab es etwas Bewegung. Offiziell forderten die Palästinenser für alle Flüchtlinge seit 1948 das Recht auf Rückkehr. Das aber würde die Bevölkerungsstruktur Israels gefährden. Deshalb wurde es abgelehnt. Die palästinensische Forderung nach Entschädigung der Flüchtlinge war für Israel unberechenbar. Dennoch sollte ein internationaler Fonds gegründet werden, um daraus die Entschädigung der Flüchtlinge bei ihrer Umsiedlung in einen Palästinenserstaat oder ihre Eingliederung in die Staaten, in denen sie lebten, zu finanzieren. Doch da Israel sich weigerte, die von den Palästinensern geforderte moralische und juristische Verantwortung für alle Flüchtlinge zu übernehmen, gab es auch in dieser Frage kein konkretes Ergebnis.

Die Camp-David-Runde wurde am 25. Juli abgebrochen. Besonders durch die Erklärung Clintons entstand der Eindruck, dass sie vorrangig an der Jerusalemfrage gescheitert sei. Doch der palästinensische Chefunterhändler wandte sich gegen diese Auffassung, da auf der Konferenz zum ersten Mal nach neun Jahren die so heiklen Themen wie Jerusalem, die Flüchtlingsfrage und die Siedlungen verhandelt worden wären. Es seien Gespräche geführt worden, an die man anknüpfen könne. Barak gab Arafat wegen seines harten Neins zu allen Vorschlägen die alleinige Schuld am Ausgang der Konferenz, und dem entspricht auch die Darstellung Ben-Amis. Dass man allerdings nicht von einem gänzlichen Scheitern der Konferenz sprechen kann, wird dadurch belegt, dass in den folgenden zwei Monaten israelisch-palästinensische Gespräche, die an Camp David anknüpften, vorwiegend in Jerusalem stattfanden. Auch hier kam man nicht weiter, denn beide Seiten beharrten auf ihren Ansprüchen. Wohl kam es zu einer Art von palästinensischem Ultimatum an die Israelis, bis Mitte September ein Abkommen zu ermöglichen. War doch in Sharm el-Sheikh im Jahr zuvor der 13. September 2000 als spätester Termin für einen endgültigen Friedensvertrag festgelegt worden. Außerdem wollte Arafat zu diesem Zeitpunkt auch den palästinensischen Staat ausrufen. Doch musste er von diesem Plan absehen, da die israelische Regierung keinen Zweifel darüber ließ, dass ein einseitiges Vorgehen der Palästinenser zu einem bewaffneten Konflikt führen würde.

Es bleibt die Frage, ob das Ausbleiben des Abkommens und der Ausrufung des Palästinenserstaates zur Auslösung der Al-Aksa-Intifada beigetragen hat. Gewiss hat das Stocken der Entwicklung den Unmut der palästinensischen Bevölkerung verstärkt und damit auch den Boden für den Aufstand bereitet. Dabei mag auch Arafats „Heldenspiel" nach Camp David eine Rolle gespielt haben. Barak, von den jüdischen Siedlern und rechten Parteien während der Konferenz des „Ausverkaufs" Israels beschuldigt, rechtfertigte in seiner offiziellen Erklärung nach Camp David seine Bereitschaft zum Entgegenkommen, betonte jedoch hart dessen Grenzen:

„[…] Heute kehre ich aus Camp David zurück und blicke in Millionen Augen und sage mit Bedauern: wir waren noch nicht erfolgreich. Wir hatten keinen Erfolg, weil wir keinen Partner fanden, der bereit gewesen wäre, in allen Fragen Entscheidungen zu treffen. Wir hatten keinen Erfolg, weil unsere palästinensischen Nachbarn die Tatsache noch nicht verinnerlicht haben, dass für das Zustandekommen des Friedens jede Seite auf einige ihrer Träume verzichten muss – es muss gegeben und nicht nur gefordert werden [...]

Wir haben schwierige Verhandlungen geführt; wir waren bereit, einen hohen Preis zu zahlen. Aber wir wussten, dass wir in drei Punkten keine Kompromisse eingehen und nicht verzichten konnten: die Sicherheit Israels, israelische Heiligtümer und die Einheit des israelischen Volkes. Jeder Israeli weiß und jeder Nachbar wusste, dass es für jedes Volk Dinge gibt, die nicht verhandelbar sind. Und wenn wir – Gott bewahre – vor die Entscheidung gestellt werden, auf sie zu verzichten oder für sie zu kämpfen, wird jedem von uns die Wahl klar sein [...]

Unseren palästinensischen Nachbarn sage ich heute: Wir wollen keinen Konflikt. Doch wenn irgend einer von euch es riskiert, uns auf die Probe zu stellen, werden wir zusammenhalten, stark entschlossen, sicher und von unserer Sache überzeugt in die Prüfungen gehen – und gewinnen [...]"[4]

Vor einem neuen Aufruhr

Bei den Palästinensern wurde Arafat, der erklärte, von seiner Forderung nach Rückgabe von 100 Prozent der besetzten Gebiete nicht abgerückt zu sein, zum Helden von Camp David. Erneute Vermittlungsbemühungen des ägyptischen Präsidenten Mubarak, des jordanischen Königs Abdullah und des US-Vermittlers Dennis Ross blieben in den nächsten Wochen erfolglos, ebenso wie Bill Clintons Bemühungen am Rande einer Veranstaltung der UNO in New York. Allerdings gelang es dem US-Präsidenten, Arafat zur Aufschiebung seiner angekündigten Staatsproklamation am 13. September 2000, dem Tag, an dem die Frist für ein definitives Friedensabkommen abgelaufen wäre, zu bewegen. Daraufhin gab es auf israelischer Seite eine neue Bereitschaft zum Entgegenkommen. Barak vertrat jetzt den Standpunkt, dass ganz Ostjerusalem mit Teilen der Altstadt zur Metropole des künftigen Palästinenserstaates werden könne, während das übrige Jerusalem die Hauptstadt Israels bleibe. Zu einer solchen Teilung Jerusalems sei Israel bisher nicht bereit gewesen. Die Palästinenser wollten Israel dafür die Klagemauer und das jüdische Viertel der Altstadt überlassen. Allerdings verlangten sie die volle Souveränität über Ostjerusalem, während Israel dort auf seiner Zuständigkeit in Sicherheitsfragen bestand. So gab es keine Einigung. Zudem sollten die jüdischen Siedlungen im Westjordanland und im Gazastreifen Bestandteil Israels bleiben. Dies gab auch der palästinensischen Seite einen Grund zur Ablehnung, denn der Palästinenserstaat wäre so durch eine Vielzahl israelischer Hoheitsgebiete durchlöchert worden. Auch eine Begegnung Arafats mit Barak in dessen Privathaus am 25. September 2000 blieb folgenlos.

Die Stimmung der Palästinenser der Westbank war nach Camp David so gespannt wie nie zuvor. Eine Bereitschaft zu Ausschreitungen war vielerorts spürbar. Die Hamas forderte die Wiederaufnahme des Kriegs gegen Israel, den „heiligen Krieg" gegen den jüdischen Staat, und auf Transparenten wurde eine neue Intifada angekündigt. Am 26. August kam es bei Nablus zu einer Schießerei zwischen israelischen Soldaten und Hamas-Aktivisten, bei der drei israelische Soldaten den Tod fanden.

Drei Tage nach dem letzten Gespräch zwischen Barak und Arafat, am 28. September 2000, kam es zu einem Ereignis, das vorerst weitere Verhandlungen als sinnlos erscheinen lassen musste. Der Likudführer Ariel Sharon besuchte mit Zustimmung Baraks und beschützt von einem großen Aufgebot an Sicherheitskräften den Felsendom. Angeblich sollte es für den Likudchef eine Geste des Friedens sein. Wozu aber dann die bewaffnete Begleitung? Von den Palästinensern wurde das als Provokation empfunden, und heftige Auseinandersetzungen zwischen ihnen und den Begleitern Sharons waren die Folge. Arafat sah in Sharons Auftritt einen gewalttätigen Akt, und es kam zu einem regelrechten Aufstand der Palästinenser in den gesamten Autonomiegebieten, der Al-Aksa-Intifada, die bis heute andauert. Nachdem in Ramallah zwei israelische Soldaten von palästinensischen Demonstranten zu Tode geprügelt wurden, flog die israelische Luftwaffe Vergeltungsangriffe gegen die Städte des Autonomiegebiets. Als weitere palästinensische Gewaltakte folgten, beschossen israelische Kampfhubschrauber den Polizeiposten, die Rundfunkanstalt, andere Gebäude der Autonomiebehörde und in Gaza Ziele in der Nähe der Residenz Arafats. Auch die Polizeistationen in Jericho, Hebron und Nablus wurden aus der Luft angegriffen. Bis Ende 2000 kamen bei dem Aufstand 350 Palästinenser und 130 Israeli ums Leben.

Der Auftritt Sharons und seine Folgen wurden weltweit als Behinderung des Friedensprozesses und als unnötige Herausforderung verurteilt. Aber das hatte keinen Erfolg, ebenso wenig wie ein Beschluss des UN-Sicherheitsrats, für den das Vorgehen des israelischen Militärs unverhältnismäßig war. In den Augen der israelischen Regierung selbst war Sharons Besuch auf dem Felsenberg unnötig und ein Fehler, jedoch nicht Auslöser der Gewalt. Untersuchungen über die Vorgeschichte des Aufstands ergaben auch, dass die Zweite Intifada seit Wochen vorbereitet war und auch ohne Sharons Auftritt auf dem Tempelberg begonnen hätte. Straßenschlachten zwischen Palästinensern und israelischen Sicherheitskräften in Gaza, dem Westjordanland und in Ostjerusalem gehörten fast zur Tagesordnung.

Nachdem am 7. Oktober 2000 Palästinenser in Nablus das Josefgrab zerstörten, das zu den höchsten jüdischen Heiligtümern gehört, riegelte Israel die gesamten palästinensischen Gebiete ab und forderte ultimativ die Einstellung aller Gewalttaten, sonst werde der Verteidigungsfall verkündet. Doch Arafat wies das Ultimatum zurück. In getrennten Gesprächen mit der US-Außenministerin Madeleine Albright und dem französischen Staatspräsidenten Jacques Chirac vereinbarten Barak und Arafat einen Waffenstillstand. Arafat weigerte sich allerdings, das schriftlich zu fixieren.

Taba im Januar 2001

Auf amerikanische Initiative fand am 16. und 17. Oktober 2000 im ägyptischen Sharm el-Sheikh ein Gipfeltreffen mit Clinton, Mubarak, dem jordanischen König Abdullah, EU-Außenkommissar Javier Solana, Barak und Arafat statt. Es gab keine gemeinsamen Verhandlungen, sondern getrennte Gespräche der beiden Gegner mit Clinton. Arafat versprach, für ein Ende der Gewalttätigkeiten zu sorgen, und die israelische Seite verpflichtete sich zum Rückzug aus dem Westjordanland und Gaza sowie zur Aufhebung der Abriegelung. Die israelische Regierung und die Autonomiebehörde gaben daraufhin auch entsprechende Erklärungen ab. Doch für die Fatah-Jugend wie die Hamas waren die Beschlüsse von Sharm el-Sheikh nicht verbindlich, da sie dem palästinensischen Volk aufgezwungen worden seien, und die Gewaltakte gingen weiter. Nachdem Arafat demonstrativ inhaftierte Terroristen der Hamas und des islamischen Jihad freiließ, kündigte die israelische Regierung an, dass jegliche Friedensverhandlungen unterbrochen würden. Barak erklärte sich am 8. November 2000 mit der Gründung eines palästinensischen Staates einverstanden, sofern dieser in Verhandlungen mit Israel geschaffen werde und nicht aus Gewaltakten hervorgehe. Dennoch eskalierten die blutigen Konfrontationen. Hinterhältige palästinensische Bombenanschläge, die Erwachsene und Kinder trafen, und Vergeltungen der israelischen Armee rissen nicht ab. Am 19. Dezember führte Clinton in Washington erneute Gespräche mit israelischen und palästinensischen Unterhändlern. Dabei unterbreitete er beiden Seiten einen neuen Friedensvorschlag: Auf 54 bis 96 Prozent des Westjordanlands und des Gazastreifens sollte ein verbundener Palästinenserstaat errichtet werden, in den die palästinensischen Flüchtlinge zurückkehren könnten, sofern sie sich nicht für einen Verbleib in ihren jetzigen Wohnorten entschieden. Zu ihrer Entschädigung war ein internationaler Fonds zu gründen. Jerusalem sollte geteilt und die Hauptstadt beider Völker werden. Israel sollte die Souveränität über die Klagemauer und das jüdische Viertel der Altstadt erhalten, die Palästinenser die Hoheit über den Tempelberg und den Rest der Altstadt. Der Zugang zur gesamten Stadt sollte wegen der heiligen Stätten offen sein.

Die israelische Regierung lehnte die Abtretung des Tempelbergs und ein generelles Rückkehrrecht der Flüchtlinge ab und begründete das damit, dass eine Rückkehr von 3,5 bis vier Millionen Flüchtlingen in ein Land mit fünf Millionen Juden die demographische und religiöse Struktur des jüdischen Staates radikal verändern würde. Clinton sah das ein und änderte diesen Punkt entsprechend. Es gelang ihm, eine Bereitschaft beider Seiten für Verhandlungen über seinen Vorschlag zu erzielen. Israelis und Palästinenser einigten sich darauf, am 21. Januar 2001 im ägyptischen Badeort Taba die Verhandlungen aufzunehmen.

Die Konferenz erweckte den Eindruck, der Friedensprozess werde fortgesetzt. Beide Seiten waren sich einig, dass für die Grenzen des künftigen Palästinenserstaates die Waffenstillstandslinien vom 4. Juni 1967 maßgeblich sein sollten. Nach israelischer Vorstellung sollten die Palästinenser 94 Prozent des Westjordanlands erhalten und die fehlenden sechs Prozent sollten zur einen Hälfte durch israelische Territorien und zur anderen mit dem Korridor zwischen dem Westjordanland und dem Gazastreifen ausgeglichen werden. Die Palästinenser bestanden jedoch wieder auf 100 Prozent des Westjordanlands, und zwar mit folgender Begründung: „In einem Gefängnis sind 95 Prozent des Raumes für die Gefangenen gedacht – Zellen, Aufenthaltsräume, Sporthalle, Krankenstation usw. Aber den Wärtern genügen die übrigen 5 Prozent, um die Gefangenen unter Kontrolle zu halten."[5]

Die palästinensische Seite war nur bereit, zwei Prozent des Westjordanlands gegen entsprechendes Territorium auszutauschen, was offenbar nicht als letztes Wort gedacht war. Die Jerusalemfrage sollte sich am Plan Clintons orientieren. Jerusalem sollte zur gemeinsamen Hauptstadt beider Staaten werden, die jüdischen Viertel israelisch und die arabischen Viertel palästinensisch.

In der Sicherheitsfrage herrschte Einvernehmen. Die Palästinenser waren mit einer Rüstungskontrolle und beide Seiten mit einer internationalen Beobachtertruppe an den Grenzen einverstanden. Zur Regelung der Flüchtlingsfrage sah die israelische Seite mehrere Möglichkeiten vor: Rückkehr der Flüchtlinge nach Israel oder in einen Palästinenserstaat, ihre Ausreise in ein anderes Land oder ihr Verbleiben am derzeitigen Wohnort. Nach palästinensischer Vorstellung sollte die Entscheidung darüber den Flüchtlingen freigestellt und die Struktur des jüdischen Staates damit nicht bedroht sein. Beide Seiten waren sich über die Errichtung eines internationalen Hilfsfonds zur Entschädigung der Flüchtlinge einig.

Bestehende Differenzen in den einzelnen Bereichen waren nicht die Ursache für die ergebnislose Beendigung der Konferenz, auch nicht der Gegensatz bei der Umsetzung des Plans, für die die Palästinenser 18 Monate und die Israelis drei Jahre veranschlagten. In der gemeinsamen Erklärung vom 27. Januar 2001 versicherten beide Seiten, man sei einem Friedensvertrag noch nie so nahe gewesen. Man hatte sich auch darauf geeinigt, gemäß der Resolution 242 des UN-Sicherheitsrats zu einem späteren Zeitpunkt die Verhandlungen auf der mit dieser Konferenz geschaffenen Grundlage zu einem Ergebnis zu finden.

Israels Außenminister Ben-Ami erklärte nach seiner Rückkehr: „[…] Ich und meine Kollegen können bezeugen, dass diese Runde die detaillierten und tiefgehendsten Gespräche brachte und uns in die Lage versetzte, sagen zu können, dass wir – Israelis und Palästinenser – noch nie so kurz vor einer gemeinsamen Übereinkunft gestanden haben wie jetzt. Wir haben in den verschiedenen Arbeitsgruppen sowohl die Grundsätze als auch Detailfragen besprochen – bedeutende Detailfragen. Wir können mit Bestimmtheit sagen, dass wir eine Grundlage für ein Abkommen haben, das nach den Wahlen in Israel erreicht und umgesetzt werden kann. Ich bin davon überzeugt, dass wir, wenn wir über mehr Zeit für hochrangige politische Gespräche verfügten, in der Lage wären, das zu vervollständigen, was in diesen Verhandlungen noch vervollständigt werden muss. Wir schließen jetzt unsere Gespräche in der Hoffnung und Erwartung ab, dass es eine weitere Ebene der Gespräche zwischen unseren Regierungschefs geben wird."[6] Ähnlich lautete die Erklärung des palästinensischen Unterhändlers Kurei, für den die Verhandlungen in Taba die „wichtigste Phase der Endstatusverhandlungen"[7] waren. Auch im Falle eines Wahlsiegs Sharons sollte weiter verhandelt werden.

Arafat wurde später von verschiedenen Seiten vorgeworfen, dass er die in Taba gebotene Chance nicht wahrgenommen habe. Doch das könnte man auch der israelischen Seite vorhalten. Aber das geht an den Realitäten vorbei. Wesentlich war, dass die Knesset im November 2000 vorgezogene Neuwahlen für den 6. Februar 2001 beschlossen hatte und vor Beginn der Konferenz offiziell der Wahlkampf eröffnet worden war, in dem Sharon gegen Barak antrat. Gegen Ende der Verhandlungen war abzusehen, dass Sharon die Wahlen gewinnen und er dann keinen Vertrag auf der Grundlage der Verhandlungen von Taba schließen würde. Hatte er doch vor Beginn der Konferenz offiziell erklärt, dass alles, was Barak bis zum 6. Februar noch aushandele, im Falle seines Wahlsiegs hinfällig sei. Diese Situation musste die Endphase der Konferenz entscheidend beeinflussen. Doch abgesehen davon wurde das Klima schon einen Tag nach dem Ende der Konferenz eisig, weil Arafat in Davos in einer Rede Israel eine „faschistische Militäraktion gegen die Palästinenser"[8] vorwarf, woraufhin Barak ein in Stockholm festgesetztes Treffen mit dem PLO-Chef absagte. Der israelische Staatspräsident Moshe Katzav erklärte, dass Israel die Souveränität über den Tempelberg nie abtreten und die Rückkehr von Millionen palästinensischer Flüchtlinge nach Israel nicht zulassen könne. Zu den Verhandlungen sagte er: „Israel hat bislang immer Zugeständnisse gemacht, und Yassir Arafat war niemals zu Kompromissen bereit. Man muss begreifen, dass es nicht möglich ist, alle Forderungen zu hundert Prozent erfüllt zu bekommen. Man muss berücksichtigen, dass die Existenz des Staates Israel wegen seiner Umgebung in Gefahr ist. Die Länder, die Israel umgeben [...] werden niemals in Gefahr sein. Daher muss Israel vor allem Sorge tragen für die Sicherheit des eigenen Landes."[9]

Anmerkungen

[1] *Archiv der Gegenwart* 1999, S. 43749.

[2] Ebd., S. 43750.

[3] Botschaft des Staates Israel in Deutschland, Hintergrund, November 2001.

[4] Botschaft des Staates Israel in Deutschland, 2000.

[5] Gresh, Alain, „Verpasster Frieden", in: *Le Monde diplomatique,* deutsche Ausgabe, September 2001, S. 8 f.

[6] *Archiv der Gegenwart* 2001, S. 44770.

[7] Ebd.

[8] Ebd.

[9] Ebd., S. 44771.

XII. Im Zeichen der Zweiten Intifada

Beginn der Ära Sharon

Aus den Wahlen am 6. Februar 2001 ging Ariel Sharon mit 62,5 Prozent der Stimmen als klarer Sieger hervor. Dies entsprach einem Umschwung der politischen Stimmung in der Bevölkerung. Er bildete eine Koalitionsregierung mit der Arbeitspartei und Shimon Peres als Außenminister, doch stützte er sich mehr auf die rechtsnationalistischen Fraktionen. Sein Ziel war und blieb, die palästinensische Opposition mit allen Mitteln zu erdrücken, zumal die Serie der Gewalttaten nicht abriss. Shimon Peres bemühte sich wiederholt, den harten Kurs seines Premiers zu mildern, wenngleich auch seiner Meinung nach die Einstellung der palästinensischen Terroraktionen die Voraussetzung für Verhandlungen war.

Sharon zeigte nach der Wahl Bereitschaft zur Fortsetzung der Bemühungen um eine Friedensvereinbarung: „Jedes diplomatische Abkommen wird auf der Sicherheit für alle Menschen in der Region basieren. Ich fordere unsere palästinensischen Nachbarn auf, den Weg der Gewalt zu verlassen und zum Mittel des Dialogs zur Lösung der Differenzen und zum Weg in Richtung Frieden zurückzukehren [...] Wir werden ein neues Kapitel in den Beziehungen zu den israelischen Arabern aufschlagen, um eine wirkliche Partnerschaft und das Gefühl der Gleichheit unter allen Bürgern des Landes zu schaffen [...] Meine Regierung wird realistische Friedensvereinbarungen anstreben, die den vitalen und historischen Interessen Israels entsprechen."[1]

Sharon forderte Arafat auf, an den Verhandlungstisch zurückzukehren. Aber er stellte klar, dass es für ihn „keine Friedensverhandlungen geben" könne, „so lange die Gegenseite den Terror gegen unser Volk fortsetzt"[2]. In seiner Rede nach der Regierungsbildung hieß es weiter: „Unsre Hand ist zum Frieden ausgestreckt. Wir wissen, dass Frieden für beide Seiten schmerzliche Kompromisse mit sich bringt. Trotz bedeutender Zugeständnisse, die alle israelischen Regierungen in den letzten Jahren auf dem Weg zum Frieden gemacht haben, konnten wir bis jetzt noch keine Bereitschaft zur Aussöhnung und zu einem echten Frieden bei unseren palästinensischen Nachbarn erkennen. Als Ansatz werden wir das Prinzip, Konflikte durch Frieden zu lösen, nehmen. Aber wir müssen darauf vorbereitet sein, Gewalt als angemessenes Mittel einzusetzen [...] Wir rufen unsere palästinensischen Nachbarn auf, von Gewalt abzusehen, die Gewalt zu bekämpfen, die gegen Israel, seine Bürger und Soldaten gerichtet ist."[3]

Arafat und seine Mitarbeiter waren bereit, die Verhandlungen an dem Punkt zu beginnen, an dem sie unterbrochen worden waren. Auch Sharon erklärte sich bereit zur Wiederaufnahme der israelisch-palästinensischen Verhandlungen, allerdings unter der Voraussetzung, dass die von Palästinensern ausgeübte Gewalt beendet und die Aufwiegelung gegen Israel gestoppt werde. Barak aber betonte vor der Knesset, dass die Palästinenserführung für ein Friedensabkommen noch nicht reif und Sharon nicht an das in Camp David und Taba Erreichte gebunden sei. Damit waren der Friedensbereitschaft der israelischen Seite und dem Vorschlag Arafats klare Grenzen gesetzt.

Die palästinensischen Gewalttätigkeiten und israelischen Vergeltungsschläge gingen unvermindert weiter. Besonders abscheulich war das Attentat eines palästinensischen Busfahrers am 14. Februar 2001, der in einem Vorort von Tel Aviv seinen Bus in eine Menschenmenge steuerte und dabei acht Israelis, davon sieben Soldaten, tötete und 25 Personen verletzte. Fast täglich gab es Bomben- und Selbstmordattentate, zu denen sich meistens Kommandos der Hamas, der Fatah, der PFLP und des Islamischen Jihad bekannten. In der Folge zerstörten israelische Panzer in wichtigen Orten des Gazastreifens und des Westjordanlands Häuser, in denen Terroristen lebten oder vermutet wurden. Die Informationen des israelischen Geheimdiensts waren erstaunlich präzise. Das israelische Vorgehen stieß auf Kritik des US-Präsidenten, seines Außenministers Powell sowie des UN-Generalsekretärs Kofi Annan, die es als unverhältnismäßig ansahen. Doch Israel rechtfertigte sein Vorgehen mit dem Ziel, die Ruhe wieder herzustellen. Sharon erklärte, dass er Arafat mit den Vergeltungsschlägen zwingen wolle, dem Terror ein Ende zu setzen.

Für die Palästinenser bedeuteten die Gewaltakte eine Antwort auf die Besetzung ihrer Gebiete, und Arafat war in den Augen Sharons der Hauptverantwortliche für alle Terrorakte. Arafat verurteilte zwar die Gewaltakte gegen Zivilisten, doch erklärte er, die Intifada bis zur Gründung eines palästinensischen Staates fortzusetzen, und die Intifada basierte auf Gewaltakten. Vermittlungsbemühungen des israelischen Außenministers Peres in Kairo, Amman, Washington und Berlin, von Arafat in Moskau und von König Abdullah in Berlin blieben ohne Erfolg.

„Mitchell-Report" und „Tenet-Plan"

Das Gipfeltreffen von Sharm el-Sheikh vom Oktober 2000 hatte eine Kommission zur Untersuchung der Ursachen für die Gewalt in Israel und in den palästinensischen Gebieten seit Ende September 2000 eingesetzt. Sie bestand aus dem Präsidenten der Republik Türkei, Suleiman Demirel, dem Außenminister von Norwegen, Thorbörn Jagland, dem Vertreter für die Außen- und Sicherheitspolitik der Europäischen Union, Javier Solana, dem ehemaligen amerikanischen Senator Warren B. Rudman und dem ehemaligen Mehrheitsführer des US-Senats, George Mitchell, als Vorsitzendem. Der Bericht der Kommission (siehe Dokument 14 auf Seite 170) wurde Ende April 2001 in Washington vorgelegt und in den ersten Maitagen den Israelis und den Palästinensern zur Kenntnis gegeben. Die Kommission hatte in den Palästinensergebieten recherchiert. Der Bericht übte scharfe Kritik an beiden Seiten und verwarf den zunehmenden Rückgriff auf Gewalt, die israelischen Siedlungsaktivitäten und den palästinensischen Terror. Die Verzweiflung der Palästinenser erklärte er mit der Besetzung des Landes

und dem Vorgehen des israelischen Militärs. Friedensinitiativen der folgenden Jahre
sollten sich immer wieder auf den Bericht berufen, der von allen Mitgliedern der Kommission unterzeichnet worden war. Er forderte, die Gewalt bedingungslos einzustellen
und rasch und entschlossen die Verhandlungen wieder aufzunehmen. Die israelische
Regierung wies den Vorwurf, ihre Armee wende unverhältnismäßige Gewalt an, zurück
und lehnte den Vorschlag des Außenministers Peres, den Bericht generell zu akzeptieren, mehrheitlich ab. Außerdem war sie mit der nunmehr von palästinensischer Seite,
von den USA und den Europäern vorgeschlagenen Entsendung einer internationalen
Friedenstruppe in die Palästinensergebiete nicht einverstanden. Die radikalen Gruppen
der Palästinenser beeindruckte der *Mitchell-Report* wenig. Palästinensische Terroraktionen und harte israelische Vergeltungsschläge gingen weiter. Die militärische Vergeltung stieß weltweit auf Kritik, die die israelische Regierung hinnahm. Der von Israel
am 22. Mai 2001 verkündete Waffenstillstand sollte Arafat Zeit geben, die Gewalt zu
stoppen, hatte aber keinen Erfolg. Tag für Tag kam es zu neuen palästinensischen
Sprengstoffanschlägen, zu denen sich meistens der Islamische Jihad und die PFLP und
die Kampfbrigaden der Fatah bekannten. Vermittlungsbemühungen des amerikanischen Diplomaten William Burns bei Arafat und bei der israelischen Regierung hatten
keinen Erfolg.

Scharfe Kritik erfuhr das seit Jahren schwerste Selbstmordattentat eines Palästinensers am 1. Juni, der sich vor einer Diskothek in einer Gruppe Jugendlicher in die Luft
sprengte und dabei 21 junge Menschen tötete und über 100 Personen verletzte. Die
Hamas bekannte sich zu dem Vorfall. Da Arafat ihn verurteilte und sich für bedingungslose Waffenruhe aussprach, verzichtete Sharon auf einen besonderen Vergeltungsschlag, wenngleich die Autonomiegebiete weiter abgeriegelt blieben. Für ihn war
Arafat ein Mörder und krankhafter Lügner und das Oberhaupt von Terroristen und
Mördern. Das Verhältnis zwischen Sharon und dem Palästinenserführer wurde zu
einer persönlichen Feindschaft.

Die amerikanische Regierung entsandte in der ersten Junihälfte 2001 den CIA-Chef
George Tenet auf eine Vermittlungsreise in den Nahen Osten. Er unterbreitete beiden
Seiten Vorschläge zur Sicherung der Waffenruhe. Die wesentlichen Punkte waren:

– Die Palästinenser sollten sich verpflichten, die Einfuhr illegaler Waffen in ihre Gebiete, den Waffenschmuggel und die Herstellung von Bomben zu unterbinden.
– Die palästinensischen Sicherheitskräfte sollten die vor der Intifada getroffenen Vereinbarungen halten.
– Israel sollte seine Truppen auf die Positionen vom 28. September 2000 zurückziehen,
  die Angriffe auf die Autonomiegebiete einstellen und keine tödlichen Geschosse
  gegen Demonstranten einsetzen.
– Die Palästinenser sollten die Aktivisten terroristischer Gruppierungen festsetzen und
  jede Hetze gegen Israel unterlassen.
– Die israelische Regierung sollte Maßnahmen gegen Personen treffen, die zur Gewalt
  aufhetzten oder Angriffe auf Palästinenser planten.

– In einer sechswöchigen Waffenruhe sollten Delegierte beider Seiten einmal pro
  Woche zu Beratungen einer künftigen Kooperation zusammentreffen. Nach einem
  ruhigen Verlauf dieser sechs Wochen sollten die Friedensverhandlungen beginnen.
  Doch der *Tenet-Plan* und die folgende formelle Waffenruhe brachten keine Beruhi-
  gung. Da im Gazastreifen zwei israelische Soldaten ermordet wurden, stellte Sharon die
  Angriffe gegen die Autonomiegebiete nicht ein. Präsident Bush entsandte Ende Juni
  seinen Außenminister Powell zu einer Vermittlungsaktion in den Nahen Osten. Powell
  sprach sowohl mit Sharon in Jerusalem als auch mit Arafat in Ramallah und forderte
  die Realisierung des Mitchell-Plans. Doch die Gewalt ging auf beiden Seiten unvermindert weiter. Die von Powell, der arabischen Liga und den G 8-Staaten[4] geforderte Entsendung einer internationalen Beobachtertruppe in die Autonomiegebiete lehnte die
  israelische Regierung entschieden ab. Gespräche zwischen Shimon Peres und Palästi-
  nenserführern in Lissabon und in Kairo blieben ergebnislos.

Spirale der Gewalt

Als Antwort auf brutale palästinensische Terrorakte verstärkte Israel seine Truppen im
Westjordanland und bezog nun auch alle formal autonomen Gebiete in die Besetzung
ein. Internationales Aufsehen erregte die Zerstörung des Hauptquartiers der Hamas in
Nablus. Dabei wurden acht Palästinenser, darunter zwei Kinder von fünf und acht Jahren, getötet. Doch die israelische Seite berief sich auf ihr Recht zur Tötung mutmaßlicher und wirklicher palästinensischer Extremisten. Die Aktion wurde international
als übertriebene Reaktion verurteilt, was jedoch ohne Auswirkungen blieb. Als am
9. August ein Selbstmordattentäter der Hamas in einer Pizzeria in Jerusalem mindestens 15 Menschen tötete, erreichte der Konflikt einen neuen Höhepunkt. Die israelische Seite reagierte mit Angriffen auf das Hauptquartier der Polizei in Ramallah und
schloss das Orienthaus in Ostjerusalem, das als PLO-Vertretung und offizielles Außenministerium der Palästinenser galt. Der Amtssitz Arafats in Ramallah wurde von
Panzern umstellt.

Besonders folgenreich war die Ermordung des israelischen Tourismusministers
Rehavam Zeevi durch PFLP-Anhänger am 17. Oktober 2001. Die israelische Armee
rückte in die Städte des Autonomiegebiets ein, die sie erst aufgrund einer amerikanischen Forderung im November räumte. Schon zuvor waren israelische Panzer nach
Djenin eingedrungen, das als Hauptstützpunkt für die Organisatoren und Attentäter,
als Hochburg des Islamischen Jihad und schlechthin als Hauptstadt des Terrorismus
galt. Die Palästinenser leisteten Widerstand; elf wurden getötet. Ein besonders scheuß-
licher Gewaltakt fand am 4. Oktober statt. Ein als israelischer Soldat verkleideter Palästinenser erschoss auf einem Busbahnhof in der nordisraelischen Stadt Afula drei Israelis und verletzte 16 Menschen. Für Sharon stand daraufhin die Fortdauer der Waffenruhe außer Diskussion. Panzer rückten in Ramallah, Bethlehem, Bei Jala, Kalkilia,

Tulkarem und Hebron ein. Es kam zu Gefechten. Dabei fanden 23 Palästinenser und ein Israeli den Tod.

Ende Oktober zeigte Sharon dennoch Bereitschaft, erneut mit den Palästinensern über einen souveränen Staat unbestimmter Größe zu verhandeln. Es war bekannt, dass Sharon ihn so klein wie möglich halten wollte. Außenminister Shimon Peres aber war bereit, die Friedensgespräche ohne vollständige Waffenruhe wieder aufzunehmen. Die amerikanische Regierung beauftragte den General Anthony Zinni mit einer Nahostmission zur Erkundung der Möglichkeiten eines Waffenstillstands. Das Klima dafür war wegen wiederholter Terrorakte schlecht. Sharon war überzeugt, dass die Palästinenserbehörde die amerikanische Vermittlung untergraben wollte, und er forderte nun die Entfernung Arafats von der Spitze der Autonomiebehörde. Es gab Vorschläge, ihn zu töten oder gewaltsam in ein Exil zu bringen. Anfang Dezember rollten israelische Panzer als Antwort auf weitere Anschläge der Hamas und des Islamischen Jihad in Djenin und Bethlehem ein. Sharon erklärte, die militärischen Aktionen erst einzustellen, wenn eine neue Autonomiebehörde eine andere Politik betreibe. Obwohl Shimon Peres warnte, den Palästinenserpräsidenten fallen zu lassen, lehnte die israelische Regierung Arafat als Partner für künftige Verhandlungen grundsätzlich ab. Sharon bestand auf einer siebentägigen Waffenruhe vor jeglichem Verhandlungsbeginn, und die Palästinenser gaben der Fortdauer der israelischen Siedlungspolitik die Hauptschuld am Fortgang des Konflikts. Arafat durfte Ramallah nicht verlassen. In einer Fernsehansprache rief er die Bevölkerung zur Einhaltung der Waffenruhe auf. Nur dann könne ein künftiger Palästinenserstaat entstehen. Doch die Hamas, die PFLP und der Islamische Jihad erklärten, den bewaffneten Kampf fortzusetzen, und nannten die Gewaltakte Selbstverteidigung. Das israelische Sicherheitskabinett untersagte am 22. Dezember 2001 Arafat den Flug nach Bethlehem, wo er an der Weihnachtsmesse teilnehmen wollte. Die palästinensischen Gewaltakte und israelischen Gegenschläge nahmen kein Ende.

Die Palästinenser konnten sich durch Handel mit verschiedenen Ländern zunehmend bewaffnen. Anfang Januar wurde von der israelischen Marine im Roten Meer südlich des ägyptischen Ortes Sharm el-Sheikh ein Frachter aufgebracht, der 50 Tonnen Kriegsmaterial verschiedener Art – Kurzstreckenraketen, Minenwerfer, Sturmgewehre und Sprengstoff – in die Palästinensergebiete schmuggeln wollte. Die Ladung sollte aus dem Irak kommen, dem mit den Palästinensern gefährlichsten Gegner Israels. Die Schiffsbesatzung einschließlich des Kapitäns, ein Oberst der palästinensischen Marine, wurde festgenommen. Ministerpräsident Sharon und sein Verteidigungsminister Ben Eliezer wollten wissen, dass Arafat selbst den Waffenschmuggel angeordnet hatte, und eine israelische Delegation legte dafür in Washington Beweise vor. Die PNA und Arafat bestritten, mit der Angelegenheit etwas zu tun zu haben. US-Vermittler Anthony Zinni brach enttäuscht seine Mission ab und erklärte, dass sein Land nichts mehr von Arafat halte. Auch US-Präsident Bush bezeichnete Arafat nun als unglaubwürdig, und das Verhältnis zwischen Washington und der Palästinenserbehörde war nachhaltig belastet.

Die palästinensischen Gewaltakte nahmen mit der Zweiten Intifada von Woche zu Woche zu. Im Januar 2002 griffen palästinensische Freischärler einen israelischen Armeeposten vor dem Gazastreifen an und töteten vier Soldaten. Besonderes Aufsehen erregte ein Terrorakt am 10. Januar, als in der nordisraelischen Stadt Hadera ein Attentäter der Al-Aksa-Brigade in einen Saal eindrang, in dem eine Feier stattfand, und hier sechs Menschen erschoss, bevor er selbst den Tod fand. Wenige Tage später richtete ein Palästinenser in einer belebten Straße Jerusalems ein Blutbad an, indem er mit einem Sturmgewehr in die Menschenmenge an einer Bushaltestelle schoss und 46 Personen verletzte. Zwei Tage später zündete ein Terrorist in einer Fußgängerzone von Tel Aviv eine Bombe, die mit Metallteilen gespickt war, um eine größere Anzahl von Menschen zu verletzen. Die Al-Aksa-Brigaden und der Islamische Jihad standen nachweislich hinter den meisten Attentaten. Am 10. Februar wurden von militanten Palästinensern erstmalig Kurzstreckenraketen auf israelisches Gebiet gefeuert. Sie verfehlten zwar ihr Ziel, demonstrierten aber Israels Verletzbarkeit. Wenig später wurde im Westjordanland ein Lastwagen aufgebracht, der mit acht Raketen einer Reichweite von zwölf Kilometern beladen war. Zwei Tage später sprengte sich ein Mitglied einer Terrorbrigade der PFLP im Einkaufszentrum einer jüdischen Siedlung bei Nablus in die Luft. Dabei wurden zwei Menschen getötet und 27 verletzt. Das war der erste Angriff auf eine jüdische Siedlung. Ende März drang ein als Hippie verkleideter junger Mann in das Parkhotel von Netanya ein, wo gerade das Mahl zum Passafest serviert wurde, und schoss auf die Gäste. Hundert Menschen wurden verletzt. Bis zum 3. April war die Zahl der Toten dieses Anschlags auf 23 gestiegen, darunter mehrere Kinder.

In den Augen Sharons war Arafat persönlich für alle palästinensischen Gewaltakte verantwortlich. Arafats Amtssitz war seit Dezember von Panzern umstellt; er durfte ihn nicht verlassen. Die israelischen Vergeltungsschläge überwogen bald qualitativ und quantitativ die palästinensischen Aktionen. Sharon glaubte, die Palästinenser damit zur Aufgabe der Gewaltaktionen zwingen zu können. Er vertrat, im Gegensatz zu seinem Außenminister Peres, den Standpunkt, es werde erst neue Gespräche geben, wenn Arafat wirklich geschlagen sei. Erst nach einer Kapitulation der Palästinenser könnten Verhandlungen zu den Bedingungen Israels beginnen. Im Januar drang ein israelischer Stoßtrupp mit Panzern und Planierraupen in Raffah ein und zerstörte einige Dutzend Wohnhäuser – Hunderte von Menschen wurden obdachlos. Der Flugplatz von Gaza wurde zerstört. Washingtons Außenministerium nannte das provokativ, und die EU-Kommission protestierte gegen die Zerstörung der Häuser und die Vertreibung der Menschen. Man war auch aufgebracht, weil der zerstörte Flughafen mit Mitteln der Europäischen Gemeinschaft finanziert worden war und auch andere von der EU getragene Objekte zerstört wurden. Der durch die israelischen Aktionen entstandene Schaden wurde auf 1,5 Millionen Euro geschätzt. Die EU-Kommission kündigte an, künftig für die Zerstörung von EU-finanzierten Einrichtungen Entschädigung zu verlangen. Selbst in Israel sprach man von einem unverhältnismäßigen Racheakt. Die Regierung aber berief sich darauf, dass Terroristen „ausgeschaltet" werden müssten. Ende Januar konnte bei Tulkarem der Führer der Al-Aksa-Brigaden, Raed el-Karmi, getötet werden. Gleichzeitig wurde in Ramallah der Generalsekretär der PFLP von palästinensischen Sicherheitskräften verhaftet. Damit gab sich Israel nicht zufrieden, weil Arafat die Auslieferung verweigerte. In Beantwortung des Terrorakts in Hadera zerstörten israelische Kampfflieger das Verwaltungsgebäude der PNA in Ramallah. Der Ring um Arafats Amtssitz wurde verstärkt und der Radiosender *Stimme Palästinas* zerstört. Auch Tulkarem wurde von Panzereinheiten besetzt, die israelische Armee verhaftete hier 50 Mitglieder der Fatah und anderer terroristischer Brigaden. Dieses Vorgehen bezeichnete die Hamas als „Massaker" und drohte mit besonderen Vergeltungsaktionen, die auch folgten. Das erwähnte Blutbad in Jerusalem galt als Racheakt. Bei einem Angriff von Kampfflugzeugen der israelischen Armee auf Gaza kam es um die Mittagszeit zu einem Angriff auf eine Wohngegend. Hunderte von Zivilisten und Kindern waren auf den Straßen. Das israelische Sicherheitskabinett beschloss am 20. Februar, die palästinensischen Gewaltakte härter als bisher zu vergelten. Die Errichtung einer Sicherheits- oder Pufferzone kam ins Gespräch, um das Eindringen von Terroristen zu verhindern. Das Verteidigungsministerium forderte stärkeres militärisches Vorgehen.

Am 12. März 2001 startete Israel seine bisher größte Offensive gegen die Westbank, an der etwa 20 000 Soldaten beteiligt waren. Jeder Widerstand wurde gebrochen – das kostete 31 Palästinenser das Leben. In Dabalia im Gazastreifen sowie in Oret Amari bei Ramallah wurden zusammen 49 Palästinenser, die Widerstand geleistet hatten, erschossen. Gleichzeitig zeigten extreme palästinensische Gruppierungen große Rücksichtslosigkeit, als sie angebliche Kollaborateure erschossen oder henkten. Die wichtigen Städte des Autonomiegebiets waren bald in israelischer Hand. Präsident George W. Bush hatte beschlossen, den Nahostgesandten Zinni sowie den Vizepräsidenten Richard Cheney zur Vermittlung nach Nahost zu entsenden, und Sharon wollte bis dahin möglichst viele Trümpfe in der Hand haben. Dennoch musste Israel auf amerikanischen Druck die palästinensischen Städte räumen, doch 150 Panzer blieben einsatzbereit im Autonomiegebiet.

Friedensinitiativen

Israels militärisches Vorgehen fand auch Kritik in der eigenen Bevölkerung. In etlichen Städten, besonders in Tel Aviv, gab es Demonstrationen von Friedensgruppen. Der Unwille machte auch vor den Wehrpflichtigen nicht Halt. Vom Ausbruch der Zweiten Intifada im September 2000 bis zum Januar 2002 verweigerten 400 israelische Soldaten den Dienst an der Waffe, um nicht in den besetzten Gebieten eingesetzt zu werden. Aufsehen erregte die von 52 Reservisten in der Zeitung *Ha'aretz* vom 25. Januar 2002 als Anzeige veröffentlichte folgende Erklärung: „Wir, Offiziere und Soldaten in kämpfenden Einheiten der israelischen Verteidigungsstreitkräfte (IDF), die erzogen wurden nach den Grundsätzen des Zionismus, dem Staat und Volk Israels zu dienen und Opfer zu bringen, die stets in vorderster Front kämpften und bereit waren, jede Aufgabe, leicht oder schwer, zu erfüllen, um den Staat zu schützen und zu stärken [...], wir, die gespürt haben, wie die Befehle, die uns in den Gebieten erteilt wurden, alle Werte zerstörten, die wir übernommen haben, als wir in diesem Land aufwuchsen; wir, die wir nun begriffen haben, dass der Preis für die Besetzung darin besteht, dass die Armee jede Menschlichkeit verliert und die gesamte israelische Gesellschaft moralisch zersetzt wird; wir, die wir wissen, dass die Gebiete nicht zu Israel gehören und dass alle Siedlungen am Ende geräumt werden müssen, wir erklären hiermit, dass wir diesen Krieg um die Siedlungen nicht länger führen werden. Wir werden nicht länger jenseits der Grenzen von 1967 kämpfen, um ein ganzes Volk zu beherrschen, vertreiben, auszuhungern und zu erniedrigen. Wir erklären hiermit, dass wir unseren Dienst in den Streitkräften fortsetzen und jede Aufgabe erfüllen werden, die der Verteidigung Israels dient. Besetzung und Unterdrückung dienen diesem Zweck nicht – und an solchen Operationen werden wir nicht teilnehmen."[5]

Der saudi-arabische Kronprinz Abdallah erstellte Anfang März einen Friedensplan, den er in der *New York Times* veröffentlichte. Danach sollte sich Israel auf die Grenzen von 1967 zurückziehen, alle jüdischen Siedlungen auflösen und Syrien die Golanhöhen (siehe Karte 7 auf Seite 151) zurückgeben. Dafür würden alle Staaten der Region normale Beziehungen mit Israel aufnehmen. Das war keineswegs neu und deckte sich mit Forderungen der Ministerpräsidentin Golda Meir und ihres Verteidigungsministers Moshe Dayan nach dem Sechstagekrieg 1967. In Ergänzung des Plans schlug Abdallah vor, eine internationale Friedenstruppe in die Palästinensergebiete zu entsenden. Die USA sollten Druck auf beide Konfliktparteien ausüben. Auch Kompromisse in der Jerusalemfrage müssten möglich sein. Der Plan sollte Verhandlungsgrundlage in der für die letzte Märzwoche angesetzten Gipfelkonferenz der Arabischen Liga werden.

Die amerikanische Regierung und der UN-Generalsekretär Annan waren von dem Plan sehr positiv beeindruckt. Aber für eine Umsetzung wäre die Einstimmigkeit der arabischen Staaten, also auch die Zustimmung Syriens, Libyens und des Irak nötig, was kaum möglich erschien und einer Sensation gleichgekommen wäre. Sharon sagte eine Prüfung des Plans zu, ließ aber bald verlauten, dass ein Rückzug Israels auf die Grenzen von vor 1967 und ein Anknüpfen an *Camp David 2000* und *Taba* nicht in Betracht komme. Damit waren alle Pläne im Keim erstickt.

In Fortsetzung der Nahostpolitik Clintons hatte US-Präsident Bush wiederholt von der israelischen Regierung die militärische Räumung der autonomen Gebiete gefordert, ohne dass Sharon gewillt gewesen wäre, dem Folge zu leisten. Am Tag, an dem die Operation *Schutzwall* beginnen sollte, verabschiedete der UN-Sicherheitsrat eine von den USA eingebrachte Resolution, die den sofortigen Waffenstillstand und den Stopp aller Terroranschläge der Palästinenser forderte. Während der Debatte richtete sich Generalsekretär Kofi Annan persönlich an die Palästinenser und forderte sie auf, die Terroranschläge zu beenden, und Israel sollte unverzüglich die besetzten Gebiete verlassen.

Die UN-Resolution 1397 hatte folgenden Wortlaut:

„ Der Sicherheitsrat,

unter Hinweis auf seine früheren einschlägigen Resolutionen, insbesondere die Resolution 242 (1967) und 338 (1973),

in Bekräftigung der Vision einer Region, in der zwei Staaten, Israel und Palästina, Seite an Seite innerhalb sicherer und anerkannter Grenzen leben,

mit dem Ausdruck seiner tiefen Besorgnis über die seit September 2000 anhaltenden tragischen und gewaltsamen Ereignisse, insbesondere über die jüngsten Angriffe und die gestiegene Zahl der Opfer, [...]

betonend, dass die allgemein anerkannten Normen des humanitären Völkerrechts geachtet werden müssen, [...]

unter Begrüßung des Beitrags des saudi-arabischen Kronprinzen Abdallah,

1. verlangt die sofortige Einstellung aller Gewalthandlungen, namentlich aller Akte des Terrors, der Provokation, der Aufwiegelung und der Zerstörung;

2. fordert die israelische und die palästinensische Seite und ihre Führer auf, bei der Umsetzung des Tenet-Plans und der Empfehlung des Mitchell-Reports zusammenzuarbeiten, mit dem Ziel, die Verhandlungen über eine politische Regelung wieder aufzunehmen;

3. bekundet seine Unterstützung für die Bemühungen, die der Generalsekretär und andere unternehmen, um den Parteien dabei behilflich zu sein, die Gewalttätigkeiten zu beenden und den Friedensprozess wieder aufzunehmen;

4. beschließt, mit der Angelegenheit befasst zu bleiben.

Die Resolution 1397 wurde mit 14 Stimmen ohne Gegenstimmen bei einer Enthaltung (Syrien) angenommen."[6]

Da die Resolution weder bei den Israelis noch bei den Palästinensern den erhofften Erfolg hatte, forderte der außenpolitische Beauftragte der EU, Javier Solana, Sharon und Arafat zum Rücktritt auf. Beide sollten einer neuen politischen Generation den Weg freimachen. Die Auffassung, dass nur ohne Arafat und Sharon der Friedensprozess wieder in Gang kommen könne, war weltweit verbreitet. Die Gespräche des UN-Nahostvermittlers Zinni sowie des US-Vizepräsidenten Cheney waren von palästinensischen Terrorakten überschattet, worauf Sharon nur feststellte, bisher habe er nur gesehen, dass Arafat von seiner Politik des Terrors nicht abgewichen sei.

Operation „Schutzwall"

Mitte März war Sharon bereit, den seit vier Monaten bestehenden Hausarrest Arafats aufzuheben mit der Begründung, dass der PNA-Chef keine politische Bedeutung mehr habe. Doch sollte dieser zuvor die im *Tenet-Plan* enthaltene Forderung nach Waffenruhe erfüllen. Arafat gab eine entsprechende Erklärung ab, die jedoch wirkungslos blieb. Da sprengte sich im Norden Israels ein Palästinenser in einem voll besetzten Linienbus in die Luft, wobei sieben Passagiere, darunter vier Armeeangehörige, getötet und 27 Personen zum Teil schwer verletzt wurden. Für Sharon war das ein Beleg, dass Arafat von seiner Politik des Terrors nicht abgewichen sei, und er hielt das Reiseverbot aufrecht.

Bei der Operation *Schutzwall* drangen israelische Panzer in Ramallah ein. Planierraupen schleiften die Umzäunung von Arafats Hauptquartier und durchstießen die Mauern. Soldaten drangen in das Gebäude ein, Arafat musste mit seinen engsten Mitarbeitern in einen Bunker flüchten. Die israelischen Soldaten forderten über Lautsprecher, die Eingeschlossenen sollten herauskommen und sich mit erhobenen Händen stellen. Sie waren von Sharon angewiesen – und das entsprach einer Weisung Bushs –, Arafat kein körperliches Leid zuzufügen. Arafat, der von Bushs Rücksichtnahme nicht wusste, antwortete, er werde lieber sterben als sich in Israels Hände zu begeben. Die Strom- und Wasserversorgung wurde unterbrochen und ein Notstromaggregat zerstört. Israelische Sicherheitskräfte umstellten das Gebäude. Der PNA-Chef war von der Außenwelt völlig abgeschnitten. Durch Vermittlungsbemühungen Zinnis erhielt Arafat so viel interne Bewegungsfreiheit, dass er Botschaften und Weisungen ausgeben konnte. Die inzwischen gefangenen Mörder Zeevis ließ er zu langjährigen Gefängnisstrafen verurteilen. Sharon aber verlangte deren Auslieferung als Voraussetzung für die Bewegungsfreiheit Arafats. Dies wurde abgelehnt. Arafats Teilnahme am arabischen Gipfel von Sharm el-Sheikh war fraglich. Durch amerikanische Vermittlung kam ein Kompromiss zustande: Die verhafteten Mörder sollten in einem palästinensischen Gefängnis von Amerikanern und Briten bewacht werden. Danach durfte Arafat sich wieder frei im Westjordanland bewegen. Über die palästinensischen Rundfunkstationen und Zeitungen rief er dazu auf, jegliche Aktionen gegen israelische Zivilisten zu stoppen. Doch das verlor seine Bedeutung dadurch, dass die Hamas und der Jihad erklärten, das sei nicht Arafats wirkliche Überzeugung.

Nun verlangte Sharon die Absetzung und Verbannung Arafats. Europäische Diplomaten sollten ihn unter der Bedingung ausfliegen, dass er nicht zurückkehre. Arafat war nicht bereit, das zu akzeptieren. Als dann im Juni 2002 Präsident Bush seine bisherige Haltung änderte, wie Sharon die Entfernung Arafats von der Spitze der Autonomiebehörde forderte (siehe Dokument 15 auf Seite 172) und als zudem eine neue israelische Offensive bevorstand, hielt Arafat einen Friedensschluss auf der Basis von *Camp David 2000* für möglich. Einen Rücktritt aber lehnte er ab. Von den arabischen Führern, allen voran Präsident Mubarak, erhielt er Rückendeckung. Die Nachgiebigkeit Arafats mag von der Ahnung geleitet worden sein, dass auch in der palästinensischen Bevölkerung – sogar unter seinen Mitarbeitern – die Opposition gegen ihn zunahm. Sharon gab sich gelassen. Es sei gleichgültig, ob Arafat emigriere oder symbolisch das Amt des Vorsitzenden der Autonomiebehörde behalte. Wichtig sei ein demokratisches Regime. Daraufhin zeigte sich der PNA-Chef bereit, einen Teil seiner politischen Macht abzugeben, allerdings – so schränkte er ein – erst nach Ausrufung eines unabhängigen Staates Palästina nach den Wahlen im kommenden Jahr. Das bedeutete eine Absicherung seiner Stellung. Präsident Bush blieb hart in der Forderung der Ablösung Arafats und der Neustrukturierung der Autonomiebehörde.

Trotz weiterer Eskalationen der Gewalt nahm der israelische Außenminister Peres Verbindung mit dem palästinensischen Parlamentspräsidenten auf, um die Möglichkeit neuer Friedensvorschläge und der Errichtung eines Palästinenserstaates zu sondieren. Doch wie so oft zuvor und danach wurde auch diese neue Friedensinitiative durch einen Gewaltakt zunichte gemacht. Ein Attentäter aus Djenin sprengte sich bei Haifa in einem Bus in die Luft. Dabei gab es neun Tote und 20 Verletzte.

Für Sharon war das der Anlass zur Fortsetzung der Operation *Schutzwall.* Panzerverbände rückten in Nablus und Djenin ein, um, wie es hieß, Waffenlager und Terroristen auszuheben. In den dicht besiedelten Vierteln von Djenin leisteten Palästinenser heftigen Widerstand. Das Zentrum der Stadt, aus einem Flüchtlingslager hervorgegangen, aber nun aus festen Wohnhäusern bestehend, wurde das bevorzugte Ziel der Angreifer, da es den Verteidigern hinreichend Verstecke bot. Zahlreiche Häuser wurden von Panzern und Planierraupen zerstört und Fahrzeuge, die auf den Straßen standen, platt gewalzt. Rettungseinheiten des Roten Kreuzes sowie des Roten Halbmonds wurden behindert, zum Teil beschossen. Nach den Kämpfen war der Stadtteil so verwüstet wie nach einem Erdbeben.

Arafat sah darin staatlich sanktionierte Gewalt, und auf palästinensischer Seite wurde behauptet, die Bevölkerung von Djenin sei brutal behandelt worden und habe 500 Tote zu beklagen. Israel bestritt das mit dem Argument, es habe sich um Gefechte gehandelt, und die Zahl der Toten, um die 50, entspreche dem. Die Medien sprachen vom „Massaker" von Djenin, und die UNO verlangte, eine Delegation zur Untersuchung der Vorfälle zu entsenden.

Israel weigerte sich, diese Delegation einreisen zu lassen. Annan musste sie auflösen, doch die Generalversammlung forderte eine Untersuchung durch eine Gruppe von UN-Mitarbeitern, Hilfsorganisationen und Journalisten. Die Haltung Israels in der Sache erweckte den Eindruck, dass man Schlimmes verbergen wolle. Die Berichte in den Medien trugen dazu bei. In den arabischen Hauptstädten kam es – wie in Europa, z. B. in Rom oder Karlsruhe – zu Demonstrationen. Die Vorfälle von Djenin blieben für Wochen eine moralische Belastung Israels.

Ende Juli 2002 legte Kofi Annan einen Bericht von 43 Seiten vor, der belegte, dass bei den Kämpfen 52 Palästinenser, davon die Hälfte unbewaffnet, umgekommen waren. Der Vorfall war also wochenlang aus propagandistischen Gründen nicht korrekt wiedergegeben worden. Allerdings bedauerte Annan, kein umfassendes Bild von den Ereignissen geben zu können, da Israel den Experten den notwendigen Zugang verweigert habe. Die Zerstörung des Stadtviertels durch Planierraupen und Panzer könne nicht bestritten werden. 23 israelische Soldaten waren von Heckenschützen erschossen worden oder durch Bomben ums Leben gekommen. Dem Bericht zufolge hatten beide Seiten die Schutzbestimmungen für die zivile Bevölkerung missachtet. Israel habe in einem Wohngebiet unzulässige Waffen eingesetzt und die Neutralität der Ambulanzen nicht ausreichend respektiert. Rettungsteams, die medizinische Hilfe bringen wollten, seien noch Tage nach den Kämpfen behindert worden. Den palästinensischen Milizen wurde vorgeworfen, hinter Zivilisten verschanzt israelische Soldaten attackiert zu haben. Dies widerspreche den Kriegskonventionen.

Ein zweiter Fall, der die Welt etwa zur gleichen Zeit wie die Vorfälle von Djenin in Atem hielt, war das Drama von Bethlehem. Auch hier ging die Armee gegen Widerstand entschlossen vor. Anfang April 2002 konnten sich fast 200 bewaffnete und unbewaffnete Palästinenser in die Geburtskirche flüchten, die von israelischen Soldaten umstellt wurde. Die Eingeschlossenen weigerten sich, die Kirche zu verlassen, und wurden von Mönchen notdürftig versorgt. Nach und nach konnten unbewaffnete Gruppen die Kirche verlassen, wenige Palästinenser wurden festgenommen. Vertreter der EU, unterstützt von Geistlichen und einem Vermittler des Vatikans, bemühten sich um eine Lösung. Doch die Verhandlungen zogen sich in die Länge und die Kirche blieb umstellt. Arafat selbst rief die Eingeschlossenen auf, das Schauspiel zu beenden. Am 10. Mai schließlich konnten die letzten 122 Palästinenser die Geburtskirche verlassen, von denen 26 nach Gaza kamen. Zwölf als gefährlich eingestufte Palästinenser wurden von britischen Militärmaschinen nach Zypern ins Exil ausgeflogen. Die restlichen 84 kamen frei. Danach zogen sich die israelischen Truppen aus Bethlehem zurück. Der Vorfall zeigte, dass Widerstand gegen die Operation *Schutzwall* keine Aussicht auf Erfolg hatte.

Anmerkungen

[1] *Archiv der Gegenwart* 2001, S. 44779.

[2] Ebd.

[3] Presse- und Informationsabteilung der Botschaft des Staates Israel in der Bundesrepublik Deutschland, Berlin 2001.

[4] Die acht großen Wirtschaftsmächte (G = Great): Deutschland, Kanada, Frankreich, Italien, Japan, Russland, Vereinigtes Königreich (Großbritannien), USA. Außerdem ein Vertreter der Europäischen Gemeinschaft.

[5] *Le Monde diplomatique*, deutsche Ausgabe, März 2002, französisch in Ausgabe Mars 2002.

[6] <www. palaestina org> 15.03.2002, Übersetzung: E.K.

XIII. Verhärtung oder Wende?

Kurswechsel des US-Präsidenten

Für George W. Bush war in den ersten Jahren seiner Amtszeit die Beendigung des Nahostkonflikts als Fortsetzung der Politik seines Vorgängers Clinton ein zentrales Anliegen. Einerseits zeigte er Verständnis für die Forderungen der Palästinenser, um angesichts seiner Irakpolitik die Gunst der arabischen Welt nicht zu verlieren. Andererseits musste er, je weiter das Jahr 2002 voranschritt, auf die anstehenden Kongresswahlen Rücksicht nehmen. Am 7. Mai verabschiedeten beide Kammern des Kongresses mit überwältigender Mehrheit eine Resolution zur Solidarität mit Israel. Dennoch kam Bush den Palästinensern auch entgegen, Arafat war für ihn nicht der Hauptschuldige. Diese Politik hielt bis etwa Mitte Mai an. Auf Sharons Forderung, Bush solle Arafat fallen lassen oder seine Abschiebung ins Exil ermöglichen, reagierte der Präsident ablehnend. Für ihn kam dem PLO-Chef noch immer eine zentrale Rolle zu. Doch dann warf ein Kurswechsel erste Schatten voraus.

Als Kronprinz Abdallah auf seinen Friedensplan (siehe Seite 138) zurückkam, äußerte der Präsident, anders als noch im Februar, Skepsis und warf dem saudi-arabischen Königshaus die Verstrickung in den Terrorismus vor. Für den Plan der Arabischen Liga, eine internationale Friedenskonferenz einzuberufen, hielt er die Zeit für noch nicht reif. Vielleicht hielt er es wegen der Uneinigkeit der arabischen Welt für nicht angebracht, zu viel Rücksicht auf die Palästinenser zu nehmen.

Auf israelischer Seite hatte im Mai 2002 Außenminister Peres mit führenden Palästinensern aussichtsreiche Gespräche geführt. Dabei war eine beiderseitige Kompromissbereitschaft, die fast an die *Vereinbarung von Taba* (siehe Seite 108) erinnerte, zutage getreten. Auch international gab es eine neue Initiative. Die Außenminister der USA, der EU und Russlands sowie Vertreter der UNO hatten sich im 'Nahostquartett' zu Beratungen zusammengefunden.

Doch auch diesmal vereitelte ein neuer Terroranschlag die Verhandlungsbereitschaft. Schon in der ersten Junihälfte, während Peres' Verhandlungen, war eine starke Zunahme der palästinensischen Gewalttaten zu verzeichnen. Mitte Juni fielen in einer Woche 30 Israelis Anschlägen zum Opfer, wobei die Hamas, die Al-Aksa-Brigaden und die PFLP um die Verantwortung dafür geradezu wetteiferten. Die Zündung einer Bombe in einem mit Schülern voll besetzten Linienbus im Süden Jerusalems tötete 17 junge Israelis. Der Ruf nach einem Gegenschlag wurde in Israel unüberhörbar. Als am 19. Juni ein Selbstmordattentäter der Al-Aksa-Brigaden in Jerusalem ein Blutbad anrichtete – dabei fanden sieben Menschen, darunter ein zweijähriges Mädchen, den Tod –, war das Maß voll. Israel eröffnete am 20. Juni eine neue Offensive gegen das Westjordanland unter dem Namen *Entschlossener Weg*. In Kürze waren sieben autono-

me Städte besetzt. Dabei kam es zu zahlreichen Tötungen und Festnahmen mutmaßlicher und nachgewiesener Terroristen. Angeblich ging die israelische Armee zwar
gezielt vor, doch die Zivilbevölkerung erlitt große Verluste. Die Gewalt- und Vergel-
tungsakte eskalierten von Tag zu Tag. Nun glaubte Präsident Bush, seine inzwischen
mehrmals aufgeschobene Rede nicht mehr hinauszögern zu können (siehe das Dokument 15 auf Seite 172).

Der Präsident überraschte mit der Forderung nach einem Wechsel in der palästinensischen Führung und damit nach einem Rücktritt Arafats. Wohl wurde den Palästinensern die Staatsgründung innerhalb von drei Jahren in Aussicht gestellt, aber sie erhielten die Auflage, in dieser Zeit eine neue Verfassung zu erstellen, ein Parlament mit echter legislativer Macht zu wählen und eine Regierung zu bilden, die nicht durch Terror
kompromittiert werde, sondern ihn wirkungsvoll bekämpfen könne. Die Mahnung an
Israel, den Siedlungsbau zu stoppen und die Truppen aus dem Palästinensergebiet abzuziehen, und Bushs Vision zweier selbstständiger Staaten entsprachen einem Prinzip,
das seit Jahren die amerikanische Nahostpolitik bestimmt hatte. Wohl erwähnte Bush
ausdrücklich den *Mitchell-Bericht*, aber er verließ dessen Ausgewogenheit gegenüber
beiden Konfliktparteien.

Bei der Forderung nach der Amtsenthebung Arafats und der Neubildung der Autonomiebehörde mögen das Drängen Sharons eine Rolle gespielt haben und seine Beweise für die Verwicklung des PLO-Chefs in den Terror. Wenn Bush zuvor den Palästinensern mit Rücksicht auf die arabischen Länder entgegenkam, so war die Losung
jetzt, Arafat müsse weg, sonst sei eine israelisch-palästinensische Einigung, die gerade
mit Rücksicht auf die arabische Welt notwendig sei, nicht möglich. Selbst im Interims-
staat dürfe Arafat nicht mehr Präsident werden. Das entsprach ganz der Auffassung
Sharons. Ein Kommentar der *Frankfurter Allgemeinen Zeitung*[1] wertete die Rede auch
insofern als unausgewogen, als sie mit der Demokratisierung etwas verlangte, das in
den anderen arabischen Staaten nicht bestand. Da solches in absehbarer Zeit nicht
möglich sei, habe die Rede Sharon seinem Ziel, einen Palästinenserstaat zu verhindern,
nur näher gebracht.

Die Bush-Administration war in dieser Frage keineswegs einig. Hinter der harten
Haltung des Präsidenten standen die „Falken", sein Stellvertreter Richard Cheney und
Verteidigungsminister Donald Rumsfeld. Außenminister Powell und CIA-Chef Tenet,
die „Tauben", waren gegen die Ablösung Arafats, die nach ihrer Meinung nur Chaos
bringen würde.

Das Ausland reagierte unterschiedlich. Die israelische Regierung ging auf die ihr
Land betreffenden Forderungen kaum ein, war aber erfreut über die die Autonomiebehörde und ihren Chef betreffenden Passagen. Arafat schloss seinen Rücktritt strikt
aus, der in seinen Augen einer Kapitulation gleichkam, zu der er niemals bereit sein
werde. Im Übrigen, so betonte er, sei es Sache des palästinensischen Volkes, seine Führung zu bestimmen. Präsident Mubarak erklärte im Namen der arabischen Staaten,
dass die Palästinenser nur Arafat als ihren Führer akzeptieren würden. Die Europäische

Union begrüßte die Rede, schloss sich aber der Forderung nach einer Ablösung Arafats nicht an. Ähnlich äußerten sich die Regierungen Deutschlands, Großbritanniens und Russlands. Nur das palästinensische Volk sei für die Bildung seiner Regierung zuständig.

Das 'Nahostquartett' (siehe S. 150) legte im Juli 2002 einen Plan vor, der 2005 zur Gründung eines palästinensischen Staates führen sollte. In einer ersten, bis zum Sommer 2003 laufenden Phase sollte ein Sicherheitsabkommen den Konflikt zwischen Israel und den Palästinensern beenden, den Abzug der israelischen Truppen aus den Autonomiegebieten und einen Baustopp jüdischer Siedlungen gewährleisten. Dafür sollte die Führung der Palästinenser das Existenzrecht Israels anerkennen und dafür Sorge tragen, dass jede antiisraelische Hetze – auch in Schulbüchern – künftig unterbleibe. Die Bewegungsfreiheit in den Autonomiegebieten sowie die Vorbereitung der für Januar 2003 vorgesehenen Wahlen sollte von Vertretern des 'Quartetts' unterstützt werden. In der zweiten Phase, nach den Wahlen 2003, sollten die Grenzen des künftigen Staates festgelegt und eine palästinensische Verfassung ausgearbeitet werden. 2004, in der dritten Phase, sollte die israelische Besetzung der Autonomiegebiete auf der Grundlage der UN-Resolutionen 242 und 338 endgültig beendet und weitere Schritte für das künftige Nebeneinander beider Staaten unternommen werden. Verhandlungen zwischen Israel und den Palästinensern sollten das künftige friedliche Nebeneinander sicherstellen. Zur Einhaltung des Abkommens war ein Kontrollsystem vorgesehen. 2005, nach Ablauf der dritten Phase, sollte der neue Staat Palästina gegründet werden.

Arafat begrüßte den Plan als positiven Schritt, seine engsten Berater aber hielten ihn für nicht ausreichend. Auch der israelische Außenminister Shimon Peres begrüßte den Vorschlag. Doch da von Sharon die Einstellung der palästinensischen Terrorakte und von der Autonomiebehörde der Abzug der israelischen Truppen zur Bedingung gemacht wurden, war die Realisierung des Plans bereits von Anfang an infrage gestellt und wurde gar nicht zur Verhandlungsgrundlage. Außenminister Powell bemühte sich vergeblich, die NATO, die EU und Russland für die Forderung einer Amtsenthebung Arafats zu gewinnen.

Doch die USA standen mit dieser Forderung allein. Zudem fanden gerade jetzt Anschläge palästinensischer Terroristen statt, woraufhin die israelische Armee ihre Präsenz im Westjordanland verstärkte und in etlichen Orten Ausgangssperren verhängte. Die israelische Regierung machte Arafat verantwortlich, da er Attentate nicht unterbunden hatte. Er hatte zwar zu deren Unterlassung aufgefordert – jedoch ohne Ergebnis. Arafat wurde in Ramallah isoliert, Teile seines Amtssitzes wurden zerstört.

Für Sharon war Bush den Palästinensern noch immer zu weit entgegen gekommen. Er ließ durchsickern, er habe in Geheimgesprächen mit den USA einen neuen Friedensplan entwickelt, der die Gründung eines vorläufigen Palästinenserstaates mit dem Gazastreifen und 50 Prozent des Westjordanlands vorsah. Der Prozess der Staatsbildung könne zehn bis 15 Jahre dauern. Bush nahm hierzu nicht Stellung. Sharons

Äußerung war gewiss auch eine Antwort auf Arafats Angebot der Entwicklung einer
Lösung auf der Grundlage von Camp David und Taba. Sein Plan kam dagegen einer
Aufschiebung der palästinensischen Staatsgründung auf unbestimmte Zeit gleich. Die
UNO veranlasste Israel zwar, seine Soldaten Ende September 2002 aus Ramallah abzu-
ziehen. Damit war Arafat frei. Doch schon zwei Tage später besetzten israelische Streit-
kräfte die Häuser gegenüber Arafats Amtssitz und schossen auf Bürogebäude.

Operation „Entschlossener Weg"

Unter den Palästinensern gab es jetzt zunehmende Kritik an dem PLO-Chef, die dieser
zu unterdrücken suchte. Aber auch unter seinen engeren Mitarbeitern mehrten sich
Zweifel an seiner politischen Zukunft. Mit Maßnahmen wie der Entlassung seines Ge-
heimdienstchefs Adshoub war Arafat bedacht, seine Entscheidungsgewalt zu de-
monstrieren, und der Ring seiner Bodyguards war undurchdringlich, wenn er in der
Öffentlichkeit auftrat. Die Petition von israelischen und palästinensischen Intellektuellen aus dem Sommer 2001 (siehe Dokument 16 auf Seite 174) wurde erneut in Umlauf
gebracht mit dem Hinweis, dass die Zahl der Anhänger steige. Einige prominente
Unterzeichner der Petition forderten das Ende der Selbstmordattentate und sogar den
Rücktritt Arafats. Dieser ließ jetzt wissen, er sei bereit, einen Teil seiner politischen
Macht abzugeben, doch das könne erst nach Ausrufung des unabhängigen Staates Palästina im Anschluss an die Wahlen im Januar 2003 geschehen. Aber was bedeutete „ein
Teil der Macht"? Das war nur eine deutliche Absicherung seiner Stellung. Worin lag der
Sinn eines Rücktritts, wenn es keinen Gegenkandidaten gab? Allerdings zeigen die Entlassung kritischer Persönlichkeiten der Autonomiebehörde und die Einstellung zuver-
lässiger Anhänger, dass Arafat sich seiner Macht nicht mehr sicher war. Die Opposition
unter seinen Mitarbeitern, noch mehr in der Bevölkerung, ganz besonders der des Gazastreifens, nahm ständig zu. Im israelischen Rundfunk wurde verbreitet, die Ausweisung Arafats sei nur eine Frage der Zeit. Doch Shimon Peres sprach sich entschieden
gegen die Ausweisung aus. Ein solcher Schritt würde nur zu einer erneuten Stärkung
Arafats beitragen. Dieser zeigte selbst terroristische Aktivitäten, als er als Kollaborateure gebrandmarkte Gegner exekutieren ließ.

Auch in Israel gab es zunehmend Demonstrationen von Friedensgruppen. Der
Aufruf vom Sommer 2001 wurde auch hier wieder in die Diskussion gebracht. Die
Opposition machte vor den Schranken des Parlaments nicht halt. Shimon Peres erklärte jetzt offen, dass Sharon nicht geeignet sei, eine Deeskalation herbeizuführen.
Der Ruf nach einem Rücktritt Sharons und Arafats wurde immer lauter, auch weltweit, geäußert. Israelis und Palästinenser waren mehrheitlich für eine Friedenslösung,
aber jede Seite warf der anderen die Schuld an der Fortsetzung des Konflikts vor.
Peres distanzierte sich nicht nur von Sharon, sondern ging auch eigene Wege. In der
ersten Julihälfte 2002 führte er mit hochrangigen Persönlichkeiten der Autonomie-

behörde Gespräche, die zwar ohne konkretes Ergebnis blieben, aber insgeheim fortgesetzt wurden.

Ungeachtet der Mahnungen aus Washington setzte Israel die am 20. Juni begonnene militärische Operation zur Wiederbesetzung der palästinensischen Städte entschlossen fort. Verteidigungsminister Ben Eliezer erklärte, die Armee werde so lange in den Autonomiegebieten stationiert, bis die Infrastruktur des Terrors zerschlagen sei. Sharon war dafür, nach jedem Attentat neue Gebiete zu besetzen. Das geschah auch in der ersten Juliwoche 2002 mit Jericho. Damit hatte Israel alle autonomen Städte in seiner Gewalt. Als der Führer der islamischen Terroristen Muhanad Altaher in Nablus erschossen wurde, nannte Ben Eliezer das die wichtigste Operation der zurückliegenden zwei Monate. Natürlich rächte sich die Hamas dafür mit neuen Anschlägen. Israel glaubte, durch massives Vorgehen der Armee solche Anschläge verhindern zu können. In Hebron und in Tulkarem wurden die Häuser von Familienangehörigen der Selbstmordattentäter zerstört. Als die palästinensischen Terrorakte nicht aufhörten, entschloss sich Sharon zum Bau eines Zauns und einer Mauer zur Trennung Israels vom Westjordanland. Dies hatte er schon Monate zuvor gefordert. Zunächst war eine Länge von 110 Kilometern, in einer zweiten Phase von 380 Kilometern vorgesehen. Es handelte sich um einen mit Sensoren und Wachgräben gesicherten Gitterzaun, als dessen geistiger „Architekt" Verteidigungsminister Ben Eliezer galt. Inzwischen wird im Nordabschnitt eine acht Meter hohe Betonmauer gebaut. Dennoch wurden die Terroranschläge für Israel immer empfindlicher. Bei den Vergeltungsaktionen gegen Terroristen wurden auch Wohngebäude Unbetroffener in Mitleidenschaft gezogen. Washington ließ Israel wissen, es habe Verständnis für Selbstverteidigung, lehne jedoch die Angriffe auf Gebiete mit dichter Wohnbevölkerung ab.

Am 23. Juli 2002 griff ein Kampfbomber der israelischen Armee einen Wohnblock in Gaza an, in dem der Führer des militärischen Arms der Hamas, Salach Shehade, wohnte. Der ganze Block mit zehn Wohneinheiten wurde zerstört und umliegende Wohnhäuser wurden beschädigt. Bei dem Angriff kamen nicht nur Shehade, sondern auch seine Frau und seine drei Kinder sowie zwei Angestellte ums Leben. Im Ganzen wurden 15 Menschen in dem gänzlich zerstörten Gebäude getötet und 150 verletzt. Sharon nannte die Aktion einen der größten Erfolge. Die Aktion fand genau zu dem Zeitpunkt statt, als Shimon Peres wieder Kontakte zu Reformkräften der Regierung Arafat aufgenommen hatte und hier die Gegner von Selbstmordattentaten an Boden gewannen, ja sogar Beauftragte der Hamas- und Fatah-Kampforganisation an einem gemeinsamen Aufruf für einen Waffenstillstand arbeiteten, der sicher von durchschlagenderer Wirkung gewesen wäre als jeder Aufruf Arafats. Shehade galt als Gegner dieser Bemühungen. Der Hamas-Führer Scheich Ahmed Yassin hatte die Verhandlungen unterstützt, ließ aber nach dem Angriff verlauten, dass es für die Palästinenser jetzt nur noch den Heiligen Krieg gebe. Die Bombardierung stieß international auf scharfe Kritik. UN-Generalsekretär Kofi Annan verurteilte den Einsatz einer Rakete gegen ein Wohnhaus und die Tötung unschuldigen Lebens. Die US-Regierung kritisierte die „grobschlächtige

Aktion", die nicht zum Frieden beitrage. Der deutsche Außenminister Joschka Fischer
sprach von einem „inakzeptablen Vorgehen". Auch der UN-Beauftragte für Außen-
und Sicherheitspolitik Javier Solana kritisierte die „unrechtmäßige Tötungsaktion zu
einem Zeitpunkt, da Israelis und Palästinenser ernsthaft an der Einstellung der Gewalt
und der Wiederherstellung kooperativer Sicherheitsvereinbarungen arbeiteten".[2]
Schließlich hatten zwölf Gruppierungen an einem Dokument gearbeitet, in dem die
Beendigung der Gewaltakte auf palästinensischer Seite gefordert werden sollte. Das
stellt unter Beweis, dass die von Peres begonnenen Gespräche weitergeführt worden
waren. Es kam außerdem heraus, dass die Hamas und die Fatah-Kampforganisation
'Fatah-Tansim' einen gemeinsamen Aufruf zum Waffenstillstand erarbeitet hatten, dem
sich allerdings der Hamas-Anwalt Shehade widersetzt hatte. Das israelische Militär war
von diesen Verhandlungen nicht informiert, sodass der Angriff nicht als Reaktion auf
Shehades Haltung gelten konnte. In Israel selbst wurde heftige Kritik an dem Angriff
laut, und die Tochter des ermordeten Ministerpräsidenten Rabin trat als stellvertreten-
de Verteidigungsministerin zurück. Einige Zeit nach dem weltweiten Protest gab Sharon bekannt, die Luftwaffe sei nicht genau genug vom Sicherheitsdienst informiert
worden. Hätte er gewusst, dass der Wohnblock bewohnt gewesen sei, hätte der Angriff
nicht stattgefunden.

Israel bekam die Rache bald zu spüren. In Jerusalem zündeten Terroristen eine
Bombe in der Cafeteria der Hebräischen Universität. Die Hamas bekannte sich dazu als
Vergeltung für die Liquidierung Shehades. Dieser Vorfall erregte insofern Aufsehen, als
die Hebräische Universität auch von ausländischen Studenten besucht wird. Unter den
Opfern waren zwei Israelis, ein Franzose und vier Amerikaner. Präsident Bush machte
vor laufenden Kameras seinem Zorn heftig Luft. Die israelische Armee rückte vorsorglich mit 150 gepanzerten Fahrzeugen in Nablus ein, das jetzt als die organisatorische
Zentrale des palästinensischen Terrorismus galt. Begründet wurde dies als gezielte Aktion gegen terroristische Gruppen. Die Altstadt wurde eingekesselt und der historische
Kern erlitt schwere Schäden. Die Zerstörung von Häusern der Angehörigen von Terroristen wurde hier und im übrigen Westjordanland fortgesetzt. Die Palästinenser
reagierten mit Raketenangriffen auf jüdische Siedlungen im Gazastreifen und auf
israelisches Territorium.

Licht am Ende des Tunnels

Trotz der gespannten Situation nach dem 23. Juli 2002 zeigte Israel eine Geste des
Wohlwollens, als am Tag nach dem Angriff auf Gaza der Autonomiebehörde 15 Millionen zurückgehaltener Steuern überwiesen wurden, um – wie es hieß – den im wirtschaftlichen Chaos versinkenden Palästinensern zu helfen. Israel hatte längst erkannt,
dass die Lage im Gazastreifen und Westjordanland sich zu einer humanitären Katastrophe entwickelte. Außenminister Peres war erneut bereit, mit hochrangigen Persönlichkeiten der Autonomiebehörde Gespräche zu führen. Wieder kritisierte er die Politik

Sharons und äußerte Zweifel, ob dieser ein Partner für den Frieden sei. Den Luftangriff vom 23. Juli nannte er einen hundertprozentigen Fehler. Außerdem wurden nun der Autonomiebehörde von der israelischen Regierung 12 000 Arbeitsgenehmigungen für Palästinenser in Israel in Aussicht gestellt und der Bevölkerung weitere Erleichterungen versprochen. Man muss berücksichtigen, dass vor der Intifada täglich 125 000 Palästinenser auf israelischem Gebiet beschäftigt waren, seit der Schließung der Grenzen im Oktober 2000 diese Einkommensquelle aber versiegt war. Das führte zu einem wirtschaftlichen Chaos, das selbst Israel zu spüren bekam. Zudem erklärte sich Israel zum sofortigen Rückzug aus Nablus und zum stufenweisen Rückzug aus den gesamten Palästinensergebieten bereit. Neu war, dass die Palästinenser nun den stufenweisen, nicht zeitgebundenen Rückzug akzeptierten. Der palästinensische Innenminister reiste mit einer hochrangigen Delegation nach Washington. Eine Begegnung mit George W. Bush fand zwar nicht statt, wohl aber mit Powell und Tenet. Sie stellten eine baldige positive Entwicklung in Aussicht, vor allem einen neuen Sicherheitsplan, der Israel zum Rückzug aus den Palästinensergebieten bewegen sollte. Ein enger Berater Arafats versprach, seine Sicherheitskräfte in der Terrorprävention zu aktivieren. Damit kam man einer von Ben Eliezer gestellten Bedingung nach.

Trotz des Abzugs der Israelis aus Nablus, Hebron und Bethlehem wurden noch immer palästinensische Vorwürfe laut, der Truppenabzug werde verzögert, und es fanden im Gazastreifen Gefechte zwischen palästinensischen Polizisten und israelischen Soldaten statt. Im Ganzen aber war die Atmosphäre entspannter und eine Bereitschaft zum Gespräch erkennbar. Allein auf palästinensischer Seite kam es zu beachtlichen Aktivitäten. So versuchte die Fraktion der Fatah-Mehrheit im palästinensischen Parlament, die Hamas zu einem Ende der Selbstmordattentate zu bewegen. Die Verhandlungen wurden jedoch eingestellt, da es mit der Hamas zu keinem Konsens kam. Scheich Ahmed Yassin erklärte, die Hamas werde die Angriffe fortsetzen, so lange Israel die Besetzung aufrechterhalte. Ein Abgeordneter der Fatah kündigte ein neues *Nationales Manifest* an, basierend auf der Staatenlösung und den Grenzen von 1967. Es gab also trotz aller Resistenz der Hamas-Aktivisten Anzeichen für die Möglichkeit einer Annäherung. Mitte August 2002 verhandelten palästinensische und israelische Politiker über eine Regelung der Rückzugsfrage. Auf israelischer Seite wollte man offenbar zeigen, dass man sogar in der Siedlungsfrage zu einem Entgegenkommen bereit war. Ben Eliezer ordnete erstmals die Räumung der Außenposten von Siedlungen im Westjordanland an, die ohne Genehmigung der Regierung errichtet worden waren. Präsident Sharon stand der Sache nicht ablehnend gegenüber, die rechten Parteien opponierten aber gegen seine Vereinbarungen mit Vertretern des Arafat-Regimes. Auf Beschluss der israelischen Regierung blieb der PLO-Chef weiterhin in seinem Amtssitz isoliert.

Von Bedeutung war im August 2002 eine unter Palästinensern und Israelis durchgeführte Umfrage. Bei 600 Palästinensern zeigte sich, dass die Bereitschaft zur Gewalt weithin ausgeprägt war und die knappe Mehrheit der Befragten Selbstmordattentate bejahte. Doch sprach sich inzwischen auch eine wachsende Zahl für die Ablösung des

Terrors durch einen friedlichen Widerstand aus. Auf israelischer Seite zeigte eine Umfrage bei 500 Personen, dass die Mehrheit der Bevölkerung bereit war, einen palästinensischen Staat anzuerkennen, wenn der palästinensische Terror eingestellt würde. Auch sprach man von Zugeständnissen bei den Grenzen des künftigen Palästinenserstaates. Von den Siedlern waren im Gazastreifen 58 Prozent, im Westjordanland 46 Prozent für die Aufgabe ihrer Anwesen gegen Entschädigung. In Ostjerusalem waren es nur 35 Prozent.

Auch in der Autonomiebehörde forderte man einen Kurswechsel. Selbst eine Ablösung Arafats wurde gebilligt, da ohnehin niemand mit ihm verhandeln würde. Man bezweifelte, dass der PLO-Chef noch eine politische Zukunft habe.

Mit Beginn der zweiten Jahreshälfte 2002 nahm sowohl in der Autonomiebehörde als auch im palästinensischen Parlament die Opposition gegen Arafat zu. Als ein Misstrauensvotum der Mehrheitsfraktion Fatah drohte, löste Arafat am 11. September kurzerhand das Kabinett auf und setzte ein Übergangskabinett für die Zeit bis zu den Wahlen im Januar 2003 ein. Damit glaubte er, vorläufig seine Macht gesichert zu haben.

Zerstörte Hoffnung – Ausblick

Immer dann, wenn sich auf diplomatischer Ebene Hoffnungsschimmer abzeichneten, verübten palästinensische Terroristen Anschläge, die israelische Vergeltung zur Folge hatten und das Verhandlungsklima belasteten oder Verhandlungen unmöglich machten. So fand am Tag, als der Plan des 'Nahostquartetts' (siehe Seite 145) bekannt wurde, und nach sechs Wochen Ruhe wieder ein Selbstmordanschlag im Norden Israels statt, bei dem ein Israeli den Tod fand. Am folgenden Tag stieg in einer belebten Verkehrsstraße in Tel Aviv ein Terrorist in einen besetzten Linienbus, sprengte sich in die Luft und nahm fünf Menschen mit in den Tod. Mehr als 60 Passanten wurden verletzt. Die israelische Armee verstärkte sofort ihre Präsenz im Westjordanland und verhängte eine Ausgangssperre in den meisten Ortschaften. Die israelische Regierung machte Arafat für die Anschläge verantwortlich, da er es unterlassen habe, alle palästinensischen Kampfgruppen und Milizen zu einem Ende der Gewalttaten aufzufordern. In Ramallah wurde die Residenz des PLO-Führers erneut abgeriegelt und große Teile des Amtssitzes bis auf zwei Gebäude gesprengt, von denen eines dann abgerissen wurde. Arafat war von seiner Leibgarde getrennt und völlig isoliert. Der Protest der UNO blieb erfolglos. Auf Weisung der israelischen Regierung hatten die Soldaten wiederum dafür Sorge zu tragen, dass Arafat unverletzt blieb.

So war wenige Tage nach der Verabschiedung des Plans der Beginn seiner Umsetzung wieder gefährdet, wenngleich, da er den Weg zum Frieden zeigte, eine gewisse Hoffnung blieb. Aus seinem Amtssitz rief Arafat alle Kampfgruppen und Milizen auf, künftig jegliche Gewaltakte zu unterlassen. Dennoch wurde die „Gefangenschaft" nicht aufgehoben, da nach Ansicht der israelischen Regierung der Amtssitz eine Zentrale für

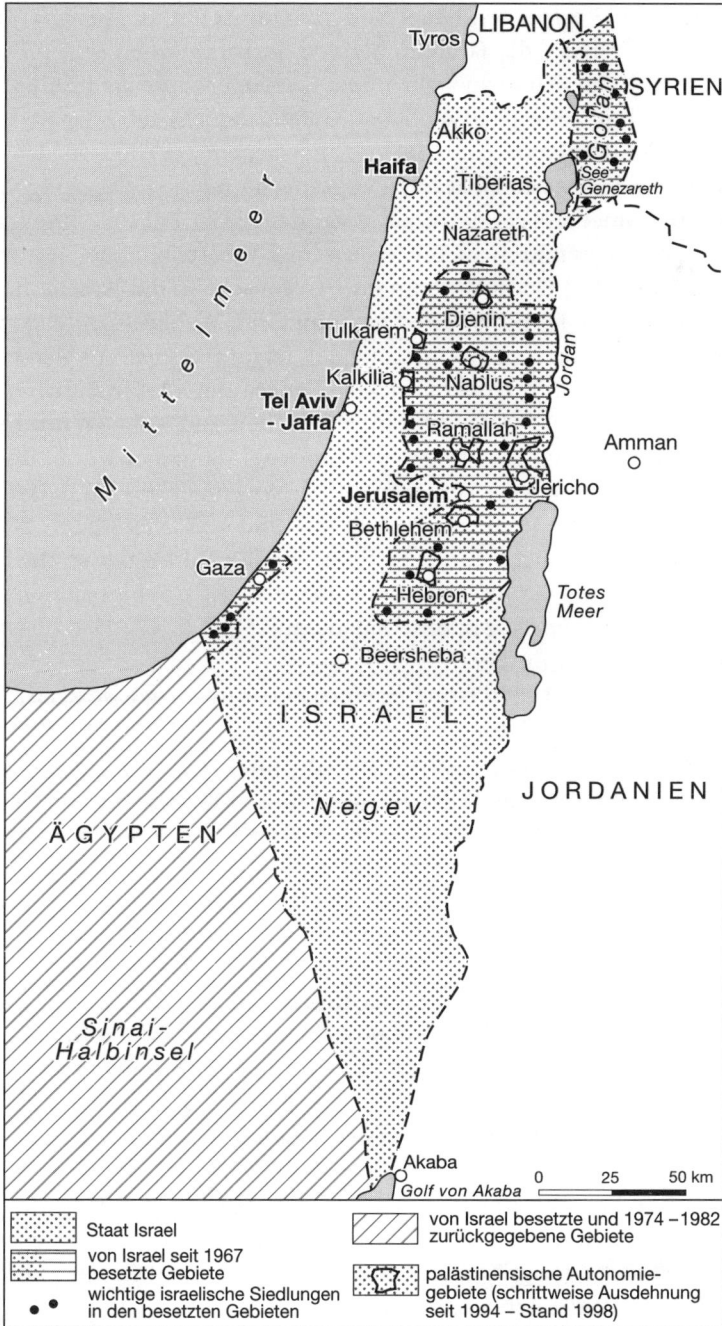

Karte 7: Israel und die von den Pälästinensern und Syrien beanspruchten Gebiete

die Koordination des Terrors sei. Israel forderte von Arafat die Auslieferung von 50 seiner Sicherheitsbeamten, die Drahtzieher von Terroraktionen sein sollten. Arafat lehnte das ab und wollte sich nicht stellen. Sein Gebäude wurde daraufhin mit Gräben und einem Stacheldrahtzaun gesichert. Aber Arafat gab nicht auf, was ihm die Sympathie großer Teile der Bevölkerung einbrachte. Ende September 2002 wurden die israelischen Truppen aus den besetzten Städten abgezogen und die Belagerung von Arafats Amtsgebäude in Ramallah beendet. Damit war der PLO-Chef frei. Eine Initiative zu Verhandlungen ging von ihm nicht aus. Trotz seiner Verurteilung des Terrorismus rissen die palästinensischen Gewaltakte und die Gegenschläge des israelischen Militärs nicht ab. Arafat hatte die Kampfgruppen nicht im Griff. Wohl verhandelten wieder die Fatah und die Hamas über eine Beendigung der Terroraktionen. Als sich ein blutiger Anschlag auf einen Kibbuz ereignete, rückten Panzer zunächst in Tulkarem, dann in Nablus ein, wo sie alle Zugänge zur Altstadt abriegelten und Soldaten mit Hausdurchsuchungen begannen. Ungeachtet des Fastenmonats Ramadan wurde über 150000 Einwohner eine Ausgangssperre verhängt. Mitte November töteten palästinensische Heckenschützen in Hebron mindestens elf Israelis und verletzten weitere 30 Personen. Unter den Opfern waren auch israelische Soldaten. Darauf reagierten die Israelis besonders empfindlich, weil der Angriff einer Gruppe streng gläubiger Juden galt, die zu Beginn des Sabbat auf dem Weg in die Altstadt zum Grab des Patriarchen waren und von den Soldaten begleitet wurden.

Ende Oktober 2002 kam es in Israel zu einer Regierungskrise wegen der Finanzierung der Siedlungen. Verteidigungsminister Ben Eliezer zielte auf die Reduktion der staatlichen Zuwendungen, Sharon jedoch bestand auf deren Beibehaltung. Ben Eliezer trat darauf zurück und die Koalition zwischen Likud und der Arbeitspartei zerbrach. Sharon musste die Regierung umbilden und ersetzte Ben Eliezer durch Shaul Mofas und gleichzeitig den Außenminister Shimon Peres durch den ehemaligen Ministerpräsidenten Netanjahu. Mit diesen drei Männern an der Spitze war eine Fortsetzung des harten Kurses gegenüber den Palästinensern gesichert. Allerdings musste Sharon der Forderung der Arbeitspartei nach vorgezogenen Neuwahlen nachgeben, die er auf Ende Januar oder Anfang Februar 2003 terminierte. Damit konnten sie mit den von Arafat für den gleichen Termin festgelegten Wahlen für die Bildung einer neuen Autonomiebehörde zusammenfallen. Doch Israel zeigte kein Entgegenkommen. Palästinensische Parlamentswahlen wurden im Dezember 2002 auf unbestimmte Zeit verschoben, und erneut wurde Arafat der Besuch der Weihnachtsmesse in der Geburtskirche zu Bethlehem verboten.

Aus den israelischen Parlamentswahlen am 28. Januar 2003 ging der Likud als stärkste Fraktion der Knesset mit 40 von 120 Sitzen hervor. Die Arbeitspartei mit 19 Sitzen wurde in eine große Koalition nicht aufgenommen. Sharon war daran auch weniger interessiert, da die Arbeitspartei als „links" gilt. „Links" und „rechts" ist in der israelischen Politik nicht sozialpolitisch zu verstehen; als links gelten die Kräfte, die für einen Ausgleich mit den Palästinensern eintreten, als rechts ihre Gegner. Sharon bildete eine kleine Koalition mit der säkular-bürgerlichen Partei Shinui, die mit 15 Sitzen an dritte Stelle gerückt war, und der ultrarechten Mafdal mit sechs Sitzen. Damit hatte Sharon die absolute, aber schwache Mehrheit von 61 der 120 Mandate. Die Arbeitspartei versprach, im Falle eines Irakkriegs auch in die Regierung einzutreten. Verteidigungsminister blieb Shaul Mofas als Vertreter einer militärischen Lösung, Außenminister wurde Silvan Shalom. Netanjahu musste sich mit dem Finanzministerium zufrieden geben, obwohl er eigentlich Außenminister hatte werden wollen. Mit dieser Regierung konnte Sharon seine bisherige Politik fortsetzen. Ein Ende der Besatzungspolitik und die Gründung eines Palästinenserstaates mit 40 Prozent des Westjordanlands stellte er in Aussicht. Für die Palästinenser war dies nicht annehmbar.

Die Wahlen belegten auch den Stimmungswechsel in Israel. In der ersten Januarwoche 2003 war es in Tel Aviv zu einem schrecklichen Doppelanschlag mit 24 Todesopfern gekommen. Sharon konnte den Antiterrorkampf zum bevorzugten Wahlkampfthema machen, was bei der Bevölkerung, deren größter Teil die harte Vergeltungspolitik unterstützte, gut ankam.

Drei Tage vor der Wahl war die israelische Armee mit einem von Panzern und Kampfhubschraubern unterstützten Großaufgebot, dem größten seit Beginn der Intifada, in Gaza eingerückt, hatte bewaffnete palästinensische Milizen in die Flucht gejagt und Metallwerkstätten, die der Waffenproduktion dienen konnten, zerstört. Das schlug für Sharon zu Buche. Seine Rolle als Verteidigungsminister 1982 mit Beirut, Sabra und Shatila sind heute tabu. Der „Alte Herr" wird von seinen politischen Gegnern mit Respekt behandelt. Die palästinensischen Selbstmordattentäter haben erreicht, dass er jetzt auch von den Linken verteidigt wird.

Von besonderer Bedeutung für den Umschwung war der Irakkrieg. Sharon unterstützte die Linie des amerikanischen Präsidenten. Die israelische Bevölkerung, die sich noch an die Scud-Raketen von 1991 erinnern konnte, war an der Entwaffnung des Irak als ernster Gefahr für Israel interessiert, unterhielt der irakische Diktator doch eine spezielle Jerusalem-Armee. Für Sharon bot ein Sieg der USA über den Irak zudem die Chance, danach den PLO-Chef Arafat endlich loszuwerden. Für ihn sind die *Osloer Abkommen* die „größte Katastrophe, die Israel jemals erlebte"[3]. Sein Ziel ist, die „Zwangsjacke" dieser Abkommen loszuwerden, die Kapitulation der palästinensischen Bevölkerung und den Verzicht auf jeden Widerstand zu erreichen. Aber es hat sich gezeigt, dass mit militärischen Operationen der palästinensische Widerstand nicht zu beenden ist. Das kann nur mit „entschlossenen Schritten zur Beendigung der Besatzung und zur Schaffung eines palästinensischen Staates" geschehen[4]. Dass die palästinensischen Attentate in der gesamten israelischen Bevölkerung großen Zorn und große Angst hervorrufen, ist verständlich. Jeder weiß, dass eine Fahrt in einem öffentlichen Verkehrsmittel die letzte sein kann. Öffentliche Gebäude werden bewacht, Handtaschen am Eingang kontrolliert. Die Israeli wünschen eine „Wende".

Von Angst und Zorn ist auch die Haltung der palästinensischen Bevölkerung geprägt. Das ist nicht Ausgangspunkt des Konflikts, sondern Konsequenz des israelischen

Vorgehens mit den permanenten Demütigungen wie Ausgangssperren oder Schikanen an Straßensperren (Checkpoints).[5] Arbeiter müssen dort stundenlang auf die Kontrolle ihrer Magnetkarte warten, Kranken wird die Durchfahrt zum Hospital verwehrt. Eine schwangere Frau wurde grundlos zurückgewiesen und musste ihr Kind auf der Straße zur Welt bringen. Die Palästinenser leiden sehr unter der fehlenden Bewegungsfreiheit und dem wirtschaftlichen Zusammenbruch mit zunehmender Arbeitslosigkeit. Inzwischen sind 45 Prozent der arbeitsfähigen Palästinenser arbeitslos und benötigen Hilfe, um ihre Kinder zu ernähren. Der Personen- und Warenverkehr zwischen den Ortschaften ist durch israelische Blockaden erschwert, wenn nicht gar unmöglich. Hinzu kam der Unmut über Arafat und die politische Passivität der Autonomieregierung, in der die Korruption blüht. Die einzige Hilfe kommt meistens von der Hamas, die Kindergärten unterhält, Lebensmittel verteilt und sich um arbeitslose Jugendliche kümmert. Wenn die israelische Armee ein Haus niedergerissen hat, nehmen sich Hamas-Leute der Obdachlosen an, während sich von Arafats Fatah niemand sehen lässt. Damit entwickelt sich die mit arabischen Geldern gut ausgestattete Hamas zur populärsten Bewegung.

Den besten Einblick in die gegenwärtige Lage der palästinensischen Bevölkerung in der Westbank und in erster Linie im Gazastreifen gibt das Buch einer israelischen Autorin, die als Korrespondentin der israelischen Zeitung *Ha'aretz* in Ramallah und in Gaza lebt und die Augen für Probleme auf beiden Seiten nicht verschließt. Das Buch verdeutlicht wie kein anderes die furchtbare Situation gerade im Gazastreifen.[6] Gaza gilt als „Gefängnis mit Meerblick"[7].

Zwei Wochen nach den israelischen Wahlen gab es nach langer Funkstille wieder Kontakte zwischen Sharon und einem Sprecher des Autonomieparlaments, Achmed Kurei. Dabei bestand Sharon nicht nur auf dem Ende palästinensischer Terrorakte, sondern auch auf der Entmachtung Arafats und der Reform der Autonomiebehörde, so wie es auch den Ansichten des amerikanischen Präsidenten entsprach. In der Autonomiebehörde wuchs die Einsicht, dass mit Arafat an der einsamen Spitze kein Palästinenserstaat zu erreichen sei. Bei einem neuen Friedensprozess nach dem Irakkrieg sollte Arafat nicht die erste Stimme der Palästinenser haben. Doch dieser entwickelte seine eigene Taktik. Er erkannte, dass er sich nicht mehr lange als PLO-Chef würde halten können, war aber nicht bereit, schon alles aufzugeben. Deshalb schlug Arafat als Ministerpräsidenten den zweitmächtigsten Mann der PLO, Machmud Abbas alias Abu Mazem vor, dessen Wahl über die Fatah-Mehrheit im Parlament zu lenken war. Arafat konnte damit nicht warten, da Präsident George W. Bush am 14. März 2003 eine neue Friedensinitiative ankündigte, sobald Mahmud Abbas im Amt sei.[8]

Am 19. März ernannte Arafat Abbas zum künftigen palästinensischen Ministerpräsidenten. Er galt damit als designiert, doch zur Amtsausübung fehlte ihm noch die demokratische Legitimation. Präsident Bush ließ verlauten, dass er erst zu Verhandlungen über einen Friedensplan bereit sei, wenn der palästinensische Premier seine Regierung präsentiert habe. Arafat aber lehnte die ihm vorgelegte Ministerliste ab und pokerte um sein politisches Überleben. Doch in der Autonomiebehörde war eine Mehrheit überzeugt, dass mit Arafat an der Spitze kein Frieden zu erreichen sei, und der PLO-Chef musste nachgeben. Wenn man ihm formal das Präsidentenamt beließ, bedeutete das nicht viel. Faktisch war er entmachtet. Das palästinensche Parlament bestätigte Abbas als Ministerpräsidenten, sodass er seine Regierung bilden und präsentieren konnte. Am 17. Mai kam es zu einem ersten Treffen Abbas' mit Sharon, das zwar ergebnislos verlief, aber dokumentierte, dass beide zumindest miteinander verhandeln konnten.

Diese Bemühungen schienen wieder in einer Welle von Gewalt unterzugehen. Wenige Stunden vor dem Treffen beider Politiker schlugen drei palästinensische Selbstmordattentäter zu und töteten neun Israelis. Am folgenden Morgen stieg ein Palästinenser in einen Linienbus und riss bei der Sprengung sieben Israelis in den Tod. Der Attentäter hatte sich als orthodoxer Jude verkleidet und trug den Sprengsatz in einem Gebetsschal verborgen bei sich. Sharon sagte daraufhin seine anstehende Reise nach Washington ab, da die Zeit für Verhandlungen über den Friedensplan nicht reif sei.

Mahmud Abbas wurde 1935 in Safed geboren. Während des israelisch-arabischen Kriegs 1948 floh er mit seiner Familie nach Syrien. Nach dem Studium der Rechtswissenschaften nahm er in Katar an der Gründung einer Fatah-Organisation teil und begegnete bei dieser Gelegenheit Arafat. 1968 wurde er Mitglied der palästinensischen Nationalversammlung und bald in der PLO zuständig für internationale Beziehungen. 1996 wurde er zum Vorsitzenden des Zentralkomitees gewählt und damit faktisch Arafats Stellvertreter. Seit Beginn seiner Laufbahn lehnte er den bewaffneten Kampf ab. 1977 veröffentlichte er die Schrift *Prinzipien für den Frieden*, in der er für die Zweistaatenlösung eintrat. In der Nahostkonferenz in Madrid 1991 war er Sprecher der in die jordanische Delegation eingeordneten Palästinenser und in den folgenden geheimen Konferenzen in Oslo leitete er das palästinensische Verhandlungsteam. Dabei knüpfte er mit seinem israelischen Gegenüber Yossi Beilin beste Beziehungen, die bis heute nicht abgebrochen sind. Er ist ein entschiedener Gegner der Hamas und des Islamischen Jihad und befürwortet das Ende des bewaffneten Kampfes und der Intifada. In der Westbank unterstützt ihn die Fatah, im von der Hamas kontrollierten Gazastreifen hingegen gilt er als Marionette der Amerikaner und Israelis.

In Israel gibt es eine große Gruppe von Anhängern des „Transfers", der Vertreibung aller Araber aus Palästina. Sie vertreten den Standpunkt, dass Palästina in Jordanien liegt und dass dorthin alle Palästinenser emigrieren sollten. In der Nationalreligiösen Partei gibt es Vorschläge zur Gründung eines Palästinenserstaates in Jordanien oder in der Wüste Sinai. Wohl wird sich eine solche Vertreibung wegen internationaler Proteste nicht durchführen lassen, obwohl gerade im 20. Jahrhundert solche „Transfers" ermöglicht wurden.

In Israel gibt es aber auch eine Gruppe der Gemäßigten, die sich schon 1991 zu Wort gemeldet hatte (siehe Dokument 16 auf Seite 174). Diese Gruppe befürwortet die Rückkehr zu den Grenzen von 1967 und die Auflösung aller Siedlungen. Zu ihnen gehört heute der ehemalige Justizminister Yossi Beilin, Vertrauter von Shimon Peres. Bedeutendster Vertreter dieser Gruppe ist gegenwärtig Amram Mitzna, Bürgermeister von Haifa und Führer der Arbeitspartei. Er prägte den Grundsatz, man müsse so verhandeln, als gäbe es keinen Terror, und müsse den Terror bekämpfen, als gäbe es keine Verhandlungen.

George W. Bush hatte im Herbst 2002 erklärt, er werde sich erst nach der Irakkrise und einem möglichen Krieg wieder dem Nahostkonflikt zuwenden. Er hielt Wort. Am 29. April 2003 wurde der sechs Wochen zuvor eröffnete Krieg gegen den Irak als beendet erklärt – und einen Tag später überreichten Vertreter des US-Präsidenten den Regierungen in Jerusalem und Ramallah das lang angekündigte Konzept für eine Friedenslösung. Es basiert auf dem Vorschlag des Nahostquartetts (siehe Seite 145) und sieht die Bildung eines palästinensischen Staates bis zum Ende des Jahres 2005 vor.

Bushs Konzept fordert von den Israelis Konzessionen, besonders in der Frage der Siedlungen, und von den Palästinensern Garantien für ein Ende des Terrorismus. Beiden Seiten ist ein „Fahrplan" (*roadmap*, zum Inhalt siehe Dokument 18 auf Seite 176f.) für das weitere Vorgehen vorgegeben. US-Außenminister Powell gelang es, Abbas und sogar Sharon für Verhandlungen über die Umsetzung des Konzepts zu gewinnen. Damit schien nun tatsächlich der Countdown auf dem Weg zu Frieden gestartet.

Im ägyptischen Sharm el-Sheikh überzeugte Bush am 3. Juni auch arabische Staatschefs von seinem Plan. Seine Gesprächspartner waren der ägyptische Staatspräsident Mubarak, Jordaniens König Abdullah, der Herrscher Bahreins und Kronprinz Abdallah von Saudi-Arabien. Bush forderte, dass Israel die Siedllungsfrage lösen und die Palästinenser einen zusammenhängenden Staat bekommen sollten. Die arabischen Staatschefs forderten Israel und die Palästinenser auf, umgehend mit der Umsetzung der *Roadmap* zu beginnen. Insofern war der Gipfel von Sharm el-Sheikh für Bush ein Erfolg, denn mit den Arabern im Rücken ist seine Stellung gegenüber Israel gestärkt.

Am 4. Juni traf Bush sich im jordanischen Akaba mit Abbas und Sharon. Sharon hatte bereits als Zeichen des guten Willens angekündigt, die Lebensbedingungen der Palästinenser entscheidend zu verbessern, die Armee aus dem nördlichen Gazastreifen wie den Städten im Westjordanland abzuziehen und die Abriegelung der besetzten Gebiete aufzuheben. Zugleich hatte er die Freilassung von 1000 palästinensischen Häftlingen angeordnet.

In Akaba fielen tatsächlich Worte, die Hoffnung machten. So sprach Sharon von einem israelischen und einem palästinensischen Staat, die Seite an Seite in Frieden existieren könnten. Beide Seiten verpflichteten sich auf eine Umsetzung der ersten Phase der *Roadmap*. Nach Sharon würde Israel zudem illegale Siedlungen räumen und die Besatzung des Palästinensergebiets schrittweise beenden. Zum vorgegebenen Zeitpunkt sollte der Palästinenserstaat in vorläufigen Grenzen bestehen. Im Gegenzug verpflichtete sich Abbas, die Intifada zu beenden.

Eine gemeinsame Erklärung gab es in Akaba allerdings nicht, was die Vermutung zulässt, dass der Dissens doch größer war als der Konsens. Mindestens Sharons Konzessionen in der Siedlungsfrage waren für Abbas unzureichend. Von einem generellen

Siedlungsstopp war keine Rede, und „illegale Siedlungen" ist ein dehnbarer Begriff. Wesentliche Punkte blieben ganz ausgeklammert aus den Gesprächen, so die Rückkehr der palästinensischen Flüchtlinge, die Zukunft der 150 bestehenden israelischen Siedlungen mit ca. 200 000 Bewohnern, die Frage von Jerusalem als geteilter Hauptstadt und die gerechte Wasserversorgung der Palästinenser. Das alles birgt noch eine Menge Zündstoff.

Der Dreiergipfel war dennoch – allein weil er stattgefunden hat – ein Erfolg. Ob von Dauer, hängt nicht nur von künftigen Verhandlungen Sharons mit Abbas ab, sondern auch von den Amerikanern und den arabischen Staaten, die genügend Druck auf beide Seiten ausüben müssen, um den Friedensprozess voranzutreiben. Es bleibt abzuwarten, ob weitere Verhandlungen zum endgültigen Erfolg und einer friedlichen Koexistenz führen werden. Wenn das gelingt, haben Sharm el-Sheikh und Akaba einen Sinn gehabt. Noch allerdings ist die Hoffnung mit Skepsis durchsetzt. Es ist nicht abzusehen, ob die israelische und palästinensische Regierung sich gegenüber den Extremisten im eigenen Land werden behaupten können. Denn kaum war Sharon aus Akaba zurück, da meldeten sich die Siedler zu Wort. In einer großen Demonstration auf dem Jerusalemer Zionsplatz nannten sie den Premier einen Verräter und verbrannten ein Stück Papier mit der Aufschrift *Roadmap*.

Andererseits hatte Abbas zugesichert, die palästinensischen Extremisten zu einem Waffenstillstand zu bewegen, die Intifada zu beenden. Schon vor Akaba hatte er Gespräche mit der Hamas-Führung aufgenommen. Doch einen Tag nach Akaba brach Scheich Yassin die Gespräche als aussichtslos ab und kündigte an, die neue palästinensische Regierung künftig zu bekämpfen. So war es auch nur eine Frage der Zeit, bis die radikalen Palästinenser wieder zuschlagen würden.

Am Morgen des 8. Juni überfielen schwer bewaffnete palästinensische Kämpfer in israelischer Militäruniform den Grenzposten von Erez und erschossen vier Soldaten, bevor sie selbst getötet wurden. Die Al-Aksa-Brigaden, die Hamas und der Islamische Jihad übernahmen in einer Erklärung gemeinsam die Verantwortung für den Überfall. Bis dato waren die radikalen Palästinensergruppen untereinander zerstritten. Nun scheint ihre gemeinsame Ablehnung des Friedensgipfels in Akaba sie geeint zu haben. Das macht sie für die israelische und die palästinensische Regierung gefährlicher denn je. Die israelische Armee riegelte sogleich den Gazastreifen wie das Westjordanland wieder ab und führte zwei Tage später schwere Vergeltungsangriffe durch. Israelische Kampfhubschrauber und Panzer unternahmen bei Gaza einen Raketenangriff auf einen palästinensischen Fahrzeugkonvoi, in dem der militanteste Hamas-Führer al Rantissi unterwegs war. Er entkam verletzt und schwor auf dem Krankenbett, seine Organisation werde den Kampf nicht aufgeben, bis der letzte Israeli das Land verlassen habe. Am nächsten Morgen bestieg ein als ultraorthodoxer Jude verkleideter Hamas-Kämpfer einen Linienbus in Jerusalem und riss mit Sprengung einer Bombe 17 Menschen mit sich in den Tod. Für die Palästinenser verlustreiche israelische Vergeltungsschläge folgten und die israelische Armee hat jetzt den Auftrag ihrer Regierung, die

Hamas gänzlich zu vernichten. Wie soll und wird das geschehen? Die Spirale der Gewalt droht wieder zu eskalieren.

Demographischen Schätzungen zufolge werden im zweiten Jahrzehnt unseres Jahrhunderts in Palästina so viele Araber wie Juden leben. Möglicherweise erhöht das den Druck und die Bereitschaft, eine Lösung zu finden, um miteinander und nebeneinander friedlich leben zu können. Hier liegt Hoffnung – aber der Weg ist weit.

Anmerkungen

[1] *Frankfurter Allgemeine Zeitung* Nr. 145 vom 26. 6. 2002.

[2] TV-Nachrichten und *Badische Zeitung* vom 24. 7. 2002.

[3] Gresh, Alain, *Israel – Palästina*, S. 163.

[4] Ebd., S. 152.

[5] Hierzu Neifeind, Harald, *Der Nahostkonflikt*, S. 104 ff.

[6] Hass, Amira, *Gaza*.

[7] So die Überschrift der Besprechung des Buches von Hass in: *Rheinischer Merkur,* Nr. 9, 2003, S. 8.

[8] Yahoo! Schlagzeilen Deutschland, Artikel <http://de.news.yahoo.com/03031412/3cedi. html> 18.03.2003.

Dokumente[1]

1. Theodor Herzl, *Der Judenstaat*, 1896

Ich glaube den Antisemitismus, der eine vielfach komplizierte Bewegung ist, zu verstehen. Ich betrachte diese Bewegung als Jude, aber ohne Hass und Furcht. Ich glaube zu erkennen, was im Antisemitismus roher Scherz, gemeiner Brotneid, angeerbtes Vorurteil, religiöse Unduldsamkeit – aber auch, was darin vermeintliche Notwehr ist. Ich halte die Judenfrage weder für eine soziale noch für eine religiöse, wenn sie sich auch noch so und anders färbt. Sie ist eine nationale Frage, und um sie zu lösen, müssen wir sie vor allem zu einer politischen Weltfrage machen, die im Rate der Kulturvölker zu regeln sein wird.

Wir sind ein Volk, ein Volk.

Wir haben überall ehrlich versucht, in der uns umgebenden Volksgemeinschaft unterzugehen und nur den Glauben unserer Väter zu bewahren. Man lässt es nicht zu. Vergebens sind wir treue und an manchen Orten sogar überschwengliche Patrioten, vergebens bringen wir dieselben Opfer an Gut und Blut wie unsere Mitbürger, vergebens bemühen wir uns, den Ruhm unserer Vaterländer in Künsten und Wissenschaften, ihren Reichtum durch Handel und Verkehr zu erhöhen […]

Wir sind ein Volk – der Feind macht uns ohne unseren Willen dazu, wie das immer in der Geschichte so war. In der Bedrängnis stehen wir zusammen, und da entdecken wir plötzlich unsere Kraft. Ja, wir haben die Kraft, einen Staat, und zwar einen Musterstaat, zu bilden. Wir haben alle menschlichen und sachlichen Mittel, die dazu nötig sind […]

Der ganze Plan ist in seiner Grundform unendlich einfach und muss es ja auch sein, wenn er von allen Menschen verstanden werden soll. Man gebe uns die Souveränität eines für unsere gerechten Volksbedürfnisse genügenden Stückes der Erdoberfläche, alles andere werden wir selbst besorgen […]

Es werden für die im Prinzip einfache, in der Durchführung komplizierte Aufgabe zwei große Organe geschaffen: die Society of Jews und die Jewish Company. Was die Society of Jews wissenschaftlich und politisch vorbereitet hat, führt die Jewish Company praktisch aus. Die Jewish Company besorgt die Liquidierung aller Vermögensinteressen der abziehenden Juden und organisiert im neuen Lande den wirtschaftlichen Verkehr […]

Die Juden, welche sich zu unserer Staatsidee bekennen, sammeln sich um die Society of Jews. Diese erhält dadurch den Regierungen gegenüber die Autorität, im Namen der Juden sprechen und verhandeln zu dürfen. Die Society wird, um es in einer völkerrechtlichen Analogie zu sagen, als staatsbildende Macht anerkannt. Und damit wäre der Staat auch schon gebildet […]

Zwei Gebiete kommen in Betracht: Palästina und Argentinien […]

Argentinien ist eines der natürlich reichsten Länder der Erde, von riesigem Flächeninhalt, mit schwacher Bevölkerung und gemäßigtem Klima. Die argentinische Republik hätte das größte Interesse daran, uns ein Stück Territorium abzutreten. Die jetzige Judeninfiltration hat freilich

---

[1] Anmerkungen und Erläuterungen des Autors zu den Dokumenten sind jeweils kursiv gesetzt.

dort Verstimmung erzeugt; man müsste Argentinien über die wesentliche Verschiedenheit der neuen Judeneinwanderung aufklären.

Palästina ist unsere unvergessliche historische Heimat. Der Name allein wäre ein gewaltig ergreifender Sammelruf für unser Volk. Wenn seine Majestät der Sultan uns Palästina gäbe, könnten wir uns dafür anheischig machen, die Finanzen der Türkei gänzlich zu regeln. Für Europa würden wir dort ein Stück des Walles gegen Asien bilden, wir würden den Vorpostendienst der Kultur gegen die Barbarei besorgen. Wir würden als neutraler Staat im Zusammenhang bleiben mit ganz Europa, das unsere Existenz garantieren müsste.

Quelle: Theodor Herzl, „Der Judenstaat", in: *Wenn ihr wollt, ist es kein Märchen. Alteneu-land/Der Judenstaat,* hrsg. von Julius Schoeps, Kronberg/Ts. 1978, S. 201, 211 f.

2. Das Programm des zionistischen Kongresses in Basel (Baseler Programm) 1897

Der Zionismus erstrebt für das jüdische Volk die Schaffung einer rechtlich gesicherten Heimstätte in Palästina.

Zur Errichtung dieses Zieles nimmt der Kongress folgende Mittel in Aussicht:
1. Die zweckdienliche Förderung der Besiedlung Palästinas mit jüdischen Ackerbauern, Handwerkern und Gewerbetreibenden.
2. Die Gliederung und Zusammenfassung der gesamten Judenheit durch geeignete örtliche und allgemeine Veranstaltungen nach den Landesgesetzen.
3. Die Stärkung des jüdischen Volkes und Volksbewusstseins.
4. Vorbereitende Schritte zur Erlangung der Regierungszustimmung, die nötig sind, um das Ziel des Zionismus zu erreichen.

Quelle: „Dokumente der Zionistischen Politik", in: *Seeds of Conflict,* Series 2, vol. II.1 (= Kraus Reprint), Liechtenstein 1974, Nr. 17.

3. Die Balfour-Declaration 1917

a) Erklärungsentwurf der britischen Zionisten an Außenminister Balfour vom 18. Juli 1917
Nach Erwägung der Bestrebungen der Zionistischen Organisation akzeptiert die Regierung Seiner Majestät das Prinzip der Anerkennung Palästinas als des nationalen Heimes des jüdischen Volkes sowie das Recht des jüdischen Volkes, sein nationales Leben in Palästina unter seinem Schutz aufzubauen, der nach dem erfolgreichen Ausgang des Kriegs festzusetzen ist.

Die Regierung S. M. betrachtet als wesentlich für die Verwirklichung dieses Grundsatzes die Gewährung einer inneren Autonomie an die jüdische Nationalität in Palästina, Freiheit der Immigration für Juden und Gründung einer jüdischen nationalen Kolonisationsgesellschaft für die Wiederbesiedlung und die wirtschaftliche Entwicklung des Landes.

Die Bedingungen und Formen der inneren Autonomie und der Charakter für die jüdische nationale Kolonisationsgesellschaft sollen nach der Ansicht der Regierung S. M. in Gemeinschaft mit den Vertretern der Zionistischen Organisation im einzelnen ausgearbeitet und entschieden werden.

b) Brief des Außenministers Balfour an Lord Rothschild, Vizepräsident der britischen Vereinigung jüdischer Gemeinden, vom 2. November 1917

Ministerium des Äußeren, 2. November 1917

Lieber Lord Rothschild!

Es ist mir ein großes Vergnügen, Ihnen namens S. M. Regierung folgende Sympathie-Erklärung mit den jüdischen zionistischen Bestrebungen zu übermitteln, die dem Kabinett unterbreitet und von ihm gebilligt worden ist:

Seiner Majestät Regierung betrachtet die Schaffung einer nationalen Heimstätte in Palästina für das jüdische Volk mit Wohlwollen und wird die größten Anstrengungen machen, um die Erreichung dieses Zieles zu erleichtern, wobei klar verstanden werde, dass nichts getan werden soll, was die bürgerlichen und religiösen Rechte bestehender nichtjüdischer Gemeinschaften in Palästina oder die Rechte und die politische Stellung der Juden in irgendeinem anderen Lande beeinträchtigen könnte.

Ich bitte Sie, diese Erklärung zur Kenntnis der Zionistischen Föderation zu bringen.

Arthur James Balfour

Quelle: Adolf Böhm, *Die Zionistische Bewegung*, Bd. I, Berlin 1935, S. 665 f. und 668 f.

4. Die Anerkennung der Jewish Agency und ihrer Aufgaben durch das Palästinamandat des Völkerbunds 1922

Artikel 4. Eine angemessene jüdische Vertretung (Jewish Agency) soll als eine öffentliche Körperschaft anerkannt werden, mit dem Zweck, die Verwaltung Palästinas in solchen wirtschaftlichen, sozialen und anderen Gelegenheiten zu beraten und mit ihr zusammenzuwirken, die die Errichtung der jüdischen nationalen Heimstätte und die Interessen der jüdischen Bevölkerung in Palästina betreffen, und, immer vorbehaltlich der Kontrolle der Verwaltung, an der Entwicklung des Landes zu helfen und teilzunehmen.

Die Zionistische Organisation soll, solange ihre Organisation und Verfassung nach der Meinung des Mandatars angemessen sind, als solche Vertretung anerkannt werden. Sie soll im Einvernehmen mit Seiner Britischen Majestät Regierung Schritte unternehmen, um die Mitarbeit aller Juden zu sichern, die gewillt sind, bei der Errichtung der jüdischen nationalen Heimstätte zu helfen [...]

Artikel 6. Die Verwaltung Palästinas soll unter der Sicherung, dass die Rechte und die Lage anderer Teile der Bevölkerung nicht beeinträchtigt werden, die jüdische Einwanderung unter geeigneten Bedingungen erleichtern und in Zusammenarbeit mit der in Artikel 4 erwähnten „Jewish Agency" eine geschlossene Ansiedlung von Juden aus dem Lande, mit Einschluss der nicht für öffentliche Zwecke erforderlichen Staatsländereien und Brachländereien, fördern.

Nach Artikel 11 sollte lediglich die Jewish Agency im Einvernehmen mit der Mandatsverwaltung das Recht „über die Errichtung und Ausführung irgendwelcher Naturschätze des Lands" erhalten. Eine entsprechende Bestimmung zugunsten der arabischen Seite enthält das Mandat nicht.

Quelle: „Dokumente der Zionistischen Politik", in: *Seeds of Conflict*, Series 2, vol. II.1 (= Kraus Reprint), Liechtenstein 1974, S. 18 ff.

5. Das britische Weißbuch vom 17. Mai 1939

Aus Kapitel I „Die Verfassung": „10 (1). Das Ziel der britischen Regierung ist die Errichtung eines unabhängigen Palästinenserstaates innerhalb von zehn Jahren mit solchen vertraglichen Beziehungen zu Großbritannien, welche die wirtschaftlichen und strategischen Verhältnisse beider Staaten in der Zukunft befriedigend berücksichtigen [...]

10 (2). In die Regierung des unabhängigen Staates sollen sich Araber und Juden derart teilen, dass die wesentlichen Interessen jeder Gemeinschaft sichergestellt sind."

Im Kapitel II „Einwanderung" schlägt die britische Regierung vor, dass die jüdische Einwanderung in den nächsten fünf Jahren in einem Ausmaß erfolgen soll, welche die jüdische Bevölkerung auf etwa ein Drittel der Gesamtbevölkerung des Landes bringt, sofern die wirtschaftliche Lage dies zulässt. Das würde eine Einwanderung von etwa 75000 Personen im Verlaufe der nächsten fünf Jahre bedeuten. Für jedes der fünf Jahre wird eine Quote von 10000 jüdischen Einwanderern festgesetzt; zusätzlich sollen 25000 Flüchtlinge zugelassen werden, sobald der Hochkommissar die notwendigen wirtschaftlichen Vorbedingungen für entsprechend erfüllt hält. Weiter heißt es:

„14 (2,3) und 15: Nach fünf Jahren wird eine weitere jüdische Einwanderung nicht gestattet werden, sofern nicht die Araber in Palästina ihre Zustimmung dazu erteilen. Eine illegale Einwanderung wird nicht mehr geduldet werden; falls sie doch erfolgt, wird sie der Quote angerechnet. Die britische Regierung stellt ausdrücklich fest, dass sie nach Ablauf der fünf Jahre nicht mehr berechtigt oder verpflichtet sein wird, die weitere Entwicklung des jüdischen Nationalheims durch eine Einwanderung ohne Rücksichtnahme auf die Wünsche der Araber zu fördern [...]"

Quelle: Walter Laqueur, *The Israel-Arab Reader*, London 1969, Doc. 17 (Übersetzung E. K.).

6. Das Biltmore-Programm 1942

Erklärung der außerordentlichen Zionistenkonferenz im Biltmore-Hotel New York am 11. Mai 1942:

„1. Die amerikanischen Zionisten, die in dieser außerordentlichen Konferenz versammelt sind, erneuern einmütig ihre Hingabe an die demokratische Freiheit und internationale Gerechtigkeit, der sich die Vereinigten Staaten mit ihren verbündeten Nationen verschrieben haben, und betonen ihren Glauben an den endgültigen Sieg der Menschlichkeit und Gerechtigkeit über Rechtlosigkeit und brutale Gewalt.

2. Die Konferenz sendet ihren jüdischen Brüdern in den Ghettos und Konzentrationslagern des von Hitler beherrschten Europa eine Botschaft der Hoffnung und Ermutigung und betet, dass die Stunde der Befreiung nicht mehr fern sein möge."

In den folgenden Abschnitten werden die Leistungen der jüdischen Soldaten und besonders der jüdischen Bevölkerung Palästinas hervorgehoben, die „öde Flächen fruchtbar und die Wüste blühend gemacht" habe:

„5. An den damit geschaffenen Werten haben die arabischen Nachbarn in Palästina Anteil. In seinem Streben nach nationaler Erfüllung begrüßt das jüdische Volk die ökonomische, landwirtschaftliche und nationale Entwicklung der arabischen Völker und Staaten.

Die Konferenz bekennt sich erneut zu den auf den früheren Kongressen der zionistischen Weltorganisation vertretenen Meinung, dass das jüdische Volk die Bereitschaft und den Wunsch zur engen Zusammenarbeit mit seinen arabischen Nachbarn hat.

6. Die Konferenz verlangt die Verwirklichung der Balfour-Declaration und des Mandates, die mit der Anerkennung der historischen Verbundenheit des jüdischen Volkes mit Palästina ihm die Möglichkeit eröffnen, wie es Präsident Wilson bestätigt hat, dort einen jüdischen Staat zu errichten.

Die Konferenz bestätigt ihre unveränderte Ablehnung des Weißbuchs vom Mai 1939 und bestreitet seine moralische und rechtliche Gültigkeit […]

Die Politik des Weißbuchs ist grausam und unverantwortlich, indem sie den Juden die Flucht in eine vor der Naziverfolgung sichere Heimstätte verweigert […]

8. Die Konferenz erklärt, dass die neue auf den Sieg folgende Weltordnung nicht auf Frieden, Gerechtigkeit und Gleichheit gegründet sein kann, solange nicht das Problem der jüdischen Heimatlosigkeit endgültig gelöst ist.

Die Konferenz fordert mit Nachdruck, dass die Tore Palästinas geöffnet werden, dass der Jewish Agency die Kontrolle der Einwanderung nach Palästina und die notwendige Vollmacht zum Aufbau des Landes übertragen werden, einschließlich der Entwicklung seiner unbesetzten und unbebauten Gebiete, und dass Palästina als ein jüdischer Staat errichtet wird, der in das Gebäude der neuen demokratischen Welt integriert ist.

Dann und erst dann wird das über Jahrhunderte dem jüdischen Volk angetane Unrecht gutgemacht sein.

Quelle: Walter Laqueur, *The Israel-Arab Reader*, London 1969, Doc. 19 (Übersetzung E. K.).

7. Die Gründungsproklamation des Staates Israel vom 14. Mai 1948

Im Lande Israel trat das jüdische Volk ins Leben, hier wurde sein geistiges, religiöses und politisches Antlitz geformt; hier führte es sein Leben in staatlicher Selbstständigkeit; hier schuf es nationale und allgemein menschliche Kulturgüter und schenkte der Welt das unvergängliche Buch der Bücher.

Mit Gewalt aus seinem Lande vertrieben, hielt es ihm allenthalben in der Zerstreuung die Treue und hörte niemals auf, die Rückkehr in sein Land und die Wiederherstellung seiner politischen Freiheit in ihm zu erflehen und zu erhoffen.

In historischer und überlieferter Verbundenheit erstrebten die Juden aller Zeiten die Wiedergewinnung ihrer alten Heimat; in Scharen kehrten Pioniere, Wagemutige und Helden der letzten Generation heim in ihr Land. Sie brachten die Wüste zu neuem Leben, bauten Städte und Dörfer, schufen ein im Wachstum begriffenes Siedlungswerk mit eigener Wirtschaft und Kultur, friedliebend und wehrfähig, das allen Bewohnern des Landes die Segnungen des Fortschritts bringt und sich nach staatlicher Selbstständigkeit sehnt.

Im Jahre 1897 trat, dem Rufe Theodor Herzls, des Künders der Judenstaatsidee, folgend, der Zionistenkongress zusammen und proklamierte das Recht des jüdischen Volkes auf nationale Wiedergeburt in seinem Heimatlande.

Dieses Recht wurde in der Balfour-Declaration vom 2. November 1917 anerkannt und im Völkerbundsmandat, das der historischen Verbundenheit des jüdischen Volkes mit dem Lande

Israel und dem Anspruch des jüdischen Volkes auf die Wiedererrichtung seines Nationalheimes internationale Geltung verschaffte.

Die Katastrophe, die in unseren Tagen über das jüdische Volk hereinbrach und der Millionen Juden in Europa zum Opfer fielen, bewies erneut und eindringlich, dass es unerlässlich ist, die Frage des heimat- und staatenlosen jüdischen Volkes durch Wiedererrichtung des jüdischen Staates im Lande Israel zu lösen, der seine Tore jedem Juden weit öffnen und dem jüdischen Volk die Stellung einer gleichberechtigten Nation unter den Völkern verleihen wird.

Die jüdischen Flüchtlinge, die sich aus dem furchtbaren Blutbad des Nationalsozialismus in Europa retten konnten, und Juden anderer Länder hörten nicht auf, trotz aller Schwierigkeiten, Hindernisse und Gefahren ins Land Israel zu kommen. Sie forderten unablässig ihr Recht, in der Heimat ihres Volkes ein Leben redlicher Arbeit in Würde und Freiheit zu führen.

Im Zweiten Weltkrieg leistete die jüdische Bevölkerung des Landes am Kampf der freiheits- und friedliebenden Nationen gegen die Kräfte der nationalsozialistischen Verbrecher ihr Teil und erwarb sich mit dem Blute ihrer Kämpfer den Anspruch, den Völkern, die den Bund der Vereinten Nationen gründeten, zugerechnet zu werden.

Das jüdische Volk hat gleich allen anderen Völkern das natürliche Recht, ein selbstständiges Leben in seinem souveränen Staat zu führen.

Daher sind wir, die Mitglieder des Volksrates, die Vertreter der jüdischen Bevölkerung Palästinas und der zionistischen Bewegung, heute, am Tage, an dem das britische Mandat über das Land Israel zu Ende geht, zusammengetreten und proklamieren hiermit kraft unseres natürlichen und historischen Rechtes und aufgrund des Beschlusses der Vollversammlung der Vereinten Nationen die Errichtung eines jüdischen Staates im Lande Israel, des Staates Israel.

Wir erklären, dass vom Augenblick der Beendigung des Mandates in dieser Nacht zum 6. Ijar 5708, das ist zum 15. Mai 1948, bis zur Errichtung der gewählten und ordentlichen Staatsbehörden, die aufgrund der durch die verfassunggebende Versammlung bis spätestens zum 1. Oktober 1948 zu erlassende Konstitution einzusetzen sind, der Volksrat als Provisorischer Staatsrat fungieren und sein Vollzugsorgan, die Volksleitung, die Provisorische Regierung des jüdischen Staates bilden soll, dessen Name Israel sein wird.

Der Staat Israel wird für die jüdische Einwanderung und die Sammlung der zerstreuten Volksglieder geöffnet sein; er wird sich die Entwicklung des Landes zum Wohle aller seiner Bewohner angelegen sein lassen. Er wird im Geiste der Visionen der Propheten Israels auf den Grundlagen der Freiheit, der Gleichheit und des Friedens gegründet sein; er wird allen seinen Bürgern volle soziale und politische Gleichberechtigung ohne Unterschied der Religion, der Rasse und des Geschlechtes gewähren; er wird Glaubens- und Gewissensfreiheit sowie Freiheit der Sprache, der Erziehung und Kultur garantieren. Er wird die heiligen Stätten aller Religionen beschätzen und den Grundsätzen der Charta der Vereinten Nationen Treue bewahren.

Der Staat Israel wird bereit sein, mit den Institutionen und Vertretern der Vereinten Nationen bei der Verwirklichung des Beschlusses vom 29. November 1947 zusammenzuarbeiten und sich für die Errichtung der wirtschaftlichen Einheit im ganzen Lande Israel einzusetzen.

Wir appellieren an die Vereinten Nationen, dem jüdischen Volke beim Aufbau seines Staates zu helfen und den Staat Israel in die Familie der Völker aufzunehmen.

Wir rufen – selbst während des seit Monaten gegen uns geführten blutigen Angriffes – die im Staate Israel lebenden Angehörigen des arabischen Volkes auf, den Frieden zu bewahren und sich am Aufbau des Staates auf der Grundlage voller bürgerlicher Gleichberechtigung und angemessener Vertretung in allen vorläufigen und permanenten Institutionen des Staates zu beteiligen.

Wir bieten allen Nachbarstaaten und ihren Völkern die Hand zum Frieden und zu guter Nachbarschaft und rufen sie zur Zusammenarbeit mit dem jüdischen Volke, das in seinem Lande die Selbstständigkeit erlangte, und zu gegenseitiger Hilfe auf. Der Staat Israel ist bereit, seinen Beitrag zu den gemeinsamen Bemühungen für den Fortschritt des gesamten Mittleren Ostens zu leisten.

Wir appellieren an das jüdische Volk in allen Ländern der Diaspora, sich beim Werke der Einwanderung und des Aufbaus um die Juden des Staates Israel zu scharen und ihnen in ihrem schweren Kampf um die Erfüllung der Sehnsucht von Generationen, der Erlösung Israels, beizustehen.

Im Vertrauen auf dem Fels Israels setzen wir unsere Namen zum Zeugnis unter diese Erklärung, gegeben in der Sitzung des provisorischen Staatsrates auf dem Boden unserer Heimat, in der Stadt Tel-Aviv heute, am Vorabend des Sabbath, dem 5. Ijar 5708, 15. Mai 1948. Gez. Ben Gurion [Es folgen 37 Unterschriften.]

Quelle: David Ben Gurion, *Israel. Die Geschichte eines Staates*, Frankfurt am Main 1973, S. 111 ff.

8. Die Resolutionen 242 und 338 des UN-Sicherheitsrats (1967 und 1973)

Resolution 242
Der Sicherheitsrat
– in Bekundung seiner ständigen Sorge über die ernste Lage in Nahost,
– in Betonung der Unzulässigkeit, Gebiete durch Krieg zu erwerben, und der Notwendigkeit, für einen gerechten und dauerhaften Frieden zu arbeiten, in dem jeder Staat des Gebietes in Sicherheit leben kann,
– in Betonung ferner, dass alle Mitgliedstaaten durch die Annahme der Charta der Vereinten Nationen die Verpflichtung eingegangen sind, in Übereinstimmung mit Artikel 2 der Charta zu handeln,
1. bekräftigt, dass die Erfüllung der Grundsätze der Charta die Errichtung eines gerechten und dauerhaften Friedens in Nahost verlangt, der die Anwendung der beiden folgenden Grundsätze einschließt:
(I) Rückzug der israelischen Streitkräfte aus den Gebieten, die während des jüngsten Konflikts besetzt wurden;
(II) Einstellung aller Behauptungen oder Formen eines Kriegszustandes sowie die Beachtung und Anerkennung der Souveränität, der territorialen Unversehrtheit und der politischen Unabhängigkeit eines jeden Staates in diesem Gebiet und die seines Rechtes, innerhalb sicherer und anerkannter Grenzen frei von Drohungen und Akten der Gewalt in Frieden zu leben;
2. bekräftigt ferner die Notwendigkeit,
a) die freie Schifffahrt auf den internationalen Wasserstraßen des Gebietes zu garantieren;
b) eine gerechte Regelung des Flüchtlingsproblems zu verwirklichen;
c) die territoriale Unversehrtheit und die politische Unabhängigkeit eines jeden Staates in dem Gebiet durch Maßnahmen sicherzustellen, zu denen die Schaffung entmilitarisierter Zonen zählt;
3. ersucht den Generalsekretär, einen Sonderbeauftragten zu ernennen, der sich nach dem

Nahen Osten begeben soll, um dort mit den betroffenen Staaten Verbindung aufzunehmen und zu unterhalten, damit ein Abkommen begünstigt wird und Bemühungen unterstützt werden, um eine mit den Bestimmungen und Grundsätzen dieser Entschließung übereinstimmende friedliche und allgemein anerkannte Lösung zu finden;

4. ersucht den Generalsekretär, dem Sicherheitsrat so bald wie möglich über den Fortschritt der Bemühungen des Sonderbeauftragten zu berichten.

Abstimmungsergebnis. Einstimmige Annahme.

Quelle: Vereinte Nationen 6/1967, S. 203.

Die Resolution wurde und wird in ihren Hauptforderungen unterschiedlich interpretiert. Die arabische Seite sieht in Art. I Abs. 1 die Forderung nach sofortigem völligem Rückzug, während für die israelische Seite Zeitpunkt und Ausmaß des Rückzugs offen sind. 2001, im Fortgang der Zweiten Intifada, wurde auf israelischer Seite sogar der Standpunkt vertreten, dass die Resolution 242 nur auf Staaten bezogen ist. Folglich könne sich die PLO als Organisation nicht darauf berufen.

Resolution 338
Der Sicherheitsrat

1. fordert alle an den gegenwärtigen Kämpfen beteiligten Parteien auf, unverzüglich, spätestens jedoch 12 Stunden nach Ergehen dieses Beschlusses, jedes Feuer einzustellen und alle militärischen Handlungen zu beenden, (und zwar) in den Positionen, die sie jetzt innehaben;

2. fordert die betroffenen Parteien auf, nach der Feuereinstellung unverzüglich mit der Erfüllung der Resolution des Sicherheitsrats 242 (1967) in allen ihren Bestandteilen zu beginnen;

3. bestimmt, dass unverzüglich und gleichzeitig mit der Feuereinstellung Verhandlungen zwischen den betroffenen Parteien unter angemessener Schirmherrschaft beginnen, die darauf gerichtet sind, einen gerechten und dauerhaften Frieden im Nahen Osten herzustellen.

Quelle: *Die UN-Resolutionen zum Nahostkonflikt*, übersetzt von Arnold Harttung, Berlin 1978, S. 252.

9. Das Palästinensische Manifest von 1968 (Auszug)

1. Palästina ist das Heimatland des arabisch-palästinensischen Volkes; es ist ein untrennbarer Teil des arabischen Mutterlandes. Das palästinensische Volk ist ein integrierender Teil der arabischen Nation [...]

3. Das arabische palästinensische Volk hat legales Anrecht auf sein Heimatland [...]

4. Die palästinensische Identität ist ein echtes und angeborenes Charakteristikum; sie wird von den Eltern auf die Kinder übertragen [...]

6. Juden, die in der Regel in Palästina vor dem Beginn der zionistischen Invasion ansässig waren, werden als Palästinenser angesehen werden. [...]

9. Der bewaffnete Kampf ist der einzige Weg zur Befreiung Palästinas.

10. Sabotagetätigkeit steht im Mittelpunkt des palästinensischen Volkskrieges zur Befreiung. Diese Tätigkeit erfordert daher Eskalation und Ausweitung sowie die Mobilisierung aller palästinensischen Menschen- und Geisteskräfte sowie ihre Organisierung und Einbeziehung in den bewaffneten palästinensischen Revolutionskampf [...]

15. Die Befreiung Palästinas ist vom arabischen Gesichtspunkt aus nationale Pflicht, deren Ziel es ist, die zionistische und imperialistische Aggression auf die arabische Heimat abzuwehren und den Zionismus in Palästina auszutilgen [...]

22. Der Zionismus ist eine politische Bewegung, die organisch mit dem internationalen Imperialismus verbunden ist und im Widerstreit zu allen Aktionen der Befreiung und der progressiven Bewegung in der Welt steht. Er ist rassistischer und fanatischer Natur; seine Ziele sind aggressiv, expansionistisch und kolonialistisch; seine Methoden sind faschistisch. Israel ist das Instrument der zionistischen Bewegung und ein geographischer Stützpunkt des Weltimperialismus, strategisch inmitten des arabischen Heimatlandes gelagert [...] Israel ist eine ständige Quelle der Bedrohung des Friedens im Nahen Osten und in der ganzen Welt.

Quelle: Yehoshafat Harkabi, *Das palästinensische Manifest und seine Bedeutung*, Stuttgart 1980, S. 138 ff.

10. Aus Sadats Rede vor der Knesset am 20. November 1977

Sie wollen mit uns in diesem Teil der Welt zusammenleben, und ich sage Ihnen dazu ganz ehrlich: Wir heißen Sie in unserer Mitte willkommen, in vollem Frieden und in voller Sicherheit. Dies allein stellt einen vollen Wendepunkt dar, Markstein in einem historischen und entscheidenden Wandel. Wir haben Sie in der Vergangenheit abgelehnt, und wir hatten unsere Gründe und Argumente. Ja, wir haben es abgelehnt, uns mit Ihnen irgendwo zu treffen, ja, wir haben Sie „das sogenannte Israel" bezeichnet. Auf Konferenzen und Internationalen waren wir zusammen. Aber unsere Vertreter haben sich gegenseitig nicht begrüßt. Ja, das geschah und das geschieht noch [...]

Heute aber sage ich Ihnen, und ich erkläre es der ganzen Welt, dass wir es akzeptieren, mit Ihnen in dauerndem und gerechtem Frieden zusammenzuleben. Wir wollen einander nicht mit Raketen einkreisen, bereit zur Vernichtung, oder mit Geschossen der Fehden und des Hasses [...]

Der Friede wird nicht gut fundiert sein, wenn er nicht auf Gerechtigkeit beruht, sondern auf der Besetzung von Gebieten anderer: Es darf nicht erlaubt sein, dass Sie etwas verlangen, was Sie anderen verweigern. Ich sage ganz offen, sie müssen die Träume von morgen aufgeben wie auch die Überzeugung, dass die Gewalt das beste Mittel ist für Ihr Verhalten den Arabern gegenüber. Im Sinne unserer Begegnung müssen Sie wohl begreifen, dass Ihnen die Expansion nichts nutzt [...]

Ich sage auch ja zu der Forderung, dass Israel alle Garantien erhält, welche ihm die Verwirklichung dieser beiden Ziele ermöglichen, nämlich Frieden und Sicherheit [...]

Der volle Rückzug aus den im Jahre 1967 besetzten Gebieten ist eine selbstverständliche Sache. Hierzu nehmen wir keine Argumente hin. Ohne diesen Schritt wären Gespräche über einen dauerhaften und gerechten Frieden sinnlos [...]

Was die palästinensische Frage anbelangt, so gibt es niemanden, der bestreitet, dass diese Frage der Kern des ganzen Problems ist. Niemand in der Welt kann heute die in Israel demonstrierten Slogans akzeptieren, mit denen die Existenz des palästinensischen Volkes ignoriert und gefragt wurde, wo dieses Volk zu finden sei.

Die Sache der Palästinenser und deren legitime Rechte können von niemandem mehr geleugnet oder ignoriert werden [...]

Quelle: *Europa-Archiv* 1978, Folge 4, D 193 ff.; *Archiv der Gegenwart* 1977, S. 21378 ff.

11. Die Charta der Widerstandsbewegung Hamas vom 18. August 1989

Die Hamas ist aus der Moslembruderschaft hervorgegangen und steht auf fundamentalistisch-islamischem Boden. Sie drohte 1990 an Bedeutung und Anhängerschaft die PLO zu überrunden, der sie sich auch heute überlegen fühlt.

[...] Israel wird existieren und weiter existieren, bis es der Islam vertreibt, so wie der Islam die Vorgänger Israels vertrieben hat (Imam Hassan el Banna). [El Banna war der Begründer der Moslembruderschaft in Ägypten, Anm. d. Verf. F. S.]

[...]

Artikel 1: Die Islamische Widerstandsbewegung ist ein Flügel der Moslembruderschaft in Palästina. [...]

Artikel 6: Die islamische Widerstandsbewegung ist eine rein palästinensische Bewegung, die Allah treu ist [...] und das Banner Allahs über jedem Zentimeter Palästinas hissen will.

Artikel 7: Die Islamische Widerstandsbewegung ist ein Glied in der Kette des Heiligen Kriegs gegen die zionistische Invasion [...] Allahs Bote [Mohammed, d. Verf. F. S.] sagte, es wird die Zeit kommen, wenn die Moslems gegen die Juden kämpfen und sie besiegen [...]

Artikel 8: Sinn und Zweck der Islamischen Widerstandsbewegung liegt in Allah. Sein Bote ist unser Vorbild, der Koran unsere Verfassung, der Heilige Krieg unser Weg, der Tod im Dienste Allahs unser höchstes Ziel. [...]

Artikel 11: Für die Islamische Widerstandsbewegung ist Nationalismus ein Teil des religiösen Glaubens. Wenn der Feind in das Land der Moslems einbricht, gibt es nichts Stärkeres und Tieferes als den Nationalismus.

Artikel 13: Die Preisgabe eines Teiles Palästinas ist wie die Preisgabe eines Teiles der Religion [...]

Artikel 15: Gegen den Raub Palästinas durch die Juden gibt es nur eine Rettung: die Flagge des Heiligen Kriegs hissen [...]

Artikel 27: [...] Wenn die PLO den Weg des Islam beschreitet, werden wir uns ihrer Streitmacht anschließen, ihre Fackeln entzünden, die den Feind verbrennen werden.

Bis zu dieser Zeit – wir bitten Allah, sie möge bald kommen – verhält sich die Islamische Widerstandsbewegung gegenüber der PLO wie ein Sohn zum Vater, ein Bruder zum Bruder [...]

Quelle: Friedrich Schreiber, *Aufstand der Palästinenser. Die Intifada.* Opladen 1990, S. 119 f.

12. Die gegenseitige Anerkennung Israels und der PLO 1993

Arafats Schreiben an Ministerpräsident Rabin vom 9. und 10. September 1993

Sehr geehrter Herr Ministerpräsident,
die Unterzeichnung der Grundsatzerklärung markiert eine neue Ära in der Geschichte des
Nahen Ostens. Hiervon fest überzeugt bekräftige ich die folgenden Verpflichtungen der PLO:
Die PLO erkennt das Recht des Staates Israel auf eine friedliche und sichere Existenz an. Die
PLO akzeptiert die Resolution 242 und 338 des Sicherheitsrates der Vereinten Nationen. Die
PLO verpflichtet sich dem Friedensprozess im Nahen Osten und der friedlichen Lösung des
Konflikts zwischen beiden Seiten, und sie erklärt, dass alle noch offenen Fragen in Bezug auf
einen permanenten Status auf dem Weg der Verhandlungen gelöst werden. Die PLO sieht in der
Unterzeichnung der Grundsatzerklärung ein historisches Ereignis, das eine neue Epoche der
friedlichen Koexistenz einleitet, frei von Gewalt und allen anderen Aktionen, die Frieden und
Stabilität gefährden. Dem entsprechend verzichtet die PLO auf Terrorismus und andere Formen
der Gewalt, und sie wird die Verantwortung für alle PLO-Gruppen und Personen übernehmen,
um deren Gehorsam zu sichern, Verletzungen und Vereinbarungen zu verhindern und jene zu-
rechtzuweisen, die solche Verletzungen begehen. Angesichts der Versprechungen für eine neue
Ära und der Unterzeichnung der Grundsatzerklärung und aufgrund der palästinensischen Anerkennung der Resolutionen 242 und 338 versichert die PLO, dass jene Artikel der palästinensischen Verfassung, die Israel das Existenzrecht verweigern, und jene Passagen der Verfassung, die
dem Inhalt dieses Briefes widersprechen, nicht länger anwendbar und gültig sind. Deshalb wird
die PLO dem palästinensischen Nationalrat die entsprechenden Veränderungen im Zusammenhang mit der palästinensischen Verfassung zur formellen Bestätigung unterbreiten.

Die Antwort Rabins vom 10. September 1993

Herr Vorsitzender,
ich möchte Ihnen versichern, dass die israelische Regierung angesichts der von der PLO einge-
gangenen Verpflichtungen, die Ihr Brief beinhaltet, entschieden hat, die PLO als Repräsentantin
des palästinensischen Volkes anzuerkennen und im Rahmen des Nahost-Friedensprozesses Verhandlungen mit der PLO aufzunehmen.

Quelle: *Archiv der Gegenwart* 1993, S. 38194.

13. Die Prinzipienerklärung oder „Oslo I" vom 13. September 1993 (Zusammenfassung)

*Festlegung der Grundsätze für das Verhältnis zwischen Israel und den Palästinensern in einer fünf-
jährigen Interimsphase, an deren Ende ein Abkommen über den endgültigen Status von Gazastreifen und Westjordanlands stehen sollte. Für den Weg dorthin waren vier Phasen vorgesehen:*
    1. Ein Abkommen über die palästinensische Selbstverwaltung im Gazastreifen und in dem Ge-
biet von Jericho, verbunden mit dem Rückzug der israelischen Streitkräfte aus diesen Gebieten.
    2. Vorbereitende Übertragung von Befugnissen aus verschiedenen administrativen Bereichen
an palästinensische Vertreter im Westjordanland.

3. Ein umfassendes Interimsabkommen über die Wahl eines palästinensischen Rats wie dessen Struktur und Befugnisse, den Abzug der israelischen Verteidigungsstreitkräfte aus festgelegten Gebieten, Gewährleistung der öffentlichen Ordnung und inneren Sicherheit durch eine eigene palästinensische Polizei. Die Verhandlungen darüber sollten umgehend in Angriff genommen werden.

4. Spätestens zu Beginn des dritten Jahres der Übergangsphase sollten Verhandlungen über den endgültigen Status zwischen Israel und den Palästinensern aufgenommen werden, die zu einem verbindlichen Abkommen zwischen beiden Seiten führen sollten. Die Verhandlungen sollten sich auch auf die bisher ausgeklammerten Fragen erstrecken wie Jerusalem, Flüchtlinge, Siedlungen; Sicherheitsregelungen, Grenzen, Beziehungen und Zusammenarbeit mit anderen Nachbarn wie weitere Fragen von gemeinsamem Interesse. Dieser endgültige Status sollte fünf Jahre nach dem ersten Schritt, das heißt nach dem Abkommen über die Autonomie von Gaza und Jericho, wirksam werden. Das bedeutete schließlich am 4. Mai 1999.

Ministerpräsident Rabin stellte vor Unterzeichnung der Erklärung fest, dass Jerusalem „die historische und ewige Hauptstadt des jüdischen Volkes ist", was in den folgenden Verhandlungen und Verträgen nicht mehr geändert werden konnte. Für die Sicherheit der Israelis im Westjordanland und im Gazastreifen, für die israelischen Siedlungen in diesen Gebieten sowie für den Transit auf den Straßen hatte Israel verantwortlich zu bleiben. Die palästinensische Autonomie war also recht begrenzt.

Quelle: Botschaft des Staates Israel in der Bundesrepublik Deutschland, Berlin o. J.
Zum Interimsabkommen vom 28. September 1996 („Oslo II") siehe S. 108.

14. Der Mitchell-Report vom 30. April 2001 (Auszüge)

Trotz ihrer langen Geschichte und unmittelbaren Nähe scheinen einige Israelis und Palästinenser die Probleme und Sorgen des jeweils anderen nicht in vollem Umfange zu würdigen. Einige Israelis verstehen allem Anschein nach nicht die Erniedrigungen und Frustrationen, die Palästinenser jeden Tag aushalten müssen als Ergebnis dessen, dass sie mit den anhaltenden Wirkungen einer Besetzung leben, unterhalten durch die Präsenz israelischer Streitkräfte und israelischer Siedler in Siedlungen in ihrer Mitte, oder die Entschlossenheit der Palästinenser, Unabhängigkeit und echte Selbstbestimmung zu erreichen. Einige Palästinenser verstehen allem Anschein nach nicht das Ausmaß, in dem Terrorismus Angst im israelischen Volk auslöst und ihren Glauben an die Möglichkeit der Koexistenz aushöhlt oder die Entschlossenheit der Regierung von Israel, alles, was auch immer nötig ist, zu tun, um ihr Volk zu schützen.

Furcht, Hass, Grimm und Frustration haben auf beiden Seiten zugenommen. Von allen Gefahren die größte ist es, dass die Kultur des Friedens, die im vorangegangenen Jahrzehnt entwickelt wurde, zerstört wird. An ihrer Stelle gibt es ein zunehmendes Gefühl von Vergeblichkeit und Verzweiflung sowie einen zunehmenden Rückgriff auf Gewalt [...]

Empfehlungen
Die Regierung von Israel und die palästinensische Autonomiebehörde müssen rasch und entschlossen handeln, um die Gewalt zu stoppen. Ihre unmittelbaren Ziele sollten es dann sein, Vertrauen wiederherzustellen und Verhandlungen wieder aufzunehmen. Was wir verlangen, ist

nicht leicht. Die Palästinenser und Israelis – nicht nur ihre Führungspolitiker, sondern zwei Öffentlichkeiten insgesamt – haben das Vertrauen zueinander verloren. Wir verlangen von den Führungspolitikern, für das Wohl ihrer Menschen das politisch Schwierige zu tun: zu führen, ohne zu wissen, wie viele folgen werden [...]

– Die Regierung von Israel und die palästinensische Autonomiebehörde sollten unverzüglich die Sicherheitszusammenarbeit wieder aufnehmen [...]
Die Palästinensische Autonomiebehörde und die Regierung Israels sollten sich zusammen bemühen, eine bedeutsame „Abkühlungsperiode" einzuleiten, und zusätzliche vertauensbildende Maßnahmen durchzuführen, von denen einige im Oktober in der Erklärung von Sharm el-Sheikh vorgeschlagen und einige am 7. Januar 2001 von den USA angeboten wurden.
– Die Palästinensische Autonomiebehörde und die Regierung von Israel sollten ihre Bemühungen wieder aufnehmen, Aufhetzungen in all ihren Formen zu identifizieren, zu verurteilen und dagegen einzutreten.
– Die Palästinensische Autonomiebehörde sollte es sowohl Palästinensern wie Israelis gleichermaßen durch konkrete Tatsachen klarmachen, dass Terrorismus widerwärtig und unannehmbar ist, und dass die Palästinensische Autonomiebehörde hundertprozentige Bemühungen unternehmen wird, um terroristische Operationen zu verhindern und Täter zu bestrafen. Zu diesen Bemühungen sollten unverzügliche Schritte gehören, um Terroristen zu fassen und ins Gefängnis zu werfen, die innerhalb der Jurisdiktion der Palästinensischen Autonomiebehörde operieren.
– Die israelische Regierung sollte alle Siedlungsaktivitäten einfrieren, einschließlich des „natürlichen Wachstums" bestehender Ansiedlungen.
– Die Art von Sicherheitszusammenarbeit, die von der Regierung Israels gewünscht wird, kann nicht für lange Zeit mit einer Siedlungsaktivität koexistieren, die kürzlich von der Europäischen Union als Grund „großer Besorgnis" und von den Vereinigten Staaten als „provokativ" bezeichnet wurde [...]
– Die israelische Armee sollte einen Rückzug auf Positionen in Erwägung ziehen, die sie vor dem 28. September 2000 innehatte, was die Zahl von Spannungspunkten und das Potenzial für gewalttätige Konfrontationen verringern wird [...]
– Die Palästinensische Autonomiebehörde sollte die Zusammenarbeit mit israelischen Sicherheitsbehörden wieder aufnehmen, um im größtmöglichen Ausmaß sicherzustellen, dass palästinensische Arbeiter, die in Israel beschäftigt sind, vollständig überprüft und frei von Verbindung zu Organisationen und Individuen sind, die terroristisch tätig sind [...]
– Die Regierung Israels sollte alle notwendigen Schritte unternehmen, um Gewaltakte durch Siedler zu verhindern [...]
Die Seiten stehen an einer Wegscheide. Wenn sie nicht an den Verhandlungstisch zurückkehren, sehen sie sich der Aussicht gegenüber, es jahrelang auszufechten, wobei viele ihrer Bürger in entfernte Länder auswandern werden, um ihr Leben zu leben und ihre Kinder aufzuziehen. Wir beten dafür, das sie die richtige Wahl treffen. Das bedeutet, die Gewalt jetzt zu stoppen. Israelis und Palästinenser müssen zusammen leben, arbeiten und prosperieren. Geschichte und Geographie haben sie dazu bestimmt, Nachbarn zu sein. Das kann nicht geändert werden. Erst, wenn ihre Taten von diesem Bewusstsein geleitet werden, werden sie in der Lage sein, die Vision und die Möglichkeit von Frieden und geteiltem Wohlergehen zu entwickeln.
Unterzeichnet von Suleyman Demirel, neunter Präsident der Republik Türkei; Thorbjörn Jagland, Außenminister von Norwegen; George J. Mitchell (Vorsitzender), ehemaliges Mitglied und

Mehrheitsführer des Senats der Vereinigten Staaten; Warren B. Rudman, ehemaliges Mitglied des Senats der Vereinigten Staaten; Javier Solana. Hoher Vertreter für die gemeinsame Außen- und Sicherheitspolitik, Europäische Union.

Quelle: *Internationale Politik*, Nr. 8, Berlin 2001, S. 105 ff.
Zum Tenet-Plan siehe S. 133.

15. Präsident George W. Bushs Nahostrede vom 24. Juni 2002

Zu lange schon leben die Bürger des Nahen Ostens inmitten von Tod und Furcht. Dem Hass einiger weniger steht die Hoffnung vieler entgegen. Die Kräfte des Extremismus und Terrors versuchen, Fortschritt und Frieden zu zerstören, indem sie Unschuldige töten. Dies wirft einen dunklen Schatten auf eine ganze Region. Um der gesamten Menschheit willen müssen sich die Dinge im Nahen Osten ändern.

Es ist unerträglich für israelische Bürger, ständig dem Terror ausgesetzt zu sein. Es ist unerträglich für Palästina, im Elend und unter Besatzung zu leben. Und die gegenwärtige Situation eröffnet keine Aussicht auf ein besseres Leben. Israelische Bürger werden beständig von Terroristen gemordet, und so wird sich Israel weiterhin verteidigen. In dieser Situation wird das Leben des palästinensischen Volkes immer elender.

Ich habe die Vision von zwei Staaten, die Seite an Seite in Frieden und Sicherheit leben. Es gibt einfach keinen Weg, den Frieden zu erreichen, ohne dass alle Parteien den Terror bekämpfen [...] Der Frieden verlangt eine neue und andere palästinensische Führung, damit ein palästinensischer Staat geboren werden kann.

Ich rufe die palästinensische Bevölkerung auf, neue Führer zu wählen, die nicht durch Terror kompromittiert sind. Ich rufe sie auf, eine stabile Demokratie zu errichten, gegründet auf Toleranz und Freiheit. Wenn das palästinensische Volk diese Ziele aktiv verfolgt, werden die Vereinigten Staaten und die Welt ihre Bestrebungen aktiv unterstützen. Wenn die Palästinenser diese Ziele erreichen, werden sie mit Israel, Ägypten und Jordanien eine Vereinbarung über Sicherheit und andere Voraussetzungen der Unabhängigkeit treffen können.

Und wenn das palästinensische Volk neue Führer, neue Institutionen und neue Sicherheitsvereinbarungen mit ihren Nachbarn hat, dann werden die Vereinigten Staaten von Amerika die Schaffung eines palästinensischen Staates unterstützen, dessen Grenzen und bestimmte Aspekte der Souveränität bis zu einer endgültigen Lösung im Nahen Osten vorläufig sein werden [...]

Ein palästinensischer Staat wird niemals durch Terror geschaffen, und eine Reform muss mehr sein als eine kosmetische Veränderung oder der verschleierte Versuch, den Status quo zu erhalten. Die Reform wird neue politische und wirtschaftliche Institutionen erfordern, die auf Demokratie, Marktwirtschaft und Maßnahmen gegen den Terrorismus basieren.

Heute hat die gewählte palästinische gesetzgebende Behörde keine Autorität, und ihre Macht ist in den Händen von unfassbar wenigen konzentriert. Ein Palästinenserstaat kann seinen Bürgern nur mit einer auf Gewaltenteilung basierenden Verfassung dienen [...]

Heute unterstützen die palästinischen Behörden den Terrorismus, ohne ihn zu unterbinden. Das ist unakzeptabel. Die Vereinigen Staaten werden nicht die Errichtung eines palästinensischen Staates unterstützen, solange sich dessen Führer nicht anhaltend einem Kampf gegen die Terroristen und der Veränderung ihrer Infrastruktur hingeben. Das erfordert ein von außen

kontrolliertes Bemühen der Wiedererrichtung und der Reform der palästinensischen Sicherheitskräfte [...]

Israel liegt sehr viel an dem Erfolg eines demokratischen Palästina. Dauerhafte Besatzung gefährdet Israels Identität und Demokratie. Ein stabiler, friedlicher Palästinenserstaat ist erforderlich, um die Sicherheit zu erreichen, nach der Israel sich sehnt [...]

Angesichts der Fortschritte für die Sicherheit müssen sich israelische Truppen vollständig auf
die Positionen zurückziehen, die sie vor dem 28. September 2000 innehatten. In Übereinstimmung mit den Empfehlungen des Mitchell-Komitees muss die israelische Siedlungsaktivität in
den besetzten Gebieten eingestellt werden.

Der palästinensischen Wirtschaft muss die Entwicklung ermöglicht werden. Sobald die Gewalt aufhört, sollte die Bewegungsfreiheit wieder hergestellt werden, die unschuldigen Paläsi-
nensern die Wiederaufnahme der Arbeit und ein normales Leben ermöglicht [...]

Ich habe Außenminister Powell gebeten, intensiv mit nahöstlichen und internationalen Führern zusammenzuarbeiten, um die Vision eines palästinensischen Staates zu realisieren mit um-
fassender Beachtung der Unterstützung der palästinensischen Reform und ihres Verwaltungs-
aufbaus. Schließlich müssen Israelis und Palästinenser die sie entzweienden entscheidenden
Themen ansprechen [...] Das bedeutet, dass die israelische Besatzung, die 1967 begann, durch
eine zwischen den Parteien ausgehandelte Regelung beendet wird, die auf den UN-Resolutionen
242 und 338 basiert, wobei Israel sich zurückzieht und die Grenzen sichert und anerkennt. Mit
intensiven Anstrengungen von allen könnte dieses Abkommen innerhalb von drei Jahren
erreicht werden. Und ich und mein Land werden aktiv auf dieses Ziel hin arbeiten.

Ich kann die große Wut und den Schmerz des israelischen Volkes verstehen. Sie haben zu
lange mit Angst und Begräbnissen gelebt, mussten Märkte und den öffentlichen Nahverkehr
meiden und waren gezwungen, bewaffnete Wachleute in Kindergärten zu postieren [...]

Ich kann die große Wut und die Verzweiflung des palästinensischen Volkes verstehen. Jahr-
zehntelang wurde es im Nahostkonflikt wie ein Faustpfand behandelt. Seine Interessen wurden
einem umfassenden Friedensabkommen unterworfen, das nie zu kommen scheint, während
seine Lebensumstände sich von Jahr zu Jahr verschlechtern. Ihr verdient Demokratie und Recht-
staatlichkeit. Ihr verdient eine offene Gesellschaft und gedeihende Wirtschaft. Ein Ende der Besatzung und ein friedlicher demokratischer palästinischer Staat mögen weit entfernt erscheinen,
aber die Vereinigten Staaten und ihre Partner auf der ganzen Welt sind bereit zu helfen [...]

Dieser Augenblick ist eine Chance wie eine Prüfung für beide Parteien im Nahen Osten: eine
Chance, die Grundlagen für einen künftigen Frieden zu legen, eine Prüfung, um zu beweisen,
wer es mit dem Frieden ernst meint und wer nicht.

Die Entscheidung ist schwer und einfach. In der Bibel steht: „Ich habe Euch Leben und Tod in
Aussicht gestellt, daher wählet das Leben". Für jede Seite in diesem Konflikt ist die Zeit gekommen, Frieden, Hoffnung und das Leben zu wählen.

Quelle: *Archiv der Gegenwart* 2002, S. 45679 ff. Einige Übersetzungskorrekturen durch E. K.
nach <www.mederian.org/shikh.htm> 24.11.2002.

16. Gemeinsame Erklärung israelischer
und palästinensischer Intellektueller 2001/2002

*Führende israelische und palästinensische Intellektuelle und Politiker unterzeichneten am
25. Juli 2001 eine gemeinsame Erklärung, die den Friedensprozess wieder in Gang setzen sollte. Die
Erklärung fand 2002 zunehmend auf palästinensischer Seite Aufmerksamkeit und hatte hier bis
zum Juli 300 zusätzliche Unterschriften. Sie hat folgenden Wortlaut:*

„Nein zum Blutvergießen, Nein zur Besatzung! Ja zu Verhandlungen, Ja zum Frieden

Wir, die unterzeichnenden Israelis und Palästinenser, treten unter den denkbar schwierigsten
Umständen für unsere beiden Völker zusammen. Wir sind zusammengekommen, um zu einem
Ende des Blutvergießens, zu einem Ende der Besatzung, zu einer Rückkehr an den Verhandlungstisch und zur Verwirklichung des Friedens zwischen unseren Völkern aufzurufen. Wir wollen uns nicht abfinden mit der sich stetig verschlechternden Situation, mit der steigenden Zahl
von Opfern und der gegebenen Möglichkeit, dass wir in einem Meer von Feindseligkeiten um-
kommen könnten.

Wir erheben so unsere Stimmen und bitten alle Menschen guten Willens darum, wieder Ver-
nunft anzunehmen, sich in Mitleid, Mitmenschlichkeit und kritischem Denken zu üben und der
nachträglichen Leichtigkeit eines Abstiegs zu Angst, Hass und Rache nicht nachzugeben. Trotz
allem, was geschehen ist, glauben wir nach wie vor an die Mitmenschlichkeit der anderen Seite,
daran, dass wir einen Partner im Frieden haben und dass eine Lösung des Konflikts zwischen
unseren Völkern auf dem Verhandlungsweg möglich ist.

Auf allen Seiten sind Fehler gemacht worden, man beschuldigt sich gegenseitig und zeigt mit
dem Finger auf den jeweils Anderen, doch dies ist weder eine Politik noch stellt es einen Ersatz
für ehrliches Bemühen dar. Auf beiden Seiten herrscht der Eindruck vor, dass die Zeit auf unserer Seite sei – doch dies ist eine Illusion. Das Verstreichen der Zeit nutzt nur denjenigen, die
nicht an Frieden glauben. Je länger wir warten, desto mehr unschuldiges Blut wird vergossen,
desto mehr Leid wird geschehen, desto mehr Hoffnung wird zerstört. Es ist allerhöchste Zeit,
dass wir zu unserer Partnerschaft zurückfinden, damit die Entmenschlichung des Anderen aufhört und die Möglichkeit eines gerechten Friedens wieder aufleben kann, der auch Perspektiven
für die Zukunft verspricht.

Ein Schritt in die richtige Richtung besteht in der Anerkennung und Umsetzung der UN-Resolutionen 242 und 338, die den Weg zu einer Zwei-Staaten-Lösung ebnen könnten, bei der die
Grenzen von 1967 gelten, so dass Israel und Palästina in unmittelbarer Nachbarschaft zueinander leben können und weder die Souveränität eines palästinensischen noch die des israelischen
Staates untergraben, sondern vielmehr im Interesse der Bürger und Bürgerinnen beider Staaten
sind und die Hoffnung auf Staatlichkeit für beide Völker, Juden wie Palästinenser, zum Ausdruck
bringen, sind in allen wesentlichen Verhandlungspunkten im Bereich des Möglichen. Diese Lösung sollte auf den Fortschritten aufbauen, die zwischen November 1999 und Januar 2001 erreicht wurden.

Es besteht dringender Bedarf nach der vollständigen und präzisen Umsetzung der Empfehlungen der Mitchell-Kommission: das Ende der Gewalt, ein vollständiges Einfrieren jeglicher
Siedlungsaktivitäten, die Umsetzung der wesentlichen Abkommen und eine Rückkehr an
den Verhandlungstisch. Dieser Prozess bedarf einer objektiven dritten Partei als Begleiter. Wir
sehen es als unsere Pflicht an, miteinander und innerhalb unserer eigenen Kollektive zu-

sammenzuarbeiten, um der Verschlechterung der Beziehungen untereinander Einhalt zu gebieten, Vertrauen wieder herzustellen und die Hoffnung auf den Frieden wieder aufleben zu lassen.

Quelle: <Wbz-net.de>, 28.08.2002.

17. Petition amerikanischer Juden an ihre Regierung 2002/2003 („Gegen-Lobby")

Diese Petition wurde am 29. Juli 2002 in der New York Times als „Offener Brief amerikanischer Juden an ihre Regierung" veröffentlicht und erschien auch in der israelischen Zeitung Ha'aretz. Initiator war Alan Sokal, ein angesehener Physikprofessor an der New York University. Die Zahl der Unterschriften belief sich im folgenden November auf 4000 und steigt ständig. Vgl. dazu DIE ZEIT, Nr. 49, 2002, S. 6.

Angesichts des jüngsten Blutbads im Nahen Osten sind viele Israelis und Palästinenser zu der Ansicht gelangt, sich allein als die wirklichen Opfer zu sehen und das Unrecht, das sie dem jeweils anderen Volk angetan haben und weiterhin antun, zu ignorieren oder herabzusetzen.

In der Tat haben beide Völker, die Israelis und die Palästinenser, einander großes Unrecht zugefügt, wenngleich auf verschiedene Weisen. Beide haben begründete Sorgen, begründete Furcht, begründetes Misstrauen gegenüber der Bereitschaft des jeweils anderen Volkes zu Kompromissen um des Friedens willen.

Obwohl die Auffassungen der Unterzeichner dieses Briefes weit auseinander gehen über die Schuld an der gegenwärtigen Situation, sind wir einmütig darin, wie eine Lösung aussehen muss.

Die zunehmenden Versuche, Vertrauen zu bewirken, sind ausweglos geworden. Die einzige Alternative zu einem endlosen Krieg ist eine umfassende, auf einfachen aber grundlegenden Prinzipien beruhende Regelung:

- Die Leben der Israelis und Palästinenser sind gleich kostbar.
- Die Völker Israels und Palästinas haben das gleiche Recht auf nationale Selbstbestimmung und ein Leben in Frieden und Sicherheit.
- Israel und Palästina haben gleiches Recht auf einen fairen Anteil des Landes und der Schätze des historischen Palästina.

Ehrliche Menschen in der ganzen Welt sind sich längst bewusst, was für eine auf den folgenden Prinzipien beruhende Lösung unabdingbar ist:

- Zwei nationale Staaten, Israel und Palästina, mit gleicher Souveränität, gleichen Rechten und gleichen Pflichten.
- Teilung gemäß der Grenzen von 1967 mit geringfügigem gegenseitig vereinbartem Gebietstausch.
- Israelische Aufgabe aller Siedlungen in den besetzten Gebieten außer denen in den ausgetauschten Gebieten.
- Palästinensische und arabische Anerkennung Israels bei Verzicht auf jegliche weiteren territorialen Ansprüche.
- Palästinensische Annahme einer vereinbarten Begrenzung des „Rechts auf Rückkehr" gegen finanzielle Entschädigung der Flüchtlinge.

Vor mehreren Jahren haben Umfragen belegt, dass Mehrheiten sowohl der Israelis als auch der Palästinenser bereit wären, eine solche Vereinbarung zu akzeptieren. Trotz des gegenwärtigen Blutvergießens dürfte das auch jetzt noch der Fall sein. Aber ein Kompromiss ist schwierig, wenn Mehrheiten auf beiden Seiten provokative Militäraktionen unterstützen, die nach ihrer Meinung defensiv sind, während mächtige Minderheiten weit übertriebene territoriale Forderungen erheben.

Wenn die Israelis nicht einen erträglichen Frieden aushandeln können oder wollen, dann muss die internationale Gemeinschaft diesen herbeiführen. Das liegt auf lange Sicht im Interesse nicht nur der Israelis und Palästinenser, sondern auch der Amerikaner. Jüngste Ereignisse haben leider offenbart, dass unsere eigene Sicherheit von der Instabilität und Ungerechtigkeit im Nahen Osten stark beeinträchtigt wird.

Die Vereinigten Staaten haben eine besondere Verantwortung für die gegenwärtig ausweglose Lage aufgrund unserer wirtschaftlichen und militärischen Hilfe für die israelische Regierung: 500 Dollar für jeden israelischen Bürger pro Jahr. Unser Land hat damit einen sehr starken Hebel zum Einwirken auf die israelische Politik, wenn es nur wagen würde, ihn zu gebrauchen. Als amerikanische Juden, die sich um die künftige Sicherheit Israels tiefe Sorgen machen, fordern wir unsere Regierung auf, die ständige Hilfe für Israel von dessen Annahme einer international vereinbarten Zweistaatenlösung abhängig zu machen.

Gegner auf beiden Seiten werden natürlich eine solche Regelung angreifen. Daher werden, um sie durchzusetzen, internationale Truppen mit Bereitschaft zum Opfer notwendig sein. Wir mögen dennoch hoffen, dass beide, Israelis und Palästinenser, sich bewusst werden, dass ein unvollständiger Friede einem endlosen Krieg vorzuziehen ist.

Wir können für einen Erfolg dieses unseres Vorgehens nicht garantieren. Aber es kann als sicher gelten, dass alle Alternativen erfolglos sein werden.

Quelle: <http://www.pmwatch.org/pmw/position/jewsforpeace.asp>, 19.03.2003, Übersetzung E. K.

18. Fahrplan für eine dauerhafte Zweistaatenlösung im israelisch-palästinensischen Konflikt vom 30. April 2003 (deutsche Kurzfassung)

Im amerikanischen Original heißt das Dokument „Roadmap" (Straßenkarte). Es war im September 2002 vom so genannten „Nahostquartett" (besetzt mit Vertretern der USA, der Europäischen Union, der UNO und Russlands) erstellt worden und hätte im Dezember von der amerikanischen Regierung veröffentlicht werden sollen. Doch Präsident George W. Bush hatte diesen Schritt an die Ernennung von Mahmud Abbas zum palästinensischen Ministerpräsidenten geknüpft, die am 29. April 2003 stattfand. Am 30. April wurde der Plan der israelischen Regierung sowie der palästinensischen Autonomiebehörde offiziell zugestellt. Er sieht drei Phasen bis zur Gründung eines endgültigen Palästinenserstaates 2005 vor:

Phase 1: Vor den Wahlen in den Palästinensergebieten
– Israel und die Palästinenser schließen ein Sicherheitsabkommen. Dieses sieht das Ende von „Gewalt, Terrorismus und Anstachelung zum Terrorismus" vor.

– Israel zieht sich schrittweise aus den seit dem 28. September 2000 besetzten Palästinensergebieten zurück und lockert seine Zwangsmaßnahmen gegen die palästinensische Bevölkerung: Ende des Baus jüdischer Siedlungen, Aufhebung der Straßensperren und volle Bewegungsfreiheit für die Palästinenser in ihren Gebieten.

– Die Palästinenserführung bestätigt schriftlich das Existenzrecht Israels und schreibt Maßnahmen zum Ende anti-israelischer Provokationen fest.

– Die palästinensischen Reformen von Regierung, Justiz, Wirtschaft und Finanzen werden unter der Aufsicht des Nahost-Quartetts fortgesetzt.

– Bis Ende des Jahres 2003 freie Wahlen zur Bildung einer neuen palästinensischen Regierung. Das Quartett unterstützt Maßnahmen zur Erzielung eines dauerhaften und umfassenden Waffenstillstands.

Phase 2: Nach den Wahlen in den Palästinensergebieten

– Bildung der neuen Palästinenserregierung bei gleichzeitiger Umsetzung der Reformen. Annahme einer palästinensischen Verfassung.

– Rückzug Israels auf die Linien, die dem neuen Staat einen territorialen Zusammenhang ermöglichen.

– Abkommen über die Reisefreiheit zwischen Westjordanien und dem Gazastreifen.

– Verhandlungen über die Bildung eines Palästinenserstaates mit provisorischen Grenzen mit dem Nahostquartett sowie Ägypten, Jordanien und Saudi-Arabien.

Phase 3: Das Ende des israelisch-palästinensischen Konflikts 2004–2005

– Zunächst Ausrufung des provisorischen Palästinenserstaates.

– Bis 2005 Abschluss der Endstatus-Verhandlungen, deren Ziel ein Abkommen mit folgenden Kernpunkten ist: Rückkehr Israels zu den Grenzen von 1967 auf der Basis der UN-Resolutionen 242 und 338, Jerusalem als Hauptstadt beider Staaten, Bildung eines eingeschränkt bewaffneten Palästinenserstaates, „gerechte und zuverlässige" Lösung der Flüchtlingsfrage.

– Geberkonferenz zum langfristigen Wiederaufbau und zur Stabilisierung Palästinas.

– Israel nimmt Friedensverhandlungen mit Syrien und Libanon auf. Die Arabische Liga erkennt das Ende des Nahostkonflikts an und stellt eine vollständige Normalisierung ihrer Beziehungen zu Israel in Aussicht, sobald Friedensverträge geschlossen sind.

Quelle: <htpp://www.uni-kassel.de/fb10/frieden/regionen/Nahost/fahrplan.html>, 03.05.2003 (mit deutscher Kurzfassung und vollständigem amerikanischem Text).

Zeittafel

1887	Baseler Programm der zionistischen Weltorganisation (siehe Dokument 2 auf Seite 160). Beschluss zur jüdischen Besiedlung Palästinas
1882–1903	Erste Alijah: ca. 30000 Einwanderer
1904–1914	Zweite Alijah: 35000–40000 Einwanderer
1914–1918	Erster Weltkrieg
1917	*Balfour-Declaration* (siehe Dokument 3 auf Seite 160). Versprechen der britischen Regierung zur Schaffung einer jüdischen Heimstätte in Palästina
1919	Friedensvertrag von Versailles. Mandatsregelung durch Art. 22 der Völkerbundsatzung
1920	Ententekonferenz in San Remo. Bestätigung der Aufteilung des Nahen Ostens in britische und französische Mandatsgebiete, arabische Unruhen in Jerusalem
1921	Sir Samuel, erster britischer Hochkommissar, ernennt Hadj Amin el Husseini aus einem einflussreichen arabischen Clan zum Mufti von Jerusalem (Großmufti).
1922	Völkerbund überträgt Palästinamandat an Großbritannien mit Anerkennung der Jewish Agency (Art. 4, 6 und 11 des Palästinamandats; siehe Dokument 4 auf Seite 161).
1923	Britisch-französischer Vertrag von Sèvres regelt Selbstständigkeit des französischen Mandats über Syrien mit dem Libanon.
1924	Beginn der vierten Alijah: bis 1931 weitere 82000 Einwanderer
1925	Feierliche Eröffnung der Hebräischen Universität in Jerusalem (Baubeginn 1918)
1928/29	Blutige arabisch-jüdische Unruhen in Hebron, Safed und Jerusalem. Der Großmufti ruft zum „Heiligen Krieg" gegen die Juden auf. Bildung der Jewish Agency
1930	*Passfield Weißbuch.* Aufhebung 1931
1932	Beginn der fünften Alijah
1933	Machtergreifung der Nationalsozialisten in Deutschland. Hierdurch verstärkt Auswanderung von Juden nach Palästina (bis 1939 rund 265000)
1936	Konstituierung des Arab Higher Comitee unter Vorsitz des Großmufti in Jerusalem. Es fordert den Stopp der jüdischen Einwanderung und des jüdischen Landkaufs. 1936–1939 großer arabischer Aufstand gegen Briten und Juden. Über 2800 Araber, 1200 Juden und über 100 Briten kommen dabei ums Leben.
1937	Verbot des Arab Higher Comitee durch die Mandatsverwaltung. Verhaftung der Führung, jedoch Flucht des Großmufti über den Libanon nach Bagdad. Teilungsplan der Peel-Kommission. Gründung des EZEL (Irgun)
1939	Weißbuch der britischen Regierung mit erheblicher Einschränkung der jüdischen Einwanderung (siehe Dokument 5 auf Seite 162). Ausbruch des Zweiten Weltkriegs
1941	Gründung des Palmach als Spezialtruppe der Haganah
1942	*Biltmore-Programm* (siehe Dokument 6 auf Seite 162). Forderung der amerikanischen Zionisten nach einem jüdischen Staat in Palästina
1944/45	Einheiten der Haganah kämpfen in der britischen Armee, dennoch Gewaltakte der jüdischen Kampfgruppen gegen die Mandatsmacht.

1946	Sprengung eines Flügels des King David Hotels in Jerusalem (Sitz der Mandatsverwaltung) durch die Irgun
1947	*Exodus*-Tragödie. Beschluss der britischen Regierung, das Mandat zu beenden und das Palästinaproblem der UNO zu übergeben. Teilungsvorschläge des United Nations Comitee of Palestine (UNSCOP). Im November Beschluss der UN-Vollversammlung über die Teilung Palästinas in einen jüdischen und einen palästinensischen Staat
1948	Jüdische Kampftruppen beginnen mit der Eroberung und Erweiterung des künftigen Staatsgebiets. Blutbad von Dir Jassin. Flucht der arabischen Bevölkerung. Am 14. Mai Beendigung des britischen Mandats und Proklamation des Staates Israel in Tel Aviv. Ben Gurion Ministerpräsident, Chaim Weizmann Staatspräsident (siehe Dokument 7 auf Seite 163). Am nächsten Tag Beginn des Unabhängigkeitskriegs gegen die arabischen Staaten. Umwandlung der Haganah in die ZAHAL (Verteidigungsarmee). Israel nutzt einen Waffenstillstand zum Einkauf von Waffen. Nach Wiederausbruch der Kampfhandlungen ist die israelische Armee mit Soldaten, Panzern und Flugzeugen nach wenigen Wochen den Arabern überlegen.
1949	Waffenstillstand zwischen Israel und den arabischen Staaten. Ägypten erhält den Gazastreifen, Jordanien die Westbank. Israel wird Mitglied der UNO.
1950	Vereinigung von Transjordanien und Westjordanien zum Emirat, später Königreich Jordanien. Damit Teilung Jerusalems. Beginn der Operation *Ezra* und *Nehemia*, in der 130 000 Juden aus dem Irak nach Israel gebracht werden. Gesetz, dass jeder einwandernde Jude die Staatsbürgerschaft erhält.
1950	Ermordung des Königs Abdullah von Jordanien in der Al-Aksa-Moschee in Jerusalem, wahrscheinlich im Auftrag des Großmufti. Nachfolger wird sein Sohn Hussein.
1952	Wiedergutmachungsabkommen zwischen der Bundesrepublik Deutschland und Israel. Tod Chaim Weizmanns; neuer Staatspräsident wird Ben-Zvi.
1953	Moshe Dayan wird Generalstabschef.
1954	Oberst Gamel ab del Nasser übernimmt die Staatsführung Ägyptens. Moshe Sharett wird neuer israelischer Ministerpräsident.
1955	Rücktritt Moshe Sharetts. Ben-Gurion übernimmt wieder die Regierung.
1956	Verstaatlichung des Suezkanals. Daraufhin Krieg Großbritanniens, Frankreichs und Israels gegen Ägypten. Israel erobert den ganzen Sinai und den Gazastreifen.
1957	Rückzug Israels aus dem Sinai und dem Gazastreifen. Arafat ist Mitbegründer der Fatah.
1959	Arafat übernimmt die Führung der Fatah.
1960	Treffen zwischen Ben Gurion und Konrad Adenauer im Waldorf Astoria Hotel in New York. Adolf Eichmann wird in Buenos Aires gefasst und nach Israel gebracht.
1961	Beginn des Prozesses gegen Adolf Eichmann
1962	Konflikt zwischen Martin Buber und Ben Gurion wegen dessen Araberpolitik (siehe Anmerkung auf S. 30). Adolf Eichmann wird zum Tode verurteilt.
1963	Rücktritt Ben Gurions. Levi Eshkol wird neuer Ministerpräsident.
1964	Gründung der Palästinensischen Befreiungsorganisation (PLO) in Jerusalem mit Shukeiri als Vorsitzendem.

1965	Aufnahme diplomatischer Beziehungen zwischen der Bundesrepublik Deutschland und Israel. Tod Martin Bubers (siehe S. 41)
1966	Abba Eban Außenminister in der Regierung Eshkol
1967	Im Juni Sechstagekrieg Israels gegen Ägypten, Syrien und Jordanien. Besetzung des Sinai, des Gazastreifens, der Westbank, Jerusalems und der Golanhöhen Resolution 242 des UN-Sicherheitsrates über den Rückzug Israels aus den besetzten Gebieten (siehe Dokument 8 auf S. 165)
1968	Die PLO beschließt das *Palästinensische Nationale Manifest* (*Palästina-Charta*; siehe Dokument 9 auf Seite 166). Es spricht Israel das Existenzrecht ab und fordert die Wiedergewinnung Palästinas durch bewaffneten Kampf.
1969	Eintritt der Fatah in die PLO. Yassir Arafat wird Vorsitzender des Exekutivkomitees. Nasser kündigt den Waffenstillstand und beginnt den „Abnutzungskrieg".
1970	Die PFLP (palästinensische Untergrundkampfgruppe) entführt drei Verkehrsmaschinen nach Jordanien. König Husseins militärisches Vorgehen gegen die PLO-Milizen ('Schwarzer September'). Exodus der PLO-Kämpfer in den Libanon. Die UNO erklärt die „unveräußerlichen Rechte des palästinensischen Volkes".
1971	Zerschlagung und Vertreibung der restlichen PLO-Milizen aus Jordanien
1972	Massaker auf dem Flughafen Lod durch japanische Attentäter in Verbindung mit Habaschs PFLP. Palästinensischer Terroranschlag auf das israelische olympische Team in München (10 israelische Sportler getötet)
1973	Im Oktober Yom-Kippur-Krieg nach Angriff Ägyptens und Syriens auf Israel. Im November Waffenstillstand zwischen Ägypten und Israel am Kilometerstein 101 auf dem Sinai
1974	Entflechtungsabkommen Israels mit Ägypten (erster Sinaivertrag) und Syrien. Yitzhak Rabin israelischer Ministerpräsident. Arafats Rede vor den Vereinten Nationen. Die PLO erhält Beobachterstatus bei der UNO.
1976	Terroristen entführen eine Maschine der Air France auf den Flughafen von Entebbe in Uganda. 83 israelische Geiseln werden befreit.
1977	Menachem Begin wird Ministerpräsident Israels. Sadat in Jerusalem; Ansprache in der Knesset (siehe Dokument 10 auf Seite 167).
1978	Israelische Invasion in den Libanon. Im September Camp-David-Abkommen zwischen Ägypten und Israel. Begin und Sadat erhalten den Friedensnobelpreis.
1979	Ägyptisch-israelischer Friedensvertrag in Washington unterzeichnet
1980	Europäische Gemeinschaft anerkennt in der *Erklärung von Venedig* das Selbstbestimmungsrecht der Palästinenser. Die Knesset verabschiedet das *Jerusalem-Gesetz*.
1981	Sadat wird in Kairo von einem Islamisten ermordet.
1982	Abschluss des israelischen Rückzugs aus dem Sinai. Erneute israelische Invasion in den Libanon: „Frieden für Galiläa". Massaker christlicher Milizen in den palästinensischen Flüchtlingslagern Sabra und Shatila mit Duldung der israelischen Armee. Dafür muss Verteidigungsminister Sharon zurücktreten. Exodus Arafats und seiner Kämpfer aus dem Libanon. Die PLO-Führung nimmt ihren Sitz in Tunis.
1983	Rücktritt Menachem Begins. Nachfolger wird Yitzhak Shamir.
1985	Israelische Räumung des Libanon mit Ausnahme einer zehn Kilometer breiten Sicherheitszone im Süden. Im Oktober Angriff israelischer Kampfflugzeuge auf das Hauptquartier der PLO in Tunis (50 Tote)

1986	Yitzhak Shamir Ministerpräsident Israels
1987	Beginn der Ersten Intifada im Gazastreifen und in der Westbank
1988	Ausrufung des Staates Palästina durch den palästinensischen Nationalrat in Algier. Durch Widerstand Israels und der USA keine hinreichenden Anerkennungen. Dabei jedoch Anerkennung Israels und der UN-Resolutionen 242 und 338 durch die PLO, deren Ziel die Zweistaatenlösung ist.
1990	Irakischer Einmarsch in Kuwait
1991	Zweiter Golfkrieg. Die irakischen Truppen müssen Kuwait verlassen. Auf Initiative des US-Präsidenten Bush und des sowjetischen Parteichefs Gorbatschow Friedenskonferenz über den Nahen Osten in Madrid mit Delegierten Ägyptens, Israels, des Libanon, Syriens, Jordaniens und der Palästinenser. Diese müssen sich jedoch der jordanischen Delegation eingliedern. Erfolglose Fortsetzung der Friedensverhandlungen in Washington. In den Palästinensergebieten zunehmende Aktivität der Hamas in Konkurrenz zur PLO
1993	Geheimverhandlungen hochrangiger israelischer und palästinensischer Delegierter in Oslo. Gegenseitige Anerkennung Israels und der PLO (siehe Dokument 12 auf Seite 169). Die in Oslo ausgehandelte *Prinzipienerklärung* wird in Washington unterzeichnet (*Oslo I* siehe Dokument 13 auf Seite 169).
1994	Unterzeichnung des auch in Oslo ausgehandelten *Gaza-Jericho-Abkommens* in Kairo. Arafat nimmt seinen Sitz in Gaza. Gaza und Jericho werden der Palestinian National Authority (PNA) unterstellt. Rabin, Peres und Arafat erhalten Friedensnobelpreis. Shimon Peres wird israelischer Ministerpräsident.
1995	Am 28. September israelisch-palästinensisches Interimsabkommen über die Westbank und den Gazastreifen: *Oslo II* oder *Taba-Abkommen*
1996	Benjamin Netanjahu gewinnt mit 50,4 Prozent die Wahlen und wird damit israelischer Ministerpräsident. „Tunnelaffäre" in Jerusalem führt zu schweren Unruhen.
1997	*Hebron-Protokoll.* Einteilung der Stadt in eine H1-Zone mit 100 000 Palästinensern und eine H2-Zone mit 20 000 Palästinensern und 450 jüdischen Bewohnern. Hebron bleibt Konfliktstadt. Ein Brief von US-Außenminister Christopher stellt Israel frei, von nun an Land nur zurückzugeben, wenn das mit seinen Sicherheitsinteressen vereinbar ist.
1998	Netanjahu und Arafat unterzeichnen in Washington das *Wye-River-Memorandum.* Die Palästinenser erhalten damit weitere zwei Prozent des Landes.
1999	Arafat kündigt Ausrufung des Staates Palästina an, kann sie jedoch wegen Einwendungen Israels, der EU und den USA nicht durchsetzen. Yehud Barak neuer israelischer Ministerpräsident
2000	Scheitern der Verhandlungen zwischen Israel und Syrien über einen Friedensvertrag. Israel zieht seine Truppen ganz aus dem Libanon zurück. Im Juli Konferenz mit Clinton, Arafat, Barak und ihren Delegationen in Camp David. Kein Ergebnis, da Arafat nicht bereit ist, die israelischen Vorschläge zu akzeptieren. Im September kommt Likud-Führer Ariel Sharon mit 2000 Soldaten und Polizisten auf den Tempelberg in Jerusalem. Daraufhin Ausbruch der Zweiten Intifada (Al-Aksa-Intifada). Schon in den nächsten Wochen heftige Kämpfe zwischen den aufständischen Palästinensern und israelischem Militär; 530 Palästinenser und 130 Israelis werden getötet.

2001   Ariel Sharon vom Likud-Block gewinnt im Februar die vorgezogenen Wahlen in Israel mit 59,5 Prozent. Koalition des Likud mit der Arbeitspartei. Shimon Peres wird Außenminister. Scharfes militärisches Vorgehen Israels gegen die Palästinenser in den besetzten Gebieten. Im Mai Bericht des US-Senators George Mitchell über die Hintergründe der Zweiten Intifada (siehe Dokument 14 auf S. 170)

2002   Starke Zunahme der palästinensischen Selbstmordattentate und der israelischen Vergeltungen. Im Juni Nahostrede des US-Präsidenten George W. Bush (siehe Dokument 15 auf Seite 172). Beginn des Mauerbaus im nördlichen Teil der Westbank. Im Oktober Zerfall der Koalition der israelischen Regierung. Sharon bildet neue Regierung mit Netanjahu als Außenminister und Shaul Mofas als Verteidigungsminister. Wegen neuer Attentate israelische Besetzung weiterer Städte des Autonomiegebiets. Keine Aussicht auf Wiederbeginn eines Friedensprozesses. Oktober: Umbildung der Regierung Sharon. Netanjahu wird Außenminister. Die israelische Regierung verkündet am 22. Dezember 2002 die Aufschiebung der für Januar 2003 festgesetzten palästinensischen Wahlen auf unbestimmte Zeit.

2003   Neuwahlen. Der Likud gewinnt die Parlamentswahlen am 28. Januar. Neue Regierung Sharon hat 61 der 120 Mandate. Im Februar Vorstoß israelischer Truppen in die Westbank und besonders nach Gaza. Am 14. März kündigt US-Präsident George W. Bush eine neue Friedensinitiative an. Arafat ernennt am 19. März Machmud Abbas zum ersten Ministerpräsidenten der Autonomiebehörde.
        20. März–29. April: Irakkrieg. Am 30. April überstellt Präsident Bush der israelischen Regierung sowie der palästinensischen Autonomiebehörde mit der *Roadmap* einen neuen Friedensplan (Zweistaatslösung, siehe Dokument auf Seite 176). Am 3. Juni Gipfeltreffen Bushs mit arabischen Führern in Sharm el-Sheikh, am 4. Juni Gipfeltreffen Bushs mit Abbas und Sharon in Akaba.

Literatur

Abu, Ijad/Rouleau, Eric, *Heimat oder Tod. Der Freiheitskampf der Palästinenser*, Düsseldorf 1979.

Alawi, Abdul-Rahman, „Zwischen Oslo und al-Aksa-Intifada. Eine siebenjährige Kriegspause im Nahen Osten?", in: *Aus Politik und Zeitgeschichte. Beilage zur Wochenzeitung „Das Parlament"*, B 49, Bonn 2000, S. 8 ff.

Ansprenger, Franz, *Juden und Araber in einem Land*, Mainz, München 1978.

Antonius, George, *The Arab Awakening*, 2. Aufl. London 1938.

Archiv der Gegenwart, erscheint in Jahresbänden seit 1931 im Verlag für Zeitarchive. Der Verlagsort hat seitdem mehrmals gewechselt, seit 1999: Königswinter. Da das Werk für die Historiographie ein fester Begriff ist, meistens abgekürzt AdG, wird es hier nur zitiert als *Archiv der Gegenwart* mit dem entsprechenden Jahresband.

Asseburg, Muriel, *Blockierte Selbstbestimmung. Palästinensische Staats- und Nationenbildung während der Interimsperiode*, Baden-Baden 2002.

Atijah, E./Cattan, H., *Palästina. Versprechen und Enttäuschungen* (= Palästinamonographien 3), Rastatt 1970.

Averny, Uri/Bishara, H. (Hrsg.), *Die Jerusalemfrage*, Heidelberg 1996.

Avineri, Shlomo, *The Making od Modern Zionism. Intellectual Origins of the Jewish State*, New York 1977.

Baumgarten, Helga, *Palästina. Befreiung in den Staat. Die palästinensische Nationalbewegung seit 1948*, Frankfurt am Main 1991.

–, „Das Gaza-Jericho-Abkommen. Eine Zwischenbilanz des Friedensprozesses im Nahen Osten", in: *Aus Politik und Zeitgeschichte, Beilage zur Wochenzeitung „Das Parlament"*, B 11, Bonn 1995, S. 17 ff.

–, *Arafat. Zwischen Kampf und Diplomatie*, München 2002.

Beck, Martin, *Friedensprozess im Nahen Osten. Rationalität, Kooperation und politische Rente in Vorderen Orient*, Wiesbaden 2002.

Beilin, Yossi, *Touching Peace. From the Oslo Accord to a Final Agreement*, London 1999.

Bein, Menachem, *The Revolt*, London 1951.

Ben Gurion, David, *Israel. Die Geschichte eines Staates*, Frankfurt am Main 1973.

Benziman, Uzi/Matzur, Atalah: *Die Untermieter. Die Araber Israels, ihre Haltung und die Politik ihnen gegenüber*, Jerusalem 1982.

Bernstein, Reiner, *Geschichte des Staates Israel von der Gründung 1948 bis heute*, Schwalbach/Ts. 1998.

Böhm, Adolf: *Die zionistische Bewegung*, Bd. 1, Berlin 1935, Bd. 2, Wien 1937.

Botschaft des Staates Israel (Hrsg.), *Der Friedensprozess im Nahen Osten*, 2. Aufl. Bonn 1995.

Buber, Martin, *Israel und Palästina. Zur Geschichte einer Idee*, München 1968.

Bundeszentrale für politische Bildung (Hrsg.), *Das jüdische Volk in der Weltgeschichte*, Teil 2: *Vom Zionismus bis zum Staat Israel in der Gegenwart* (= Informationen zur politischen Bildung 141), Bonn o. J . [1971].

Bunzl, John, *Israel und die Palästinenser. Die Entwicklung eines Gegensatzes*, Wien 1982.

Churchill, Randolph S./Churchill, Winston S., *...Und siegten am siebenten Tag*, Bern, München, Wien 1967.

Cobban, Helena: *The Palestinian Liberation Organisation. People, Power and Politics*, Cambridge 1984.

Dayan, Moshe: *Die Geschichte meines Lebens*, Wien, München, Zürich 1978.

„Dokumente der Zionistischen Politik" [deutsch], in: *Seeds of Conflict, Series 2: Palestine, Zionism and the Levant*, Vol. II,1, Liechtenstein 1974.

Eban, Abba, *Dies ist mein Volk. Die Geschichte der Juden*, München, Zürich 1970.

Elias, Adel S.: *Wer wirft den letzten Stein? Der lange Weg zum Frieden im Nahen Osten*, Düsseldorf 1993.

–: *Dieser Frieden heißt Krieg. Israel und die feindlichen Brüder*, München 1997.

Europa-Archiv, Bonn, Jahresbände.

Finkelstein, Norman G., *Der Konflikt zwischen Israel und den Palästinensern. Mythos und Realität*, Kreuzlingen, München 2002.

Flapan, Simha, *The Birth of Israel. Myths and Realities*, New York 1987.

Flores, Alexander, *Intifada. Aufstand der Palästinenser*, 2. Aufl. Berlin 1988.

Flores, Alexander/Schölch, Alexander, *Palästinenser in Israel*, Frankfurt am Main 1983.

Frangi, Abdallah, *PLO und Palästina. Vergangenheit und Gegenwart*, Frankfurt am Main 1982.

–, „Der Osloer Friedensprozess als ein Weg zum Frieden?", in: *Aus Politik und Zeitgeschichte. Beilage zur Wochenzeitung „Das Parlament"*, B 35–36, Bonn 2002.

Gilbert, Martin: *The Arab-Israeli Conflict. Its History in Maps*, 3. Aufl. London 1974.

Glasneck, Johannes/Timm, Angelika, *Israel. Die Geschichte des Staates seit seiner Gründung*, Bonn, Berlin 1992.

Goldmann, Nahum, *Israel muss umdenken*, Reinbek 1975.

–, *Staatsmann ohne Staat*, Stuttgart 1974.

Gowers, Andrew/Walkern, Tony, *Arafat. Hinter dem Mythos*, Hamburg 1994.

Gresh, Alain, *Israel – Palästina. Die Hintergründe eines unendlichen Konflikts*, Zürich 2002.

Grobe, Stefan, *Amerikas Weg nach Israel. Die Eisenhower Administration und die amerikanisch-jüdische Lobby 1945–1953*, Münster 1995.

Grossman, David, *Der gelbe Wind: die israelisch-palästinensische Tragödie*, München 1988.

Halter, Marek/Lauren, Eric, *Unterhändler ohne Auftrag. Die geheime Vorgeschichte des Friedensabkommens zwischen Israel und der PLO*, Frankfurt am Main 1994.

Handbuch der Verträge 1871–1964, Berlin 1968.

Hansen, Gerda, *Palästina auf dem Weg zur Eigenstaatlichkeit. Literatur und Internetressourcen zur politischen, wirtschaftlichen und gesellschaftlichen Entwicklung seit Oslo*, Hamburg 1999.

Harkabi, Yehoshafat, *Das palästinensische Manifest*, Stuttgart 1980.

Hass, Amira, *Gaza. Tage und Nächte in einem besetzten Land*, 2. Aufl. München 2003.

Herz, Dietmar/Steets, Julia, *Palästina. Gaza und Westbank. Geschichte, Politik, Kultur*, 4. Aufl. München 2002.

Herzl, Theodor, *Wenn ihr wollt, ist es kein Märchen. Alteneuland/Der Judenstaat*, hrsg. von Julius Schoeps, Kronberg/Ts. 1978.

Herzog, Chaim, *Kriege um Israel 1948 bis 1984*, Frankfurt am Main, Berlin, Wien 1984.

Ijad, Abu: *Heimat oder Tod. Der Freiheitskampf der Palästinenser*, Düsseldorf, Wien 1979.

Jendges, Hans/Vogt, E. (Hrsg.), *Der israelisch arabische Konflikt*, 2. Aufl. Bonn 1985.

Kimmerling, Baruch, *Politizid. Ariel Sharons Krieg gegen das palästinensische Volk*, Kreuzlingen, München 2003.

Kimche, Jon, *Zeitbombe Nahost. Von der Bagdadbahn zur El Fatah*, Hamburg 1970.

Krautkrämer, Elmar, *Israel und Nahost*, 3. Aufl. Frankfurt am Main 1983.

Krupp, Michael, *Zionismus und Staat Israel, ein geschichtlicher Abriss*, 3. Aufl. Gütersloh 1983.

Lebrecht, Hans, *Die Palästinenser. Geschichte und Gegenwart*, Frankfurt am Main 1982.

Lerch, Wolfgang Günter, *Der lange Weg zum Frieden*, München, Berlin 1996.

Laqueur, Walter, *Der Weg zum Staat Israel. Geschichte des Zionismus*, Wien 1975.

–, *The Israel-Arab Reader. A Documentary History of the Middle East Conflict*, London 1969.

–, *Nahost vor dem Sturm. Die Vorgeschichte des Sechstagekrieges im Juni 1967*, Frankfurt am Main 1968.

Meir, Golda, *Mein Leben*, Hamburg 1975.

Mejcher, Helmut/Schölch, Alexander, *Die Palästinafrage 1917–1948*, Paderborn 1981.

Morris, Benny, *Reighteous Victims. A History of the Zionist-Arab Conflict 1881–1999*, New York 1999.

–, *Die Geburt des palästinensischen Flüchtlingsproblems*, Tel Aviv 1991.

Neifeind, Harald, *Der Nahostkonflikt. Historisch, politisch, literarisch*, 2. Aufl. Schwalbach/Ts. 2002.

Netanyahu, Benjamin, *Der neue Terror*, München 1996.

Orland, N., *Die Cherut. Analyse einer rechtsorientierten Partei*, München 1983.

Pappe, Ilan, „Von Lausanne nach Oslo. Zur Geschichte des israelisch-palästinensischen Konflikts", in: *Aus Politik und Zeitgeschichte, Beilage zur Wochenzeitung „Das Parlament"*, B 14/98, Bonn 1998, S. 30 ff.

Peres, Shimon, *Die Versöhnung. Der neue Nahe Osten*, Berlin 1994.

Quandt, William, *Camp David*, Washington 1986.

Rabin, Yitzak, *The Rabin Memoirs*, Boston 1979.

Rafael, Gideon: *Der umkämpfte Friede*, Frankfurt am Main, Berlin, Wien 1984.

Rohlfes, Joachim, „Der Weg zum Staat Israel. Vom Baseler Programm zur Unabhängigkeitserklärung", in: *Geschichte in Wissenschaft und Unterricht*, Nr. 44, Seelze 1993, S. 382–397.

Rubinstein, Danny, *Yassir Arafat. Vom Guerillakämpfer zum Staatsmann*, Heidelberg 1996.

Sadat, Anwar as, *Unterwegs zur Gerechtigkeit*, Wien, München 1978.

Schreiber, Friedrich, *Aufstand der Palästinenser. Die Intifada*, Opladen 1990.

Schreiber, Friedrich/Wolfsohn, Michael, *Nahost. Geschichte und Struktur des Konflikts.* 2. Aufl. Opladen 1989.

Said, Edward, *Frieden in Nahost? Essays über Israel und Palästina*, Heidelberg 1997.

Segev, Tom, *Die siebte Million. Der Holocaust und Israels Politik der Erinnerung*, Reinbek 1995.

Shehardeh, Rajah, *Occupier's Law. Israel and the West Bank*, Washington D. C. 1988.

Shlaim, Avi, *The Iron Wall. Israel and the Arab World*, New York 2000.

Sykes, Christopher, *Kreuzwege nach Israel*, München 1967.

Timm, Angelika, *Israel. Die Geschichte des Staates seit seiner Gründung*, Bonn 1998.

Tophoven, Rolf, *Fedayin, Guerilla ohne Grenzen*, München 1975.

–, *Der israelisch-arabische Konflikt*, 4. Aufl. Bonn 1990.

Ullmann, Arno, *Israels Weg zum Staat*, München 1964.

Die UN-Resolutionen zum Nahostkonflikt, übersetzt von A. Harttung, Berlin 1978.

Waltz, V./Zschieche, J., *Die Erde habt ihr uns genommen. 100 Jahre zionistische Siedlungspolitik in Palästina*, Berlin 1986.

Watzal, Ludwig, *Feinde des Friedens. Der endlose Konflikt zwischen Israel und den Palästinensern*, 2. Aufl. Berlin 2002.

Weber, Wolfgang, *Die USA und Israel. Zur Geschichte und Gegenwart einer Symbiose*, Stuttgart 1991.

Weizmann, Chaim, *Memoiren. Das Werden des Staates Israel*, Zürich 1953.

Wolfsohn, Michael, *Israel. Geschichte, Wirtschaft, Gesellschaft, Politik*, Opladen 1991.

Zuckermann, Moshe, „Eine Mauer wird errichtet", in: *Aus Politik und Zeitgeschichte. Beilage zur Wochenzeitung „Das Parlament"*, B 35–36, Bonn 2002, S. 25 ff.

Register